Jean Marais

Du même auteur

Brûlante nue, poésies, Le Pont de l'Épée, 1960.

Jean-Paul Belmondo. Trente ans et vingt-cinq films suivi de *Les dix Commandements du belmondisme*, Plon, 1963.

Farandole. Roger Pierre-Jean-Marc Thibault, Seghers, 1964.

À la Tour Montparnasse les bateaux sont morts, poésies, Éditions Saint-Germain-des-Prés, 1971.

Édith et Marcel, Ramsay, 1983.

D'autres trois mâts dans tes cheveux, poésies, Éditions Saint-Germain des Prés, 1985.

Les Aventuriers du Nouveau Monde, Albin Michel, 1986.

Santa Barbara, tomes I et II, Générique-TF1 éditions, 1988.

Le Grand Livre de la pétanque, en collaboration avec A. Mathieu, Albin Michel, 1997.

Tabarly, Un marin pour l'Éternité, Le Rocher, 1998.

Lady Di, Le livre anniversaire, Le Rocher, 1998.

Ex-Voto en or muscade, poèmes, préface de Pierre Perret, Le Cherche-Midi, 2000.

Le Roman de Paris à travers les siècles, Albin Michel, 2000.

Édith Piaf, en collaboration avec M. Cerdan Jr. Flammarion, 2000.

Lino Ventura, Flammarion, 2001.

Jean Yanne. Ni dieu ni maître même nageur, Le Cherche-Midi, 2005.

Gilles Durieux

Jean Marais

Biographie

Flammarion

ISBN : 2-08-068432-9

« Les feux de l'amour laissent parfois
une cendre de l'amitié. »
Henri de Régnier. (Donc... 1927)

« À Bayreuth.
Madame S : "C'est trop long !"
Un monsieur derrière elle : "C'est peut-être vous,
madame, qui êtes trop courte." »
Jean Cocteau

« Jean, je ne pleure pas. Je vais dormir. Je vais
m'endormir en te regardant, et mourir, puisque désormais je
ferai semblant de vivre. »
Jean Marais

« *La Belle et la Bête* restera mon film préféré. Mon seul
regret venait de la transformation de la bête en prince
charmant. Je préférais Jeannot en bête. J'appris des années
plus tard dans ses Mémoires, que lui aussi ne s'était jamais
aimé en prince charmant. »
Carole Weisweiller

À Suzanna de Bokay,
en reconnaissance et affection.

À Jean-Claude Brialy,
qui sut offrir à Jeannot,
pour ses 80 printemps,
un anniversaire inoubliable.

L'amie unico de « Je ne t'aime »...
L'amitié avec deux « aime »...
Suzanna, entière et généreuse. Son emblème, son ex-voto.
Tout simplement.

PRÉFACE

LE BONHEUR DE LA DÉMESURE

Au mois d'avril 1956, nous arrivons, Jean Marais et moi, à deux heures du matin, dans une boîte de nuit du quartier Shimbashi, à Tokyo.

Peu de clients, on a le choix parmi les tables désertes. Les musiciens ont reconnu Marais, ils jouent un air français (à l'époque, presque tous nos films sortaient sur les écrans japonais).

Près du bar, groupées, les nombreuses hôtesses contemplent, émerveillées, le héros de *L'Éternel Retour* et de *La Belle et la Bête*. Gloussements et conciliabules.

Une hôtesse se détache du groupe, vient vers notre table, s'incline devant Jean et, en un français balbutiant mais adorable, lui demande une faveur : la faire danser.

Jean accepte avec plaisir. Le morceau terminé, une autre hôtesse se présente. Dans la bonne humeur, Jean enchaîne danses et changements de partenaires. Elles veulent toutes danser avec lui. Elles sont une trentaine.

À quatre heures du matin, je rappelle à Jean qu'on a des rendez-vous à notre hôtel, le Nikkatsu, dès neuf heures, pour la préparation du film. Car nous sommes là pour la première co-production franco-japonaise, *Printemps à Nagasaki*, que va réaliser Yves Ciampi (et qui sera rebaptisée plus tard *Typhon sur Nagasaki*).

— J'en ai encore six à faire danser, me dit Jean. Si tu savais comme elles sont heureuses !

Pour Jean Marais, quand on en a la possibilité, on n'a pas le droit de ne pas rendre les autres heureux. Le bonheur était son porte-chance.

Jeune journaliste, je faisais pour *L'Écran Français* une enquête sur les décors de films (un prétexte pour aller dans les studios voir comment on tournait). Christian Bérard me servit de mentor. Sur le plateau de *La Belle et la Bête*, à Saint-Maurice, je rencontrai Jean Marais.

Mais c'est au cours de l'hiver 1947-1948 que je fis vraiment sa connaissance. J'avais accepté d'écrire ce qui est, je crois, sa première biographie (sous forme d'un fascicule). On travaillait rue Montpensier dans le sombre petit appartement qu'il partageait avec Jean Cocteau, un entresol avec des fenêtres en demi-lunes, donnant sur les arcades du Palais-Royal. J'ai intitulé cette biographie *Ange ou Démon*, en m'inspirant des idées exprimées par Max Jacob dans ses prédictions sur Jean Marais. Ange, parce qu'il avait toujours l'air d'un ange à peine tombé du ciel. Démon, parce qu'il s'emportait si facilement que Max Jacob le jugeait capable d'un meurtre.

Il se trouve que Jean et moi sommes tous deux nés à Cherbourg. On est venus au monde (on naissait alors à domicile), lui 6, rue Groult et moi 46, quai Alexandre III, à quelques centaines de mètres. Seule, la place Divette (qui était alors plus grande) nous séparait. Quand je suis arrivé sur cette planète, Jean avait quitté Cherbourg depuis sept ans.

— Ne me parle de Cherbourg, me disait-il. Ça me rend triste.

Et il changeait de conversation. Il n'a révélé que bien plus tard la vérité sur les conséquences de la séparation de ses parents – cette vérité que nous conte Gilles Durieux dans ce livre. L'existence folle, baroque et tumultueuse de

Henriette, sa mère, qu'il appelait « Rosalie ». Elle volait dans les magasins et faisait de fréquents séjours en prison. Vous serez émus, bouleversés, au récit des retrouvailles de Jean au chevet de son père mourant, en présence de « Rosalie », laquelle pendant des années a détruit les lettres du père écrivant à son fils célèbre. On se croirait dans un épisode des *Parents terribles* ! D'ailleurs, Cocteau s'était inspiré de ce que Marais lui avait raconté sur « Rosalie ».

Il a fallu une grande volonté à Jean pour surmonter ces moments pénibles et continuer de donner à tous l'image d'un homme heureux – ce qu'il voulait être.

Une fois la cinquantaine atteinte, et dans ses trente dernières années, Jean jouait si bien ce rôle d'homme heureux qu'il avait oublié que c'était un rôle.

Le scénario de *Printemps à Nagasaki*, je l'avais écrit pour Gérard Philipe, qui voulait le jouer mais il fallait l'attendre un an, en raison de contrats déjà signés. Les coproducteurs japonais refusèrent et demandèrent qu'on choisisse un autre acteur.

Jean Marais venait de tourner *Le Guérisseur*, sous la direction d'Yves Ciampi. Il accepta, conseillé par Cocteau qui lui recommandait d'aller découvrir le Japon.

Nous avons aménagé le scénario (avec l'aide d'Annette Wademant qui collabora au dialogue) afin que mon histoire d'un français entre deux femmes, une Japonaise et une Française, s'adapte mieux à la personnalité de Jean Marais. On donna plus d'importance au typhon, qui était déjà dans le scénario, Marais se montrant toujours excellent dans les scènes d'action.

Et il le fut. Sur un terrain d'extérieur du studio, on avait bâti un quartier avec rues et maisons. Des moteurs d'avion tournant à plein régime devaient le mettre à mal pour les besoins du typhon. Certains plans nécessitaient une présence des moteurs, hors caméras, très proche des acteurs –

notamment quand Marais, bousculé, emporté par la violence du souffle, est plaqué contre des murs.

Les assureurs s'y opposèrent, estimant que la peau du visage de Marais risquait d'éclater pendant la prise. Ciampi ne voulait plus tourner ces plans. Jean Marais, prenant tous les risques, exigea qu'on les réalise.

Ils sont dans le film. Et il est un certain plan que je ne peux revoir sans émotion, quand la peau du visage de Marais se déforme, se décompose, prête à être déchirée.

Ce qui ne lui convenait pas, c'étaient les personnages trop proches de la vie quotidienne, même s'ils alternent humour et émotion.

Il avait besoin de la démesure. Une démesure choisie qu'il trouvait dans les grands rôles du théâtre classique ou de la tragédie grecque. Il la trouvait aussi en interprétant ces héros populaires, souvent de cape et d'épée, qui peuvent tout se permettre et donnent de la joie au public.

Cocteau a tout de suite compris que Jean Marais avait besoin d'excès pour être et paraître vrai. Dans *Les Parents terribles*, une famille vit chaque instant dans la démesure des sentiments. Ce fut le premier succès de Marais.

Au comédien d'exception s'ajoute l'homme d'exception. L'insolence ne lui faisait pas peur. S'afficher homme et créateur heureux, quelle insolence, à une époque où courtoisie et amabilité passent pour vertus démodées et où certains pensent qu'un vrai artiste ne peut s'exprimer que dans l'urgence des souffrances et des tourments.

Il était le contraire de tout cela. Il a aimé la démesure. Il a vécu avec. Elle lui allait si bien.

JEAN-CHARLES TACCHELLA

Prologue

La ville a perdu son soleil

Costume gris impeccable, large sourire de bonté. L'inconnu, à peine arrivé à Vallauris, fin 1973, s'était présenté chez Pasquali, l'un des meilleurs potiers de la ville : « Je viens en voisin, j'habite à côté, à Cabris. Je voudrais cent kilos de terre glaise. Je veux faire des choses avec mes mains, mais je suis un débutant. J'ai envie de travailler ce matériau qui ressemble à de la mie de pain ou à la pâte à modeler des enfants... J'aurai besoin de vos conseils. »

Le potier Joseph Pasquali avait devant lui Jean Marais, le grand comédien, qui était justement l'acteur préféré de sa femme, Nini. Ils devinrent vite tous les trois des amis. Une même passion de la création les rapprochait. Chaque année, à la joie de tous, le comédien-peintre allait dessiner l'affiche de la grande fête des Potiers. Plus tard Jean Marais – tout en s'échappant par moments, appelé à Paris pour le théâtre ou le cinéma – quitta Cabris pour habiter, à Vallauris même, une villa entourée d'arbres qu'il appela « Le Préau ». On le voyait souvent promener ses chiens dans le parc. Il allait déjeuner une fois par semaine au restaurant, même quand il y avait du monde. Il adorait le poisson, le chèvre chaud et, pour dessert, le sorbet. Dès 1980, il devenait pleinement un « Vallaurien », ouvrait une boutique, s'affirmait artiste-potier et sculpteur, grâce aux conseils et à l'aide jamais démentis de ses voisins, les Pasquali.

Leur affection fut mêlée de chagrin quand, vers la fin des années quatre-vingt-dix, le comédien, âgé de plus de 80 ans, fut atteint d'un cancer de la moelle épinière. Il dut même porter un corset pour rester droit. Ses défenses immunitaires étaient menacées et des transfusions régulières indispensables. Jean Marais gardait pourtant le sourire. Il plaisantait sur son sort : « Jusqu'au bout, le spectacle doit continuer. Allons-y. Sans pleurs ni tracas. » Il disait même, de façon encore plus directe : « Là-haut, je vais retrouver Jean Cocteau. Le Bon Dieu ne peut pas se passer de lui. Ça tombe bien : moi non plus ! » Après chaque crise, il se relevait et courait gaillardement d'un côté ou de l'autre. Pourtant, il lui arrivait d'avoir du mal à se tenir debout et il éprouvait parfois le besoin de dormir jusqu'à dix-huit heures d'affilée.

Le samedi 7 novembre 1998, Jean Marais subit une crise plus grave que les autres. Son médecin, le docteur Bisror, le fit transporter à l'hôpital de Cannes, « Les Broussailles ». Le dimanche, les massages cardiaques pratiqués par l'équipe médicale, dans la salle des urgences de l'hôpital, ne purent empêcher l'inévitable : le héros de *L'Éternel retour* et de tant d'autres succès devait s'éteindre ce jour-là, un mois avant son quatre-vingt-cinquième anniversaire.

Le plus célèbre potier de Vallauris, après Picasso, prenait congé de ce monde. Selon ses dernières volontés, sa dépouille fut ramenée chez les Pasquali, cependant que, le soir même, France 2 diffusait *Le Bossu* et *Le Capitan*, ses films les plus populaires. La mairie ayant décrété quatre jours de deuil pour tout Vallauris, une foule d'amis et d'admirateurs se pressa autour du gisant. Quatre registres de condoléances, ouverts à la mairie, furent remplis de formules chargées d'émotion et d'amour : « Avec le souvenir de Jeannot, notre jeunesse revient comme un parfum » ; « Tu faisais partie de la famille » ; « Tu as beau être au paradis, tu ne nous quitteras jamais »...

Les obsèques se déroulèrent le vendredi 13 novembre, dans l'église Sainte-Anne de Vallauris. La messe d'adieu fut concélébrée par le curé de Vallauris et les curés de six paroisses voisines. Les admirateurs, massés depuis le matin derrière les barrières entourant le parvis, applaudirent, comme pour un dernier rappel, le cercueil de bois clair lorsqu'il apparut dans l'encadrement de la porte de l'église, passant devant une magnifique photo géante en noir et blanc du disparu. En hommage à la vaillance de l'un des siens pendant la guerre, le drapeau de la 2e Division Blindée s'inclina devant lui. Les vives couleurs de dizaines de gerbes de fleurs éclataient sur les marches. Il y en avait davantage que pour la cérémonie funèbre de Picasso, en 1973. On entendit, amplifiée sous les voûtes, la voix du comédien. Avec bonhomie, sur les marches du lieu saint, le curé de Vallauris, le Père Marchisio, raconta sa première rencontre avec Jean Marais, « un homme simple, réservé, et qui ne se livrait que progressivement ». Marais lui avait confié, peu de temps avant sa mort : « J'accepte l'inéluctable. J'ai eu tant de joies et de bonheur dans la vie que j'attends la mort comme un dû à mon séjour sur terre. » Le maire prit ensuite la parole, reprenant une citation du *Testament d'Orphée* : « Jean Marais n'est pas mort, il est passé dans le pays qu'il a peuplé d'étoiles, de l'autre côté du miroir. »

Aux premiers rangs de la foule se trouvaient Serge Marais, le fils adoptif du comédien, les Pasquali, le directeur de cabinet du président de la République, le préfet des Alpes-Maritimes... Catherine Trautman, alors ministre de la Culture, tint à saluer « un homme d'honneur et de cœur, le capitaine de tant de rêves qui a su rester – magie du talent – le plus proche et le plus familier des héros. » On écouta alors le premier mouvement de la *Sonate au clair de lune* de Beethoven avant de suivre le cercueil jusqu'au vieux cimetière de Vallauris.

Un cortège d'un millier de personnes, applaudi par autant de « fidèles » agglutinés au bord du chemin, accompagna la dépouille jusqu'à un imposant caveau blanc, au bout de la première allée, caveau surmonté de la tête de « La Bête aux yeux verts », une sculpture de Jean Marais. Beaucoup, parmi les présents, surtout des femmes, éclataient en sanglots. Des peintres, des potiers, des dizaines d'artisans et de comédiens étaient mêlés à eux : Jean-Pierre Aumont, Jean-Claude Brialy, Annie Cordy, Mylène Demongeot, Georges Descrières, Mick Micheyl, bouleversée, Michèle Morgan, Francis Perrin, Marthe Villalonga... Les mots beauté, talent, bonté, générosité étaient sur toutes les lèvres. Le journal régional *Nice-Matin* devait donner pour titre à son compte rendu funèbre : « Vallauris a perdu son soleil ».

À la fin de la cérémonie, une petite fille du voisinage, âgée de douze ans, s'adressa avec une grande conviction à un journaliste qui regagnait sa voiture : « Jeannot, il était beau et il nous souriait tout le temps, sous ses cheveux blancs. Comme un grand-père qui n'aurait jamais perdu ses vingt ans. »

Chapitre I

Amoureux de Pearl White, la star casse-cou

À dix-huit ans, habitant Ploudaniel, un gros bourg près de Brest où j'allais au lycée, j'étais un rêveur impénitent. Plus d'un an de séjour préventif dans un Centre, du côté de Bayonne, afin de contrecarrer une menace mettant en danger mes poumons, pendant lequel j'avais dévoré une partie de la bibliothèque, ne m'avait pas rendu plus réaliste ! Je dessinais, je prenais des cours de diction, je jouais au basket. Mais le cinéma, le destin glorieux ou en dents de scie des vedettes, m'attiraient. J'étais un inconditionnel des magazines spécialisés, de *Cinémonde* à *L'Écran français*. Jean Marais fut, très vite, mon comédien préféré et une sorte d'exemple pour le jeune homme que j'étais alors. Peut-être parce que, malgré nos trente ans d'écart, mon adolescence se déroulait un peu à l'image de la sienne. N'avait-il pas été attiré par la peinture à treize-quatorze ans parce qu'un des amis de sa mère avait laissé traîner à la maison un pinceau et des tubes de couleurs ? Pour ma part, pour échapper au tourbillon bruyant des cours de récréation des Landes, je me réfugiais dans la salle d'études, un carnet de croquis sous le bras. Et j'avais peint le portrait de Jean Marais, à l'huile, d'après un magazine. J'avais même sculpté son buste dans le plâtre. Ah, pouvoir un jour le rencontrer et les lui montrer !

Jean Alfred Villain-Marais était né à Cherbourg le jeudi 11 décembre 1913, à treize heures, tout près de la Halle aux poissons et de la mer, au 6 de la rue Groult. Il avait un frère, Henri, son aîné de quelques années. Une sœur, Madeleine, née en 1911, venait de mourir quand il arriva au monde. La maman rêvait d'avoir une autre fille mais c'est Jean Alfred qui se présenta ! Affreusement déçue, elle refusa d'abord de voir le bébé puis s'entêta durant deux années à habiller ostensiblement le nourrisson comme s'il était de sexe féminin. Seul ou accompagné par Henri, Jean, devenu tout de même un petit garçon, courait sur les plages au sable sale, s'amusait avec les chiens du quartier ou avec son cheval à bascule, se bagarrait avec les gosses du voisinage quand ils se moquaient de l'accent alsacien de sa mère, Marie-Aline, appelée plus couramment Aline puis Henriette. Jean sortait le plus souvent en costume de velours à col blanc, ses cheveux blonds roussis au fer, ce qui n'allait pas sans brûlures.

Louise, maman d'Henriette et grand-mère des deux garçons, ainsi que sa sœur Joséphine, leur grand-tante, vivaient à l'époque avec la famille dans une maison vaste et grise, tout à côté d'une forge qui répandait des odeurs de corne brûlée. Une communauté très attentive à sa descendance. Ainsi, le petit Jean souffrant d'abcès aux oreilles, sa mère, réussite peu croyable en pleine guerre, parvint un jour à dénicher une voiture pour pouvoir le conduire au Havre, chez un spécialiste. Henriette était ainsi, autoritaire envers ses enfants mais intraitable dès qu'il s'agissait de les protéger. Une autre fois, pour le guérir de la grippe espagnole, elle lui administra elle-même une piqûre dangereuse que le médecin n'osait pas faire, l'injection pouvait lui être fatale. Mais Henriette avait compris que c'était la seule chance pour son fils de survivre. Et grâce à ce geste d'un courage fou, la très forte fièvre baissa d'un coup. Un succès complet ! On s'en doute, le petit Jean adorait sa mère, aussi tendre que coquette. Quand elle rentrait des courses, il se jetait dans ses bras, fourrait son visage dans son cou, embrassait ses joues, s'enivrait de son parfum.

Jean prenait plaisir à faire guerroyer ses soldats de plomb, mais s'amusait tout autant avec plusieurs poupées, dont l'une avait pour nom Pearl White. Henriette l'avait, en effet, emmené voir *Les Mystères de New York* dans un cinéma du Havre, un « serial » venu des États-Unis au succès alors considérable. Sous son titre générique, ce feuilleton cinématographique tout à fait rocambolesque comportait un nombre impressionnant d'aventures aux intitulés éloquents : *Le Masque aux dents blanches*, *La Main qui étreint*, *Le Portrait qui tue*, *Le Baiser mortel,* etc., dont la vedette féminine était immanquablement Pearl White. Le petit Jean ne fut pas le seul à être fasciné par la blonde aventurière. Le très sérieux cinéaste et théoricien du cinéma Louis Delluc, qui avait passé l'âge des poupées, avouera de son côté : « Au sortir de ces films, on a envie de conduire autos et avions, d'aller à cheval, de tirer comme l'Œil de Faucon, de danser, de nager, de plonger, de tout, de tout, de tout, et l'envie n'est pas loin de l'exécution. » Aragon lui-même, alors proche des Surréalistes, tenta une analyse du phénomène, il est vrai un peu alambiquée : « Ces lignes sont un hymne à celle que le grand public appelait par un involontaire calembour "Perle Vite", rendant hommage à son énergie rapide et à sa riche beauté. Ce qui fait que le théâtre est mort pour nous, c'est sans doute que sa matière unique est la morale, règle de toute action. Notre époque ne peut plus guère s'intéresser à la morale. Au cinéma, la vitesse apparaît dans la vie et Pearl White n'agit pas pour obéir à sa conscience, mais par sport. Elle agit pour agir. »

La célèbre comédienne américaine avait été couturière avant de devenir acrobate, star et toujours casse-cou. Elle avait connu tous les métiers et couru longtemps le « cacheton », jusqu'au jour où, dans un décor de cinéma, alors qu'elle mendiait un emploi de figurante, elle décocha un coup de pied à un lion plutôt hargneux. Ce culot enchanta un metteur en scène qui lui signa aussitôt son premier contrat à partir duquel elle enchaîna tous les succès. On disait que Pearl avait dû apprendre à nager, à conduire une voiture, une moto, voire une locomotive, à sauter d'un avion pour les besoins de la mise en scène. Louis Gasnier, un cinéaste né à Paris qui accompagna Max Linder à ses débuts, devint le meilleur promoteur de la star en la dirigeant dans *Les Mystères de New York* puis dans un autre « serial » américain, *Les Exploits d'Elaine*. Richissime, Pearl White abandonna peu à peu le cinéma dans les années vingt et s'installa en France où elle acheta un château du XVIIIe siècle près de Rambouillet. Elle mourut en 1938 et un film lui fut consacré en 1946, intitulé *Les Exploits de Pearl White*, la danseuse et comédienne Betty Hutton se chargeant de la faire revivre à l'écran sous la direction de George Marshall.

Ivre d'émotion, amoureux fou de Pearl White et de son exemple, le petit Jean se jura qu'il ferait plus tard le même métier qu'elle et qu'il serait capable d'affronter sans sourciller les mêmes épreuves. Il tint parole puisque, outre sa célèbre série de films de cape et d'épée où il s'engagera lui aussi physiquement, le comédien eut à cœur, dans les années soixante et avec la complicité d'André Hunebelle, de réveiller un genre que l'on croyait enterré depuis la fin du cinéma muet en tournant *Fantômas*, *Fantômas se déchaîne* et *Fantômas contre Scotland Yard*. Trois longs métrages qui seront aussi un hommage direct à celui qui fut en France le fondateur du feuilleton cinématographique à épisodes, bien avant les Américains : le très talentueux Louis Feuillade.

À l'époque, le jeune Marais estimait toutefois que sa mère était encore plus belle et plus séduisante que l'Américaine fêtée pour ses films dans le monde entier. « Ma mère était à la fois sévère et juste, douce et rude, enjouée et grave, élégante et belle, plus belle que Pearl White » écrira-t-il plus tard dans ses Mémoires[1]. Elle se maquillait avec art. Ses robes étaient toujours à la dernière mode et elle ne sortait qu'avec des talons hauts. Elle flânait en outre souvent dans les boutiques. À Cherbourg on l'appelait, avec quelque jalousie, la « Parisienne ». Envers ses fils, elle se montrait à la fois tendre et sévère, sérieuse et fantaisiste. Très à cheval sur l'hygiène à une époque où ce n'était pas encore entré dans les mœurs, Henriette leur donnait des bains quotidiens à la surprise de ses voisines. Elle achetait aussi des paquets de confetti, qu'elle jetait sur eux quand ils jouaient ensemble.

Henriette n'avait pas eu une enfance très orthodoxe. Son père, Modeste Vassord, joueur invétéré, s'avéra très vite incapable d'assumer ses responsabilités. Sa mère, Louise, dont la famille était originaire d'Alsace, préféra confier la fillette à sa sœur Joséphine qui était mariée à un homme bien moins impécunieux que son propre époux : Henri Bezon. C'est ainsi qu'Aline Vassord fut rebaptisée Henriette Bezon et qu'elle eut deux mamans qui, plus tard, assurèrent de concert la gestion de ses différents domiciles alors qu'elle-même était souvent absente. Ce manque de repères clairs quant à sa véritable identité conduira sans doute Henriette, devenue adulte, à changer fréquemment de nom au gré de sa fantaisie et à l'occasion de ses divers déménagements. Jeune fille, la fille adoptive de Joséphine et Henri Bezon ne voulait pas se marier. Enfermée dans un couvent, elle prétendait vouloir devenir religieuse. C'est son oncle par alliance et père de substitution qui la convainquit de renoncer à sa vocation en l'amenant à épouser en 1906 un jeune étudiant de l'École vétérinaire de Maisons-Alfort ayant pour nom Alfred Emmanuel Victor Paul Villain-Marais, et qui était originaire du Cotentin.

1. *Jean Marais, histoires de ma vie*, Éditions Albin Michel.

Grâce à une étude de Remy Villand, intitulée *Les Ancêtres cotentinais de Jean Marais* et publiée en 1984 par la Société d'archéologie de la Manche, on en sait un peu plus sur la branche paternelle du comédien, et même certainement plus que le comédien n'en sut jamais lui-même. D'après ce précieux document, l'arbre généalogique des « Villain » s'enracinerait au moins dès le XVe siècle à Percy, modeste chef-lieu de canton d'à peine plus de deux mille âmes aujourd'hui. Mais les Villain devinrent par la suite si nombreux que, au cours du XVIIIe siècle, il sera d'usage de les désigner par un surnom généralement emprunté à la terre qu'ils travaillent car, pour la plupart, ce sont des « laboureurs ». On dénombre ainsi, dans la région de Percy, une trentaine de Villain, des Villain-Les-Vallées aux Villain-Le-Bourg. Et, bien entendu, les « Villain-Marais » (il y aussi les « Villain-les-Marais » et même les « Villain-Sieur-des-Marais »). Au fil du temps, les Villain-Marais « laboureurs » devinrent « cultivateurs » lesquels, au début du XIXe siècle, commencèrent à engendrer des... pharmaciens. C'est dans cette lignée qu'il convient de placer le jeune vétérinaire Alfred Villain-Marais dont le propre père possédait une officine pharmaceutique à Saint-Sauveur-le-Vicomte. Diplôme en poche et femme au bras, Alfred Villain-Marais alla donc tout naturellement s'installer à Cherbourg, capitale de son Cotentin natal, où il devint tout simplement Alfred Marais pour exercer un métier en accord avec cette région de Normandie encore essentiellement peuplée d'éleveurs.

Quant à Jean Alfred Villain-Marais, on l'a dit, il était né le 11/12/13. (Devenu adulte, il s'amusera souvent à faire sonner ces chiffres ensemble, comme on épelle un numéro de téléphone ou de compte en banque – « Demandez le 11.12.13 ! » – et il éclatait de rire). Quelques mois après sa naissance, la « grande guerre » éclatait. Son père, qui avait fait son service militaire douze ans plus tôt, fut envoyé au front, passa des mois dans les tranchées, combattit à Verdun. Couvert de décorations, mais blessé par un éclat d'obus, il revint à Cherbourg, taciturne et amer.

Selon le témoignage de l'acteur, le petit Jean qui avait alors cinq ans était juché sur son cheval de bois quand son père réapparut après cinq années de guerre. La porte à peine refermée, celui-ci, écrit-il, voulut l'en faire descendre. Le gosse, qui ne connaissait pas ce monsieur, s'indigna : « Maman, qui c'est ce grand idiot qui vient m'embêter ? » Selon la version maternelle, son père le gifla pour tout commentaire.

Indignée, Henriette décida sur-le-champ qu'elle ne vivrait plus avec un homme aussi prompt à se montrer revêche. Cette version officielle ne sera contredite par des proches du couple que des décennies plus tard. Le besoin irrépressible d'indépendance ainsi que son instinct possessif maternel démesuré avaient tout simplement conduits la jeune femme à prendre cette décision radicale.

Elle embarqua donc un beau soir tout son monde, les deux garçons et sa mère. La tante Joséphine les rejoignit peu après. Ce ne fut pas sans fanfare. À sa manière, elle avait préparé le spectacle. Toutes les lumières de la maison étaient allumées. Le père, ahuri, muet, rageur, dut assister, sans pouvoir protester, au départ presque joyeux de la caravane. Sacs et valises déambulaient vers la sortie. Devant la porte, élégante égérie, sa femme réalisait une sorte de danse du ventre tout en lançant de petits adieux à la maison avec ses mains, applaudie par Jean et Henri. Ils voyagèrent dans un wagon-salon de luxe habituellement réservé aux voyages présidentiels – Henriette n'était-elle pas l'amie du chef de la gare maritime de Cherbourg, Eugène Houdaille ? Bien plus qu'une amie, semble-t-il, si l'on s'en tient à ses déclarations fracassantes quand ses fils, devenus grands, voulurent connaître la vérité sur celui qui les avait réellement engendrés. Mais allez savoir ! De toute façon, ce « faux oncle », comme le dénomme Jean Marais lui-même, sera remplacé par un « faux parrain » lorsque la tribu sera installée dans la capitale.

À Paris, le temps de trouver un logement, Henriette remit ses enfants à une amie, Berthe Collot qui, n'ayant pas assez de place pour loger les deux garçons, confia le petit Jean à sa concierge, Madame Boulmier. C'est dans cette loge que Jean connaîtra sa première déception amoureuse. Car il y a Fernande, la fille de la concierge, et le petit Cherbourgeois n'a d'yeux que pour elle : « Je n'aimais pas les petits pois parce qu'elle ne les aimait pas, je faisais tout comme elle. » Le problème est que Fernande va superbement sur ses quinze printemps et ne peut que regarder de haut ce garçonnet. En outre, Robert, le fils de Berthe Collot, dont l'âge est plus en rapport avec celui de Fernande, tourne assidûment et non sans un certain succès autour de la jeune fille. Le trop jeune provincial finit par reconnaître sa défaite provisoire mais ne renonce pas pour autant. Alors que sa mère vient enfin le récupérer chez Madame Boulmier, il déclare solennellement en levant le cou vers son aînée de neuf ans : « C'est promis. Plus tard, je reviendrai et je t'épouserai. » Il ne fera évidemment ni l'un ni l'autre mais, longtemps encore, le jeune Jeannot gardera la grande Fernande dans son cœur.

Henriette, en effet, venait de louer une maison au Vésinet.

Chapitre II

Le sens du spectacle et de la blague

Pour s'occuper de la maison à deux étages en pierre meulière du Vésinet, située au 63, boulevard de Belgique, la grand-mère et la tante s'étaient partagé les charges. Henriette, quant à elle, passait ses journées à Paris. « Elle s'occupe de ses affaires, elle travaille », disait-on à l'enfant sans plus de précision. Elle rapportait en effet de l'argent, chaque semaine. À la fin de l'après-midi, la grand-mère et la tante jouaient au jacquet. Jean arrêtait alors ses jeux et ses gambades. Les femmes allaient manier leurs pions une heure ou deux, jusqu'au moment où Henriette reviendrait de Paris. Jean se cachait sous l'épais tapis de la salle à manger ou bien, l'hiver, s'accroupissait devant le poêle et rêvait à celle qu'il aimait plus que tout au monde. Il entendait, par bribes, la conversation des joueuses. Il flottait dans un univers où amis, projets, attente défilaient sans trêve. Parfois, persuadé que sa mère ne rentrerait pas, il fondait en larmes, en silence. Mais elle revenait... « Tu es en retard, Henriette » grondaient les deux sœurs. Lui bondissait, étreignait sa mère. Elle ouvrait bientôt les sacs dont elle était chargée : des gâteaux, des vêtements qu'elle distribuait, ou différents objets pour son usage propre.

Ensuite, l'élégante allait se changer dans sa chambre drapée de bleu et descendait pour le dîner, revêtue d'un simple peignoir plus ou moins raccommodé. Il ne fallait pas salir le beau linge de corps ni faire des plis intempestifs à la jupe coûteuse. Elle racontait les éventuelles péripéties de la journée. On l'avait conduite, par exemple, devant le commissaire de la gare Saint-Lazare (qui par chance était son ami Eugène, « l'oncle » de Jean Marais) parce qu'elle avait refusé de montrer son billet au contrôleur, sous le prétexte qu'il ne portait pas ses gants blancs, malgré le règlement. Ou encore parce qu'elle avait giflé un type qui ne l'avait pas laissée passer dans le couloir, puis l'avait traitée de « sale petite bonne femme ! ». Furieuse, elle s'était accrochée à son col, on avait dû les séparer.

À leur demande, mais à tour de rôle et sans jamais montrer aucune préférence, elle acceptait que ses fils dorment la nuit avec elle, dans la chambre bleue. Le matin, pendant que maman se coiffait, se parfumait (son parfum préféré était « Mitzouko » de chez Guerlain), choisissait bague et collier dans la salle de bains, Jean et Henri assistaient au spectacle. C'était quelque chose comme l'épanouissement de la beauté vers son point de perfection. Puis ils l'accompagnaient jusqu'à la grille du jardin.

Une fois par semaine, en général le jeudi, ils se rendaient ensemble à Paris pour voir un film d'aventures ou d'épouvante. À côté de Pearl White, il fallait compter avec Mary Pickford, Nita Naldi, Douglas Fairbanks. Dans la rue, bouche bée, les hommes se retournaient, admiratifs, et saluaient la jolie femme. Cela agaçait Henri, mais Jean était aux anges. Sa mère n'était-elle pas une sorte de reine, méritant l'admiration de tout son peuple ?

Henriette avait par ailleurs un sens rigoureux de la justice et le culte du courage, qualités qu'elle tentait de développer chez ses enfants : ne pas gémir sous la souffrance, ne jamais dénoncer quelqu'un, même si on connaissait le vrai coupable. Elle demandait à ses fils d'essayer de vaincre la peur, de renoncer à regarder sous le lit avant de s'endormir, d'aller à la cave sans crainte des fantômes. Ils avaient le devoir de se montrer généreux et solidaires dans l'adversité. Si Henri était privé de dessert, Jean lui offrait la moitié du sien, et vice-versa. Bien plus tard, jetant un regard en arrière sur sa vie et l'exceptionnelle réussite d'une brillante carrière, Jean Marais tiendra à rendre hommage au « talent d'éducatrice » de cette mère dont, pourtant, il aura eu moult raisons de se plaindre : « Deux exemples ont favorisé ma quête du bonheur. Le premier me fut donné par ma mère. Elle n'était pas heureuse. De la voir telle, et d'en souffrir, renforça en moi cette vocation au bonheur que sut si bien définir mon père. Être heureux devint très vite ma seule ambition. Toutefois je compris vite, en dépit de ma jeunesse, qu'il était impossible d'atteindre au bonheur en dehors des lois, surtout lorsqu'on est affligé de sentiments négatifs, tels que la jalousie, la crainte, l'orgueil et l'envie. Le premier défaut dont je parvins à me corriger fut la peur. Je ne m'y astreins – dois-je le répéter ? – ni par vertu ni par souci de perfection, mais pour "être heureux". Donnant dans le genre "chef de bande" au collège, je souffrais d'être peureux, j'en avais honte, bien que ma mère et moi fussions les seuls à le savoir. Afin de maîtriser cette peur, je m'obligeais à tenter tout ce qui pouvait la provoquer. Ma mère m'aida à me conquérir, à me rendre maître de moi-même, comme elle sut faire taire en moi les gémissements provoqués par une blessure ou par un cataplasme trop fort en moutarde. De très bonne heure, je parvins à supporter la douleur, à ne pas broncher devant elle, à la subir sans me plaindre. Qu'il me soit ici permis de rendre hommage au talent d'éducatrice de ma mère qui, par ailleurs, m'offrit assez souvent l'image de ce qu'il ne fallait pas faire[1]. »

Henriette avait également le sens du spectacle et de la blague poussée à l'extrême, surtout quand son amie Berthe

1. *L'Inconcevable Jean Cocteau*, Éditions du Rocher, 1992.

se trouvait là. Henriette se déguisait alors en cambrioleur ou en fantôme qui tentait, la nuit, de forcer la fenêtre de la chambre de Berthe, effrayée. Parfois, celle-ci devait se laisser attacher sur un paillasson avant d'être poussée dans l'escalier et de dévaler celui-ci marche après marche, avec des cris aigus. Invitée un jour chez elle, Henriette avait inondé de pluie la chambre de Berthe à l'aide d'un tuyau d'arrosage détourné du jardin. Fous rires, cris, panique de Berthe, une petite femme maigrichonne, aux yeux tout ronds.

Les choses allaient parfois encore plus loin, trop loin. Henriette avait un jour attaché, puis bâillonné le jeune fils de Berthe sur le lit de celle-ci. Puis, après avoir déposé une bouteille censée avoir contenu du poison près du lit, elle était sortie de la pièce en criant : « Berthe, ton fils s'est suicidé ! » Berthe, épouvantée, avait évité de peu l'embolie devant cette mascarade... Mais Henriette se faisait pardonner en lui offrant, à foison, des vêtements, des chapeaux, de petits bijoux...

De tels exemples ne pouvaient qu'influencer le petit Jean. Évidemment, un jour, il voulut, lui aussi, réussir « sa » blague. Dans la chambre de sa tante, relativement fortunée, il déroba toutes ses parures, alla dans le jardin et, sur une enclume, à grands coups de marteau, fit éclater les perles et les pierreries, jeta tous les éclats à la poubelle, remit dans la chambre les montures vidées, aplaties. Ces dames crurent tout simplement qu'il s'agissait d'une vengeance dont l'auteur resta toujours anonyme.

Henri suivait les cours du collège de Saint-Germain-en-Laye. Jean Marais devint externe à l'école catholique du Vésinet où, poussé par tante Joséphine qui avait la foi, il revêtit le surplis des enfants de chœur. À la maison, bientôt, on ne vit plus Eugène. Il fut remplacé par un certain Jacques, un beau brun de haute taille, qui travaillait « dans la finance ».

Parfois, Jean devinait que Jacques descendait tout droit de la chambre bleue. Sa passion pour Henriette n'en restait pas moins absolue. Ce qui n'empêchait pas le petit garçon de tromper son élégante maman avec des fillettes de son âge en attendant d'être assez grand pour pouvoir épouser, en plus de sa voisine, celle qui l'avait mis au monde. De ces amours enfantines, le grand comédien gardera longtemps un souvenir ému : « Ne riez pas ! aimait-il à dire, les amours enfantines sont les plus belles qui soient parce qu'elles sont pures ! »

Au Vésinet, justement, il y eut Carmen. Si Jeannot avait alors sept ans, Carmen en avait à peine deux de plus. C'était la fille du gardien de l'usine à gaz qui jouxtait la maison louée par Henriette. Cette maison, le jeune garçon ne l'aimait pas trop. Il la trouvait triste et plutôt laide. En revanche, le terrain sur lequel elle était bâtie, avec son plan d'eau, l'enchantait et lui paraissait immense. Il y avait ses habitudes, y rêvassait longuement et lorgnait de loin cette petite voisine à qui, pourtant, il n'adressait pas la parole, très impressionné par la casquette de gardien de son papa. Pourtant, grâce à sa mère, il trouva le courage de lui parler le soir du quatorze juillet.

Henriette, en effet, qui ne perdait jamais une occasion d'organiser une fête, avait choisi le grand anniversaire républicain pour accrocher aux arbres du jardin guirlandes et lampions. « Le soir venu, se rappellera Jean Marais, le jardin tout entier était transformé. Je n'y retrouvais plus mes coins préférés. Tout y avait pris un air de mystérieux parc enchanté et je n'y pénétrai qu'avec recueillement, m'attendant à rencontrer quelque fée au détour d'une allée. Puis, quand la nuit fut complètement tombée, quand le jardin brilla de mille lucioles que je croyais enfermées dans les gros lampions rouges, oranges ou verts, maman ouvrit toutes grandes les portes et les enfants du voisinage furent invités à entrer, y compris Carmen. »

Longtemps le petit Jeannot restera fidèle à sa nouvelle fiancée : « J'étais très timide avec Carmen, bien plus qu'avec les autres enfants. Je n'osais pas de jeux bruyants avec elle mais je lui donnais mes jouets ou bien une fleur que je cueillais pour elle dans le jardin. J'avais fait des confidences à maman et celle-ci, sans rancune pour sa "rivale", l'avait autorisée à venir jouer avec moi. »

Jean pleurera quand la famille quittera le Vésinet et il y reviendra régulièrement, donnant rendez-vous à Carmen près du beau jardin qui, pourtant, avait perdu ses lampions.

Après Le Vésinet, ils habitèrent Chatou, au 101 du boulevard Saint-Germain. Selon le comédien, la maison de Chatou était moins laide que celle du Vésinet « mais sans cachet particulier : carrée, d'un faux style Louis XIII, entourée d'un jardin. L'intérieur était composé d'un salon, d'une salle à manger où l'on se tenait le plus souvent, d'une cuisine et d'un petit bureau. Au premier, la chambre de ma grand-mère au débouché de l'escalier ; à côté celle de ma mère, invariablement bleue. La salle de bains en face, puis la chambre de ma grand-tante. Au second, une chambre pour mon frère et moi car nous couchions à présent dans le même lit. Deux greniers, un grand et un petit. Les mêmes meubles, les mêmes tentures que dans la maison précédente. Les mêmes départs le matin aussi, et les mêmes retours avec les mêmes angoisses. » Afin de justifier ces changements de domicile, Henriette avait expliqué à ses garçons : « Nous devons nous cacher. Votre père nous recherche. Et il n'est pas très équilibré. » Et elle avait ajouté : « Nous changerons aussi de nom. Désormais, nous nous appellerons Morel. » Henri haussait les épaules, traitant ce genre de craintes de fariboles. Jean, lui, écoutait religieusement sa mère. Le côté parfois mystérieux de son existence l'enchantait toujours.

Il fut alors placé comme demi-pensionnaire à Saint-Germain, dans le même collège que son frère Henri. Jean avait grandi. Il avait désormais treize ans. On le disait souvent « joli comme une fille » – un compliment qui le mettait en boule. Il se trouvait « pas mal, sans plus ». Et dans sa tête, ça ne tournait pas toujours très rond. Mais comme il était courageux, sûr de lui, ouvert aux autres, il devint vite un chef de bande. Il était capable de mentir avec effronterie. Il volait tout ce qui passait à sa portée, dans les poches, les cartables, les vestiaires. Ses « potes » l'admiraient : « Tu es vraiment le plus habile de nous tous ! » Jean piquait même des billets dans le sac de sa tante Joséphine, la plus riche de la famille. Mais celle-ci ne s'en plaignait jamais : elle croyait que le voleur était Henri et comme ce dernier était son chouchou, motus ! Elle se contentait de cacher son sac, que les deux garnements parvenaient toujours à retrouver. Un jour, ne sachant plus où trouver une cachette, tante Joséphine fourra l'objet de tant de convoitises directement dans le fourneau de la cuisine... et l'oublia ! Au moment de préparer le dîner, tout brûla : le sac ainsi que l'argent qu'il contenait.

Les billets que Jean pouvait ainsi récupérer étaient convertis en bonbons, confettis, réglisse, chocolat, que le « chef » distribuait généreusement à sa « bande ». Tout le reste, qui lui semblait inutile, était impitoyablement jeté. Mais il s'empara, un jour, pour son compte personnel, d'un pinceau et d'une boîte de peinture. Machinalement, il en fit usage, et cela l'amusa. Il ne se doutait pas qu'il venait d'attraper le virus.

Ses notes étant mauvaises, sa mère le fit inscrire au lycée Condorcet. Là, il pensa trouver la parade à ce problème en tenant son propre carnet de notes où, bien entendu, il excellait en tout et qu'il faisait signer par sa mère, s'arrogeant le droit, évidemment, de signer lui-même le carnet – exécrable celui-là – de l'établissement scolaire. Mais comme les retenues se multipliaient pour travail insuffisant, le pot-aux-roses fut découvert et le falsificateur promptement renvoyé. En fabriquant à leur tour un faux certificat, Henriette et « parrain » Jacques le placèrent alors comme pensionnaire à Janson-de-Sailly, en classe de sixième.

CHAPITRE III

« TU NE DIRAS RIEN À TA MÈRE, NI À PERSONNE... »

Pour commencer, à chacun de ses professeurs, Jean se présenta sous un nom différent, tantôt Villain, tantôt Marais, tantôt Morel, tantôt Houdaille... à la grande joie de ses camarades. Il fut puni, ce qui augmenta son prestige de chahuteur et d'inventeur de fables. Devant sa petite cour d'admirateurs, Jean ne prenait plus de gants. Il prétendait que sa famille était richissime, qu'elle possédait six voitures et un château en Touraine où elle était servie par une flopée de domestiques. Un copain, après avoir subtilisé une photo d'Henriette dans les affaires de Jean, la lui rendit avec un sifflement d'approbation :

— Elle est chouette, cette actrice !

— C'est ma mère.

— Quelle est sa profession ?

— Elle est comédienne.

— Et où joue-t-elle en ce moment ? interrogea le copain, non sans respect.

— À la Comédie-Française.

Jean ne savait même pas où se trouvait la maison de Molière ! Mais il était heureux de rendre prestigieuse celle qui, à ses yeux, de toute manière, avait autant d'aura que les vedettes les plus réputées.

Chassé régulièrement de la classe par le professeur de français, bientôt rejoint par d'autres têtes brûlées, au lieu d'aller en permanence dans la salle réservée à cet effet, il s'élançait avec son commando dans les couloirs en poussant des cris de Sioux tout en étant pourchassé par le Surveillant Général. Ou bien tous les gamins allaient fumer en cachette dans les toilettes. Ces « exploits » les enchantaient.

Mais ce que Jean évitait avant tout, c'était de se faire consigner le jeudi ou le dimanche, les deux jours qu'il passait avec sa mère.

Un jeudi après-midi, Jacques, son pseudo-parrain, vint le chercher pour le conduire au cinéma, lui expliquant que sa mère avait été obligée d'aller dans le Midi, « pour affaires ». Le samedi soir, de retour à la maison, tante Joséphine lui dit à peu près la même chose. Jean, déçu et désorienté, lui écrivit une lettre, chargeant sa tante de la mettre à la poste.

Le jeudi suivant, Jacques était encore là : « Ta mère s'est blessée à la main. Rien de grave. Elle va revenir bientôt. Je suis aussi triste que toi de son absence. » Cette fois, Jacques embrassa Jean tendrement avant de l'entraîner au cinéma et de lui offrir des crayons, un revolver à amorces et un stylo.

Le troisième jeudi, toujours grâce à Jacques, l'enfant découvrit avec stupéfaction Ramon Novarro dans *Ben-Hur*, le premier film sonore qu'il voyait ! Jacques suivait sur le visage de l'enfant toutes ses réactions : « Bientôt, mon petit Jean, lui dit-il, tous les films seront parlants, comme celui-ci. »

Après le spectacle, Jacques lui offrit un excellent goûter puis l'entraîna à l'hôtel « Terminus » où il logeait. Dans sa chambre, il fit asseoir le petit Jean sur le lit. Debout, il le regardait avec un demi-sourire appréciateur. Il lui caressa les cheveux, prit sa main, la glissa lentement dans son pantalon. L'enfant était sans crainte, mais profondément étonné. Il sentit qu'on invitait sa main à effectuer un va-et-vient. Bientôt elle fut inondée. Jacques, toujours debout, s'écarta, revint de la salle de bains avec une serviette, essuya Jean.

« Promis ? Tu ne diras rien à ta mère, ni à personne ? Cela reste entre nous. Nous sommes de vrais amis. »

Le soir même, Jean Marais, dans son lit de lycéen, s'endormit assez perplexe, ni abattu, ni enthousiaste. « C'était donc cela, les choses du sexe dont les adultes parlaient avec tant de trémolos – ou de méfiance – dans la voix ? » Il réalisait que cela n'avait rien de compliqué et que cela donnait du plaisir à tout le corps. Alors, pourquoi s'en priver, quand il serait grand ?

Cette initiation sexuelle sans fard avec un « parrain » de plus en plus équivoque ne faisait, en fait, que prolonger des regards plutôt malsains dans les douches de l'établissement où le jeune garçon était régulièrement la victime privilégiée d'un pion exhibitionniste chargé de surveiller les jeunes internes. Comme beaucoup d'enfants, il ne parla à personne de ces pratiques que, de toute façon, à cette époque, personne ne songeait à dénoncer.

Le retour d'Henriette lui fit oublier tous ces avatars. Aucun nuage ne pouvait venir troubler l'idylle entre la mère et le fils. Ils allèrent au spectacle ensemble, s'inventèrent de nouveaux noms, rien que pour eux : elle sera Rosalie et lui Chabichou. Le couple était solidement uni.

Chapitre IV

Un amour en fuite

Une histoire d'arme à feu le chassa définitivement de Janson-de-Sailly. Son frère – il ne sut jamais dans quelles conditions – s'était procuré un revolver à six coups, mais sans balles. Et Jean déroba l'arme à Henri. Il la montra avec complaisance à ses camarades, dans la cour du collège. Leurs yeux brillaient. L'un d'eux proposa de lui échanger cette arme contre cinquante boîtes d'excellentes pastilles. Marché conclu ! Apprenant que les surveillants avaient été prévenus du troc qui se préparait, Jean s'empressa de remettre le revolver au copain. Pour donner le change, il se procura un ridicule pistolet à amorces qu'il mit dans sa poche avant de se rendre à la convocation du Surveillant Général. Il exhiba le jouet, nia avoir jamais possédé une véritable arme à feu. On put prouver qu'il avait menti et il fut renvoyé du lycée quelques jours plus tard. Il raconta à sa mère qu'on l'avait pris, à tort, pour l'instigateur d'une bagarre.

Le voici donc à nouveau demi-pensionnaire à Saint-Germain-en-Laye, mais sans s'être assagi pour autant. Il continua de faire le zouave, renouvela ses cavalcades bruyantes dans les couloirs et ses courses-poursuites avec les surveillants. Tout le monde rigolait et en profitait pour chahuter. Il se montrait aussi paresseux, prétentieux, méchant avec les pions trop conciliants, chapardeur à un tel point que l'on décida de changer toutes les serrures des portes du lycée. Il lui arriva même un jour de feindre un malaise pour qu'on appelle à la hâte le médecin du quartier. Mais Jean « récupéra » juste avant l'auscultation, ce qui laissa le praticien interloqué d'avoir été dérangé pour rien. Les élèves avaient fait de lui un « leader », alors que lui-même n'appréciait guère ce rôle et portait déjà un regard sans complaisance sur lui-même. En réalité, il désirait juste devenir quelqu'un.

Quand, dans la cour de récréation, il y avait une bataille rangée entre deux camps qui voulaient Jean Marais pour chef, ce n'était pas pour lui déplaire. Il aimait en effet déjà séduire mais surtout être victorieux. Ce qui l'obligea à être un peu plus sévère envers lui-même. Pour s'aguerrir, il s'obligea à descendre à la cave sans allumer la lumière, à monter dans le grenier en pleine nuit. À la piscine du Pecq, devenu plus grand, il choisissait le plongeoir le plus haut. Il marchait en équilibre sur la crête des murs pour maîtriser son vertige.

S'il voulait plaire, être fort, il était aussi épris de justice. Pourtant, sa réputation de dur, de tête-brûlée continuait de lui coller à la peau. Un jour, un copain déclara devant tous qu'il avait appris que sa mère était une voleuse, qu'elle piquait des choses dans les boutiques et qu'on l'avait emmenée plusieurs fois pour cela au commissariat de police. Pas une seconde il ne vint à l'esprit de Jean que ce gamin disait la vérité. Il prit à la gorge le calomniateur et le frappa. Oser salir Henriette ! On dut les séparer.

Une autre fois, Marais ne sut pas résister à la convoitise. Dans un grand magasin du coin, il déroba un splendide blouson de cuir. Le magasin était très surveillé, le voleur plein d'inquiétude, mais personne ne remarqua son manège. Une fois chez lui, il réfléchit et conclut qu'il ne pourrait jamais porter lui-même ce chouette blouson, que ce serait se dénoncer. Alors, il le donna à un copain. Mais avoir commis ce larcin le plongea dans le doute et il commença à s'interroger sur son propre comportement. Pourquoi avoir pris un tel risque ? Pouvait-on, en même temps, devenir « quelqu'un » et se comporter en simple voyou ? La contradiction n'était pas facile à dénouer.

Il fut sauvé le jour où, pendant la « récré », il dut subir les tirades prétentieuses d'un camarade de classe. Celui-ci parlait de sa famille avec emphase : son père appartenait soi-disant à l'élite politique, possédait plusieurs voitures et il y avait six domestiques chez lui. Comme il s'embrouillait dans les prénoms de ces derniers, Marais comprit qu'il mentait et le trouva totalement grotesque. Soudain il réalisa qu'il lui était arrivé d'être aussi menteur et aussi ridicule que ce copain hâbleur, et qu'il n'hésitait jamais, lui non plus, à tricher sur son propre statut social ! Il décida donc sur le champ de changer, de se transformer, de ne plus être aussi vain que ce pantin. Dès lors, il ne vola plus, ne se battit plus avec les autres. Alors qu'il ne s'intéressait jusqu'alors, en classe, qu'à la récitation (à cause du cinéma parlant qui débutait) et à la gymnastique (il était naturellement musclé), il se força désormais à prêter attention aux autres disciplines.

Le comédien tirera certaines leçons de cette période plutôt trouble de sa jeunesse et adoptera une attitude qu'il conservera tout au long de sa vie. Alors qu'il était installé dans sa maison de Vallauris, qui sera sa dernière demeure, occupé à développer ses dons de peintre et de sculpteur, quelqu'un lui reprocha de ne jamais porter plainte quand il était victime d'un vol : « On voit bien que vous êtes riche », ajoutait son contradicteur. « Pas du tout, lui répondit Jean Marais. D'abord, je n'ai jamais été riche. Si je ne porte pas plainte, c'est peut-être à cause de mon enfance, parce que ma mère elle-même était “en dehors des lois”. De plus, je trouve qu'il vaut mieux être le volé que le voleur. On se sent mieux dans sa peau. J'ai volé quand j'étais jeune. Un blouson de cuir dans un grand magasin. J'avais dix-sept ans. J'en ai eu mal au ventre. On dit souvent de quelque chose qui vous déplaît "Ça me fait mal au ventre". C'est exactement ce que j'ai ressenti. Au fond, si je suis resté honnête, ce n'est pas par vertu. Ni pour me donner une morale. Mais uniquement par souci de bonheur. Parce que je voulais être heureux de toutes mes forces et que voler n'était pas le chemin. »

Henriette, qui cachait à ses fils sa vie de femme libre et légère, adorait s'amuser. Elle restait gaie, jouait aux gendarmes et aux voleurs avec eux, se déguisait avec un faux nez et de vieilles robes. Chaque jeudi, elle les emmenait au cinéma sans jamais payer les places. Elle tendait une carte d'Eugène Houdaille, le faux parrain, « attaché au ministère de l'Intérieur », sur laquelle elle avait écrit sans scrupule : « Ayez l'amabilité de faire placer correctement ma femme et mes enfants. » Et le tour était joué ! Un jour, sortant d'un taxi mal garé, elle gifla un agent qui l'avait traitée de « bourrique ». Au commissariat, la fameuse carte fit son effet, et c'est l'agent qui dut présenter ses excuses.

Un jeudi, juste avant le départ d'Henriette pour Paris, trois hommes se présentèrent à l'entrée du jardin. Sans doute des créanciers. Tante Joséphine les retint, leur fit la conversation tandis que la maman de Jean, qui avait tout vu de sa fenêtre aux volets mi-clos, en profita pour se déguiser hâtivement en vieille femme, avec perruque et bas noirs, manteau élimé et chapeau à voilette. Elle passa alors avec son cabas, très digne, devant les bonshommes qui ne la regardèrent même pas. Peu après, ils eurent le droit d'inspecter la maison et d'attendre. Henriette ne se montra pas plusieurs jours durant, restant cachée chez Berthe. Avec elle, il y avait toujours de l'aventure dans l'air ! Toutes ces péripéties enchantaient l'âme de Marais enfant.

Avec les amis qui venaient à la maison, entre autres une certaine Odette – une jolie fille de Chatou –, Jean s'ingéniait à répéter les plus belles scènes des films qu'ils avaient vus.

Beaucoup d'entre elles étaient des scènes d'amour. Hélas pour Jean, amoureux d'Odette, c'était le frère de celle-ci qui jouait les amants et la prenait dans ses bras ! Jean, quant à lui, interprétait toujours les maris bafoués et il devait, à ce titre, pleurer à chaudes larmes. Bientôt, il y eut fâcherie. Odette fut alors remplacée par Carmen, son grand amour d'enfance du Vésinet. Son ancienne voisine de l'usine à gaz avait maintenant seize ans. Ils avaient l'habitude d'aller se balader en toute innocence dans les bois. Un jour, n'y tenant plus, elle lui demanda de lui rappeler son âge :

— J'ai quatorze ans, répondit Jean.

— As-tu déjà connu une femme ?, insista la demoiselle.

— Non, dit-il, vaguement honteux.

— Moi, j'ai fait l'amour l'autre jour avec un garçon de vingt ans, beau et très bien fait.

Carmen raconta à Jean tous les détails de son initiation. Puis elle conclut, en se collant à lui dans un élan complice :

— Je peux te montrer, si tu veux...

Effrayé sans trop savoir pourquoi, le candide jeune homme s'enfuit à toutes jambes.

Chapitre V

« *Un homme déguisé en femme, quel scandale !* »

La bibliothèque du salon, aux riches reliures de cuir, était interdite aux garçons. Jean Marais se rattrapait en piochant dans les caisses de livres entassées au grenier, se régalant de romans d'aventures, de chevalerie ou d'ouvrages olé-olé. Mais, surtout, il découvrait des vêtements usagés, des lampes, des rideaux. Il devint, pour aménager sa chambre, décorateur et menuisier. Un jour, en ouvrant une malle, il aperçut la robe de mariée de sa mère, s'en revêtit... La grand-mère lui apprit à couper et à coudre des costumes. Pour faire les courses, il aimait sortir attifé comme un corsaire, le couteau à la ceinture, ou bien déguisé en jeune fille de bonne famille. Quelle joie lorsque les commerçants du quartier ne le reconnaissaient pas ! Il interprétait déjà ses premiers rôles.

À l'aide des trouvailles du grenier, Jean Marais avait transformé en cabane, au fond du jardin, un hangar à bicyclettes. Il l'avait aménagé, meublé : rideaux, matelas, fourneau à alcool pour la confection de gâteaux au chocolat. Il s'y réfugiait souvent, un livre à la main. Il rêvait, se récitait des poèmes, inventait des monologues plus ou moins cohérents. Souvent aussi, c'est dans sa cabane qu'il allait pleurer quand, une fois de plus, sa mère ne rentrait pas. « Votre maman est en voyage » disaient la grand-mère et la tante aux enfants. « Où donc ? » Pas de réponse. Puis une lettre d'Henriette arrivait, expliquant qu'une affaire « d'importance » la retenait au loin, qu'elle ne connaissait pas la date de son retour, mais qu'elle les assurait de toute sa tendresse. Jean y répondait, exprimant tout son désespoir.

Durant ces absences, Jacques venait leur rendre visite le dimanche ou le jeudi, continuait de regarder Jean affectueusement. Henri, qui avait quitté le lycée à dix-huit ans, avait été engagé par une compagnie d'assurances. Un soir, il rentra plus tôt que d'habitude, pâle et défait. Il essaya de boire un verre d'eau, s'assit. Il tremblait. Soudain, il renversa sa chaise, se tordit sur le sol comme s'il se battait avec un ennemi invisible. Sa tante le crut victime d'une crise d'épilepsie. « C'est une crise de nerfs ! » corrigea le médecin, venu en toute hâte. Il prescrivit au malade du gardénal. Henri dut prendre ce remède sa vie durant.

Jean ne parvenait pas à comprendre que sa mère soit absente depuis maintenant plusieurs mois alors qu'elle connaissait le mauvais état de santé d'Henri. Resté seul ce jour-là à la maison, il fouilla partout et découvrit, sous une pile de linge, un revolver à barillet chargé de six balles. En larmes, il se mit à jouer avec. Le désespoir le submergea : « Je dis adieu au monde s'exclama-t-il tout en maniant le revolver, ce monde est trop triste et je suis trop seul ! » Le coup partit accidentellement, lui frôlant le visage.

À leur retour, la grand-mère et la tante l'interrogèrent en vain, convaincues qu'il avait vraiment voulu en finir avec la vie. « Ce garçon est suicidaire, il a de gros problèmes, surveillons son évolution, ça pourrait être grave, pauvre petit chou ! » Devant tant d'apitoiement, Jean se sentit ragaillardi. Il était redevenu aussi intéressant que son frère.

Son vrai problème, c'était l'absence de sa mère. Qui ne revint qu'au bout d'un an. Il embrassa ses mains, son cou, son nez, ses beaux yeux bleus, tremblant de bonheur. Même dans ses habits de ménagère, n'était-elle pas la plus belle du monde ?

En classe de seconde, au collège, Jean Marais n'avait aucune envie de passer son bachot. Il n'était heureux que lorsqu'il se déguisait et interprétait des farces. Il le savait désormais : il ne voulait qu'être comédien. Sa mère fit la grimace et insista pour qu'il reste encore un an.

Un jeudi du mois de juin, alors qu'il devait rejoindre ses camarades pour une promenade en forêt de Saint-Germain, il fit main basse sur une robe d'Henriette, des bas de soie, un chapeau, des souliers, du maquillage. Puis il alla se déguiser dans les bois. Quand les pensionnaires arrivèrent à leur tour, en colonne par deux, la fausse jeune femme se joignit à eux. Un copain, mis à l'avance dans le secret, présenta l'étrange apparition au professeur comme étant sa sœur. Le professeur, émoustillé, s'empressa de lui faire la cour, au milieu des rires muets du groupe.

Le lendemain, Marais était appelé par le surveillant général :

— Il paraît que vous êtes allé, hier, en forêt, déguisé en femme ?

— Oui, monsieur, et alors ?

— Mais c'est un scandale, en femme !

— Je suis libre de mes actes, cela ne vous concerne en rien !

— Vous allez être renvoyé.

Toutes les bonnes résolutions de Jean Marais s'étaient envolées. Il avait envie de nouveau de braver les interdits. Mais, quitte à être renvoyé, autant que ce soit avec panache !

Cet été-là, à cause de la chaleur intense, le goudron qui recouvrait la cour de récréation était tout mou. Il en ramassa plusieurs poignées dont il se servit pour boucher toutes les serrures des classes. Ensuite, pour faire bonne mesure, il cassa avec des pierres plusieurs carreaux, ici ou là.

Mais comment cacher tout cela à sa mère ? Jean surveilla, pendant deux matinées, l'arrivée du facteur. Une lettre, à l'en-tête du collège, était celle de son renvoi. Il la déchira.

Jusqu'à la fin de ce mois de juin, il joua les collégiens ponctuels, partant à l'heure chaque matin et ne rentrant que le soir. Alors qu'il passait son temps dans les trains ou les bus, parfois vagabondait dans la forêt.

Henriette ne se douta de rien. Pendant les vacances avec elle dans le Pas-de-Calais, il lutta chaque jour avec l'envie de tout lui avouer. Elle n'apprit la vérité que lorsqu'elle se présenta au collège afin de l'inscrire pour l'année suivante.

En guise de punition, elle le plaça comme pensionnaire dans une école religieuse, Saint-Nicolas, connue pour sa sévérité. Paradoxalement, Jean s'y trouva bien. Il servait la messe, priait pour sa mère, demandait pardon à Dieu pour ses fautes et sa paresse d'antan. Malgré le retard accumulé, il finit même par obtenir de bonnes notes. Le samedi soir, il rentrait à la maison avec tante Joséphine et se précipitait dans les bras de sa maman. À quinze ans, il avait encore besoin de ses sourires et de ses baisers.

Henri, lui, devenu militaire en Allemagne, s'y ennuyait si fort qu'il vola une voiture avec des copains. Ils eurent un accident sur la route menant à Paris. Il fut menacé du tribunal militaire. Grâce à des certificats médicaux, Henri échappa à la condamnation et fut réformé. Il se fit vendeur de voitures et tomba amoureux d'une jolie marchande de journaux. Pour lui offrir des cadeaux, il puisait dans le sac de tante Joséphine ou s'emparait des plus beaux atours d'Henriette.

Cette dernière, une fois de plus « absente », écrivait à Jean qui lui répondait par le truchement de la grand-mère, qui postait ses lettres en gardant secrète l'adresse d'Henriette. Dans l'un de ses courriers, Henriette demanda à Jean de dessiner, pour une amie religieuse, des couvertures de livres de musique. Il passa alors de nombreux dimanches, après la messe, à mélanger formes et couleurs. Mais que faisait donc sa mère pendant ces longs mois d'absence ?

Chapitre VI

« *Un métier de saltimbanque !* »

À seize ans, Jean Marais quitta le collège Saint-Nicolas. Il dut gagner sa vie et fut engagé comme apprenti chez un fabricant de radios, puis à l'usine Pathé. Pour arrondir ses fins de mois, il fit le caddy dans les golfs de Chatou et des environs. Finalement, il entra chez le photographe Henri Manuel, rue du Faubourg-Montmartre, où il apprit les rudiments du métier : réussir les tirages de la pellicule, sécher, retoucher les photographies.

Comme il habitait toujours la banlieue, il prenait le même train tous les jours pour se rendre à son travail. Un beau matin, il découvrit la présence inhabituelle d'une fraîche jeune fille : « Elle était jolie, la “nouvelle” », se souviendra quelques années plus tard le comédien. Il pria alors le bon dieu pour qu'elle devienne, elle aussi, une « habituée » de la ligne. Son vœu sera exaucé. Le lendemain, puis les jours suivants la même voyageuse enchanta son cœur d'adolescent : « J'aurais tant voulu lui parler, confiera-t-il à un journaliste de *Cinémonde* en 1946, mais je n'osais pas : je n'étais qu'un gosse tandis qu'elle semblait déjà une femme. Je la regardais à la dérobée. Sans doute vit-elle ce regard... Enhardi, je lui demandai une chose insignifiante, l'heure ou la station que l'on venait de passer, je ne me rappelle plus. Mais la conversation était engagée. »

Elle se renouvellera désormais chaque matin. Fébrile et très intimidé, le jeune homme évita cependant toute attaque trop directe afin de ne pas rompre le charme strictement ferroviaire de cette rencontre miraculeuse. Il avança néanmoins ses pions, lui montra des photographies de lui, qu'elle jugea tout à fait réussies, lui en donna une et finit par trouver le courage de lui demander son prénom. Carmen. « Carmen ! Le nom de ma petite fiancée d'enfance ! Le présage me sembla excellent. »

Pourtant ce sera la dernière fois que le jeune Marais verra sa seconde Carmen. Et ce n'est que bien plus tard, au terme de nombreux et moroses aller et retour dans son train de banlieue, qu'il entendra de nouveau parler d'elle. Par des policiers venus enquêter chez Henriette sur l'homme dont on avait retrouvé la photographie sur une jeune prostituée prise dans une rafle alors qu'elle exerçait illégalement son métier : « Vous vous rendez compte ? Ma deuxième Carmen, ma jeune fille de si bonne famille à qui je n'osais pas faire la cour, cette si pudique, si réservée Carmen, eh bien, ses mœurs étaient beaucoup, beaucoup plus légères que je n'aurais jamais osé l'espérer ! Et moi, comme je faisais plus vieux que mon âge sur les photographies, on m'avait pris pour le monsieur qui empêchait les pas de la charmante Carmen de s'égarer dans les sentiers de la vertu ! »

Il y aura une troisième Carmen dans la vie de Jean Marais mais celle-ci, inventée par Prosper Mérimée, moult fois célébrée sur la scène comme à l'écran, aura pour véritable nom Viviane Romance, tempétueuse Carmen de la version filmée de Christian-Jaque, poussant au meurtre un Don José ivre de jalousie et qu'interprète un jeune acteur débutant qui n'est autre, bien entendu, que le héros de cette biographie.

Chez le photographe Henri Manuel, l'amoureux dépité devint le familier d'André G., le secrétaire du patron, un homme cultivé, de dix ans son aîné, qui lui fit lire les œuvres de Gide, Proust, Colette, Oscar Wilde et... Jean Cocteau. Selon Jean Marais, André était « un garçon effacé, désespéré par une calvitie précoce et le manque d'affection d'une mère qu'il adorait. Assez maigre, un visage ni beau ni laid, mais avec de bons et beaux yeux verts à lourdes paupières bordées de longs et épais cils noirs. Ses gestes étaient doux comme son regard. Il avait un bon sourire. »

André et Jean, chaque jour, déjeunaient ensemble et s'entretenaient de leurs passions : la littérature, le théâtre, le cinéma. André raconta à son ami, avec quelque mélancolie, comment il osa, autrefois, affronter le verdict d'un maître, Charles Dullin, sans aucun succès. Il avait alors abandonné son rêve d'être comédien. Toutefois il conseilla à Jean Marais, pour ses dix-huit ans et parce qu'il y était poussé par ses goûts profonds, de passer une audition. Il l'orienta donc vers un cours d'art dramatique montmartrois, le conservatoire Maubel, que dirigeait M. Dorival. Jean étudia un monologue de *Chatterton*, la pièce d'Alfred de Vigny, où le héros se lamente sur son destin. Quand son tour arriva, il déclama son texte en parfait romantique, se roula sur le sol, battit sa coulpe. Verdict : « Vous êtes complètement hystérique, Monsieur, il faut vous faire soigner ! » Cet échec fut salutaire au comédien débutant. Marais comprit qu'il devait discipliner, intérioriser et dominer les sentiments dont il était l'interprète, et ne se mettre qu'en partie seulement, avec une distanciation non négligeable, « dans la peau » des personnages qu'il avait choisis. « Même un cri parfois se chuchote ! », conclut-il.

À l'occasion d'un reportage à la prison pour femmes de Saint-Lazare, le directeur d'agence décida de photographier l'un après l'autre tous les services. Et convia Jean à l'accompagner. À l'entrée, on leur demanda leurs papiers. Puis, brutalement, Jean Marais fut invité à quitter les lieux avant la première prise de vues, sous le prétexte qu'un homme aussi jeune que lui pouvait troubler la sérénité des pensionnaires. Quelques jours plus tard, Jean fut renvoyé de l'agence elle-même. « Vous comprenez pourquoi, n'est-ce pas ? », lui jeta son directeur. Le jeune homme ne comprenait pas du tout. C'est à son retour à Chatou que Tante Joséphine lui fournit l'explication qui lui manquait depuis longtemps : « Oui, mon chéri. Ta mère est prisonnière à Saint-Lazare. C'est plus fort qu'elle. Elle souffre d'une grave maladie : la kleptomanie. »

D'abord, cette révélation s'avéra insupportable pour Jean Marais. Ainsi, sa mère était comme lui, une chahuteuse. Mais de là à la traiter comme une créature nuisible ! Niant la réalité, il continua à faire de sa mère une héroïne, lui écrivit qu'il l'aimerait toujours. Qu'il se débrouillerait pour bien gagner sa vie et être heureux avec elle. Plusieurs fois, il parvint à aller la voir à la prison grâce à la complicité des Sœurs de la chapelle pour qui elle jouait de l'harmonium et chantait aux offices. N'avait-elle pas été élevée au couvent, n'avait-elle pas rêvé d'être religieuse ? En guise de remerciement, Jean envoya souvent des fleurs à l'occasion des fêtes religieuses.

Comme ses patrons lui avaient parfois demandé de poser pour des modèles d'homme, il s'était aussi constitué une collection de portraits. Toujours habité par son rêve de cinéma, il apporta ou envoya ces photos dans un grand nombre de maisons de production. Mais n'obtint jamais la moindre réponse. Pouvait-il pour autant, à dix-huit ans, renoncer au grand projet de sa vie ? Non ! Il décida de continuer à se battre, comme l'avait fait longtemps Pearl White. Commença alors la tournée des réalisateurs connus dont il parvint, non sans mal, à trouver les adresses. Un porte-à-porte aussi stérile qu'éprouvant pour son ego de jeune homme ambitieux : là non plus il ne réussissait jamais à parvenir jusqu'aux maîtres des lieux, ceux-ci refusant régulièrement de le recevoir. Jusqu'au jour où le hasard lui donna un coup de main : le célèbre Marcel L'Herbier, s'apprêtant à sortir de chez lui, se retrouva nez à nez avec lui dans le vestibule de son confortable appartement parisien.

À l'aube de ces années trente, alors que règne désormais le cinéma parlant, Marcel L'Herbier est encore auréolé de ses très estimables succès critiques de cinéaste avant-gardiste du muet et de ses travaux de théoricien du cinématographe. *Eldorado* en 1921, *L'Inhumaine* et *L'Argent* un peu plus tard l'ont rangé dans le peloton de tête des metteurs en scène soucieux avant tout de faire œuvre d'esthète du 7e art. Pour autant, le cinéaste du parlant qu'il est devenu n'est plus que l'ombre de l'artiste intransigeant d'hier. Mais il a su protéger son image de marque de réalisateur haut de gamme. C'est dire si la rencontre inopinée avec cet apprenti comédien totalement inconnu arrivé à sa porte, ne pouvait conduire qu'à un nouveau fiasco. Mais la beauté du jeune Cherbourgeois était désormais éloquente et le « grand cinéaste » loin d'y être insensible. Il accepta donc de l'écouter, ce qui lui permit de contempler un peu plus longuement cet Adonis tombé du ciel, puis finit par accepter de l'accompagner au Salon des Indépendants où Jean Marais, qui peint déjà, a réservé – moyennant finance – un espace pour exposer deux de ses toiles. Après avoir jeté un œil distrait sur les œuvres, le réalisateur proposa au candidat comédien l'achat de l'une d'elles qu'il réglera, promit-il, en plusieurs fois. Les deux hommes se reverront donc régulièrement les semaines suivantes afin d'honorer cet accord. Soucieux de maintenir le contact, Marcel L'Herbier aiguillera ensuite son protégé vers une nouvelle production, *Étienne*, une comédie que devait réaliser Jean Tarride d'après une pièce de Jacques Deval.

Le jour du bout d'essai, l'auteur de *L'Inhumaine* était évidemment sur le plateau de Jean Tarride. Jean Marais se déchaîna. Un peu trop. À la projection – se souviendra-t-il plus tard – il aperçut une sorte de « coq qui battait des ailes, doué de surcroît d'une voix de fausset, comme on en entendait à l'époque à la T.S.F. – une voix comme venue à travers le filtre grésillant de l'émetteur à galènes. » « Comment vous trouvez-vous ? » lui demanda l'homme de l'art. « Affreusement mauvais. » « Je ne vous le fais pas dire. » Le futur Capitan aura tout de même droit à une très discrète apparition dans *Étienne* qui sortira en novembre 1933. Outre qu'il s'agit quand même des tout premiers pas de la grande vedette, ce film oublié aura aussi l'étrange particularité de flirter, du moins au niveau de l'argument dramatique, avec le fameux *Les Parents terribles*, la célèbre pièce de Jean Cocteau que le poète portera lui-même à l'écran avec Jean Marais quinze ans plus tard, deux films où l'on voit un père et son fils se partager la même femme. Apparemment nullement découragé, Marcel L'Herbier fera faire à Jean Marais un autre essai, sans suite, pour *Le Portrait de Dorian Gray* d'après Oscar Wilde.

Jean en avait maintenant conscience : il avait besoin de suivre des cours, d'apprendre à parler, à pénétrer le sens des textes et ses conséquences. Une annonce le conduisit chez un premier professeur qu'il fallait évidemment payer. Il s'en acquitta en repeignant son appartement. Pour le concours d'entrée au Conservatoire, le professeur en question choisit pour lui le monologue d'un paralytique, dans la pièce *L'Holocauste* d'Henry Bataille. Jean Marais reçut quelques chiches compliments, mais se vit recalé.

De son côté, Marcel L'Herbier ne lâcha pas prise. N'avait-il pas en main tous les atouts pour tenter de plaire à un éphèbe qui rêvait obstinément du grand écran ? Il invita Jean Marais à dîner dans son appartement de la rue Cambacérès. La table était servie quand il arriva. Mais dans la salle à manger, une porte ostensiblement ouverte donnait sur une chambre et son lit accueillant. Marais se ferma, devint muet et s'esquiva dès qu'il le put.

Malgré tout, pour chacun de ses films, Marcel L'Herbier continuera de le convoquer, lui exposant son projet en cours, lui proposant « le rôle principal », sous-entendu « en échange de ce que vous savez ». Malgré les nettes réticences du jeune comédien, le « grand réalisateur » se sentit tout de même longtemps obligé de lui confier une figuration ou un tout petit rôle dans quelques-uns des nombreux longs métrages qu'il tournera tout au long de ces années trente. Ce seront *L'Épervier*, *Le Scandale*, où il est garçon d'ascenseur, *L'Aventurier*, où il interprète un jeune ouvrier, *Le Bonheur*, qui le transforme, cette fois, en journaliste. Jean Marais sera également un secrétaire dans *Les Hommes nouveaux* et, enfin, apparaîtra dans *Nuits de feu* qui sortira en 1937 : des films que l'histoire du cinéma, il est vrai fortement peuplée d'œuvres cinématographiques sans grande importance, a choisi de laisser dans les ténèbres.

Du moins l'aspirant comédien aura-t-il pu, grâce à cette collaboration et malgré son ambiguïté, côtoyer et voir travailler quelques monstres sacrés de la scène ou de l'écran, tels Gaby Morlay ou Harry Baur, voire le jeune Michel Simon.

La petite famille Marais changea encore d'adresse. Après un séjour à Chelles, elle s'installa à Paris, rue des Petits-Hôtels. Jean, pour son service militaire, avait demandé l'Algérie et l'aviation. On l'affecta un an à Versailles, dans l'infanterie. Sa grand-tante Joséphine venait de mourir. Pour le déménagement, sa mère était, bien entendu, absente. Louise, la grand-mère, étant très âgée et n'ayant plus beaucoup de forces, c'est le conscrit qui s'occupa d'aménager le nouveau gîte, étant à la fois l'électricien, le peintre et le menuisier. À cette époque, sa grand-mère estimait que « jouer la comédie, c'était un métier de saltimbanque » et sa mère lui reprochait de ne pas « gagner sa vie comme tout le monde ». Du coup, à contrecœur, Jean acceptait parfois d'aller dans un magasin choisi par Henriette, de marchander le prix demandé ou d'occuper la vendeuse pendant que sa mère faisait main basse sur les fanfreluches de son choix.

Puis Jean Marais réussit à faire de la figuration chez Dullin – pour dix francs par jour. Cela lui donnait droit aux courts gratuits du samedi après-midi. Après avoir travaillé avec André Antoine, alors directeur du théâtre de l'Odéon, puis séjourné aux États-Unis, l'excellent comédien qu'était Charles Dullin s'était installé en 1922 au Théâtre Montmartre, rebaptisé « L'Atelier », où il formera nombre de jeunes acteurs. Marais était l'un des rares élèves du cours à avoir toujours préparé une scène à présenter au professeur. Dullin s'attacha donc à ce garçon consciencieux, à l'évidence habité par la passion du théâtre et capable de cette ténacité particulière indispensable à celui qui accepte de gravir barreau après barreau l'échelle de la renommée. Charles Dullin rejouait rarement une scène proposée par ses élèves. Il préférait suggérer, éclairer l'esprit d'un texte, allant toujours vers la simplicité. Toute sa vie, Jean Marais se souviendra des explications qu'il donna à son copain Jean Vilar, débutant comme lui, pour *L'Avare* ou *Hamlet*. Des commentaires fort éloignés des stéréotypes débouchant sur le style trop déclamatoire du Conservatoire. « Dullin, dira Jean Marais, était un génie pour tout. »

CHAPITRE VII

« *JE VOUS AIME ; VOUS SEUL POUVEZ ME SAUVER* »

Côté cinéma, outre sa figuration, modeste mais régulière, dans les films de Marcel L'Herbier, Jean Marais apparut, là encore très furtivement, dans un film de Victor Trivas, *Dans les rues*, ainsi que dans *Abus de confiance*, réalisé par Henri Decoin. Il aurait même été engagé par Marcel Carné pour *Drôle de drame*, aux côtés de Louis Jouvet, Michel Simon et Jean-Louis Barrault. Mais il est bien difficile, une fois de plus, d'y entrevoir sa silhouette.

Par ailleurs, à l'Atelier, chez Dullin, chaque soir Jean faisait de la figuration dans la pièce *Jules César* de Shakespeare. Il se voulait aussi parfait que possible, espérant mériter un jour un rôle, un vrai, rien que pour lui ! Il lui fallait travailler dur. Il eut alors pour camarades de jeu Madeleine Robinson, Alain Cuny et Jean-Louis Barrault.

Un soir, pendant l'entracte, une jeune comédienne du nom de Dina Guerman vint le voir. Elle lui expliqua qu'elle faisait partie du cours de Raymond Rouleau et que leur professeur leur avait promis, à elle et ses camarades du cours, de monter une pièce avec eux. Finalement, pour la jouer, Rouleau avait fait appel à des comédiens professionnels. Vexés, les élèves avaient décidé de monter eux-mêmes leur propre pièce, mais le groupe manquait de garçons. Serait-il prêt à se joindre à eux ?

D'abord, Jean Marais hésita car cela risquait de perturber son travail chez Charles Dullin. Mais quand il apprit qu'il s'agissait d'interpréter *Œdipe-Roi*, de Jean Cocteau, il donna son accord avec empressement, d'autant qu'une audition était prévue avec l'auteur, lequel avait accepté d'aider les jeunes comédiens à monter leur spectacle. C'était d'ailleurs une constante chez Cocteau, comme l'a souligné la réalisatrice et productrice Denise Tual, qui fut son amie, dans un excellent livre de souvenirs[1] : « J'étais, écrit-elle, invinciblement attirée par les manifestations dont Jean Cocteau était l'animateur au sens élevé du terme, encourageant les jeunes talents, les magnifiant, et sublimant ceux qu'il admirait avec ce sens divinatoire qu'il avait de la jeunesse et de ses possibilités. Il faisait à chacun crédit, donnant ainsi à des inconnus de talent une importance sans laquelle ils risquaient de rester à jamais ignorés. » Ce n'est pas Jean Marais qui contredira cette observation !

Œdipe-Roi était une reprise, la pièce ayant été créée quelques années plus tôt, en même temps qu'*Orphée*, du même Jean Cocteau. Avant cela, le poète s'était fait connaître avec sa propre version de l'*Antigone* de Sophocle, titre repris par la suite par Jean Anouilh pour sa célèbre pièce datant de 1943 - pièce dont la particularité est que ce drame, remontant à l'Antiquité, est joué en costumes modernes. Justement Charles Dullin, professeur d'alors de Jean, avait interprété en 1923 la pièce de Cocteau inspirée de Sophocle, dans son théâtre montmartrois, un théâtre alors en perte de vitesse, plutôt délabré, situé place Dancourt – devenue depuis place... Charles Dullin !

Rétrospectivement, cette création fait rêver : outre Dullin dans le rôle de Créon et Cocteau lui-même, qui incarnait à lui tout seul le chœur et s'était attribué, au grand dam du maître des lieux, la mise en scène, l'équipe comprenait

---

1. *Au cœur du temps*, Éditions Carrère.

également Antonin Artaud jouant Tirésias alors que Picasso était chargé du décor et Coco Chanel des costumes, évidemment. Bien entendu, l'art et la manière du poète d'aborder ce grand thème classique ne passèrent pas inaperçus. Notamment grâce à un raid des Surréalistes, Breton et Aragon en tête, qui se transforma en bataille rangée quand les perturbateurs voulurent prendre d'assaut la scène et arrêter le spectacle. À l'époque, on ne mâchait pas ses opinions et la courtoisie, pour ne pas dire l'hypocrisie, n'était guère de rigueur entre gens du masque et de la plume. Cocteau devra même repousser une autre fronde, celle des « Hellènes », gardiens de l'orthodoxie, venant à leur tour exprimer leur mécontentement en sonnant de la trompette pour couvrir la voix des acteurs. Ainsi commença à s'affirmer la réputation de celui qui allait propulser Jean Marais sur le devant de la scène et en haut de l'affiche, accusé par les uns de n'être qu'un auteur excentrique et mondain, par les autres un épouvantable iconoclaste brisant les sacro-saintes lois du théâtre. La tempête ne dura guère. Par la suite, le poète écrira le fameux monologue de *La Voix humaine* qui ne provoquera, lui, aucun tollé et sera même très officiellement interprété en 1930 par la superstar Berthe Bovy sur la scène de la Comédie-Française.

Si Jean Marais résista d'autant moins à la proposition des élèves de Raymond Rouleau, c'est que, depuis quelque temps, il cherchait à rencontrer Jean Cocteau. Sans succès : l'élève de Charles Dullin n'avait même pas réussi à dénicher son adresse, le poète passant d'un hôtel à l'autre. En fait, de Cocteau, il ne savait pas grand-chose. Il s'empressa donc de lire *Les Enfants terribles*, le livre de chevet de toute une génération que Jean-Pierre Melville mettra en scène pour le cinéma après la guerre, d'après une adaptation de l'auteur lui-même.

Mais l'apprenti-comédien avait vu et admiré à la Comédie des Champs-Élysées, interprétée par Louis Jouvet, *La*

Machine infernale, un spectacle à propos duquel un critique de l'époque écrivait : « Sans doute l'œuvre la plus importante de son théâtre. Cocteau nous y raconte l'histoire d'Œdipe depuis son arrivée à Thèbes jusqu'à la catastrophe finale. Mélangeant tous les genres et tous les tons, il passe comme en se jouant du plaisant au tragique. » « Une inquiétude sourde est partout sensible dans son œuvre », observa un autre observateur, qui ajouta : « Cette inquiétude s'y associe à un goût assez pervers des situations équivoques et des sentiments interdits, curieux mélange qui communique aux plus grands sujets une saveur suspecte. D'où la fascination du poète et de l'homme de théâtre pour le mythe d'Œdipe que l'on retrouve donc, une fois de plus, dans son dernier succès, *La Machine infernale*. » Le dernier acte a surtout retenu l'attention des analystes. Alors que dix-sept ans ont passé depuis qu'Œdipe a vaincu le Sphinx et épousé Jocaste, sa propre mère, qui s'est ensuite pendue de désespoir, celle-ci lui apparaît. Lui-même s'est crevé les yeux. Pourtant, il la voit, non plus comme son épouse incestueuse, mais comme la mère qu'il retrouve enfin et qui lui conseille de suivre Antigone, lui qui est devenu faible comme un petit enfant et qu'il faut désormais guider. Cette liberté de ton alliée à une inspiration qui cherche son ancrage au plus profond de la mythologie grecque ont aussi bouleversé le jeune disciple de Dullin.

En 1934, Cocteau, qui était alors âgé de quarante-cinq ans, se consacrait exclusivement au théâtre malgré un essai cinématographique qui fut remarqué, et surtout fort controversé : *Le Sang d'un poète*. Réalisé en 1930 grâce au mécénat du vicomte et de la vicomtesse de Noailles, amis de l'écrivain, *Le Sang d'un poète* est le frère jumeau, du moins économiquement, de *L'Âge d'or*, célèbre brûlot longtemps interdit du réalisateur espagnol Luis Buñuel tourné au même moment et produit dans les mêmes conditions que le film de Jean Cocteau. C'est-à-dire hors du système, le seul cahier des charges des généreux donateurs étant que Cocteau comme Buñuel n'hésitent pas à s'exprimer en toute liberté. Comme pour son essai précédent, *Un chien andalou*, le film de Luis Buñuel fit scandale, au point que la salle où fut projeté *L'Âge d'or* en avant-première fut dévastée. Il bénéficia cependant immédiatement de l'imprimatur des remuants Surréalistes. Il n'en sera pas de même pour Jean Cocteau dont le propre film fut montré un an plus tard au Vieux Colombier devant le Tout-Paris des arts et lettres. On y voit un jeune artiste traverser un miroir sur ordre d'une statue qu'il a lui-même modelée et errer dans un monde interlope dont l'infinie tristesse le convainc de revenir en arrière et de détruire son œuvre maléfique. « J'ai cherché à filmer la poésie comme les frères Williamson ont filmé le fond de la mer » expliquera son auteur lors de la première présentation publique en juin 1932.

Ce ne sera pas suffisant. Malgré d'évidentes qualités formelles et l'habileté de Cocteau à jouer avec de nombreux trucages, *Le Sang d'un poète* s'attirera, cette fois encore, les foudres d'André Breton et de ses amis, provoquant un rejet dont on retrouve encore la trace des décennies plus tard, tel ce jugement à l'emporte-pièce lu dans un dictionnaire du cinéma : « Première irruption du poète dans le cinéma, ce film qui se voulut d'avant-garde, n'est qu'une aimable fumisterie en regard des deux films auxquels il prétendit se mesurer : *Un chien andalou* et *L'Âge d'or*. » Mais *Le Sang d'un poète* aura aussi ses défenseurs. Un critique de l'époque porta ce jugement contradictoire : « Bric-à brac, a-t-on dit, et goût du trucage, sans doute. On peut même penser que si Cocteau s'est tourné vers le cinéma, c'est que l'écran est plus apte que la scène à réaliser l'étrange. Mais l'étrange semble bien être le domaine préféré de Cocteau et la forme que prend spontanément chez lui la poésie, tout en gardant une allure désinvolte. » D'autres préfèrent le terme de magie à celui d'étrange, telle cette note, plus tardive : « Il y a, dans *Le Sang d'un poète*, une fraîcheur d'invention et une liberté de ton qui ont moins à voir, semble-t-il, avec l'esprit d'avant-garde qui caractérise plus d'un film de l'époque qu'avec la découverte que fait Cocteau, pour son propre compte, de la magie du cinéma. » Une « magie », pourrait-on ajouter, que le cinéaste-poète ne retrouvera qu'en 1945 avec la réalisation de *La Belle et la Bête*, dont le jeune inconnu qu'il va bientôt auditionner sera l'illustre protagoniste enfoui dans sa non moins célèbre carapace de poils.

La première rencontre des deux Jean eut lieu dans un studio de la rue de Douai, dans le 9e arrondissement. Jean Cocteau était mince, élégant, les manches de ses vestes toujours retroussées sur la chemise, la cravate serrée, l'œil bleu perçant, le visage en triangle, surmonté de cheveux en désordre. Le Musset de *On ne badine pas avec l'amour* ayant été choisi pour cette audition, il écouta Marais interprétant Perdican, sa camarade Dina lui donnant la réplique dans le rôle de Camille. Elle était merveilleuse. Du coup, dopé, Jean Marais se sentit porté lui aussi à se dépasser. Apparemment, la réussite fut totale. Un peu trop même puisque le maître décida de confier au jeune homme le rôle-titre, ce que contesta le reste de la troupe qui fit remarquer à Cocteau que Jean Marais, en fait, n'était qu'une pièce rapportée et le personnage d'Œdipe déjà distribué. Michel Vitold, qui devait à l'origine incarner le fils parricide du roi de Thèbes, fut donc confirmé dans ses fonctions. Le nouveau venu incarnerait, lui, le chœur mais, en compensation, il se vit également attribué le personnage de Malcom dans *Macbeth*, joué en lever de rideau. On lui confiait deux rôles à la fois : c'était gagné ! Marais rentra chez lui presque en titubant, comme un homme ivre – mais de joie. Toutefois, il ne dit rien encore à sa mère, ayant trop peur que le destin ne se ravise...

Bientôt, Marais fut reçu à l'hôtel de Castille où vivait Jean Cocteau qui y louait une chambre. Il y avait là des dessins, des livres, des cahiers, mais aussi un plateau d'argent, des aiguilles, les pipes du fumeur d'opium. Marais écrira plus tard : « J'étais intimidé, fasciné, émerveillé aussi d'être là comme si, en une seconde, j'avais pu franchir par miracle des montagnes et des mers pour me retrouver dans des lieux hantés et interdits. » Cocteau, vêtu d'un peignoir blanc, fumait et le regardait avec attention : « Asseyez-vous. Je vais commencer à vous lire ma prochaine pièce, où vous pourriez jouer le rôle de Galaad, le pur chevalier. » C'est le premier rodage des *Chevaliers de la Table ronde*. Cocteau lut vite, sans faire les liaisons, d'une voix presque métallique. Le jeune comédien jugea le texte beau, intelligent, d'une poésie chargée d'éclairs. Mais il ne trouva pas les mots pour exprimer son admiration, ce qu'il avoua timidement à son aîné. Il revint chez Cocteau pour la lecture des deuxième et troisième actes.

La directrice du théâtre de l'Œuvre où la pièce devait être montée, après une nouvelle audition, lui signa un contrat. Marais allait gagner soixante francs – une fortune !

Œdipe-Roi, prévu pour une semaine, commença à se jouer le 12 juillet 1937. Les décors et les costumes avaient été réalisés d'après des dessins de Jean Cocteau. Sur le devant la scène, couchées sur un socle, trois statues humaines lacées de bandelettes blanches étaient immobiles : c'est « le chœur », formé de Jean Marais entouré de deux camarades. Les autres acteurs, Michel Vitold en tête, se déplaçaient en ligne droite sur la scène avec de curieux accoutrements. Leurs gestes lents symbolisaient des chiffres. Certains spectateurs commencèrent à protester bruyamment. Furieux, Jean Marais tourna brusquement la tête vers les mécontents ou les rieurs. Son regard glacé et méchant leur imposa silence. Malgré ce mauvais accueil, *Œdipe-Roi* tiendra presque un mois.

Étant donnée la notoriété de Cocteau, la pièce fit du bruit et la presse multiplia les comptes rendus. Et Marais vit sa photo publiée un peu partout. Comme on lui avait donné, à lui débutant, deux rôles à la fois, les journaux le soulignèrent mais vantèrent sa beauté plutôt que son talent. Il décida de passer outre cet hommage à son physique et de travailler intensément.

Sa copine Dina le tint parallèlement au courant de tout ce qui se disait. Que les jeunes comédiens de la troupe commençaient à le jalouser. « Est-ce parce qu'il est joli comme un cœur que Marais a conquis Cocteau ? », disait-on ici et là. De méchantes rumeurs commençaient à circuler. Marais, vif et fier, se sentit d'abord prêt à démontrer aux autres sa bonne foi, l'honnêteté de sa démarche. Mais, si ces ragots persistaient, c'est à ses poings qu'ils auraient affaire ! Retourner tout cela dans sa tête lui donnait mal au cœur. À vingt-quatre ans, allait-il mettre en péril sa chance en s'adonnant à la violence ?

Il décida que non, qu'il devait rester calme et disponible. Choisir la paix. Susciter de la sympathie autour de lui. À ceux qui ricanaient, il rendit des services. À ceux qui le haïssaient, il offrit systématiquement sa main tendue. Tous furent désarçonnés. On le taxa alors d'hypocrisie mais on se rendit vite compte que ce n'était pas dans sa nature. Ce n'était pas non plus un lâche. Était-il un idiot ? Non, ses propos étaient toujours équilibrés.

Jour après jour, n'ayant plus aucun grief à se mettre sous la dent, la calomnie s'étiola et disparut. C'est ainsi que Jean Marais – refusant toute aigreur – se façonna une personnalité d'homme accueillant et généreux, capable d'afficher un merveilleux sourire. Sa réputation était radicalement transformée. L'entreprise de séduction avait parfaitement réussi.

Mais Cocteau avait disparu, était devenu injoignable. Jean Marais commençait à désespérer. Trois mois passèrent. Puis le téléphone sonna. C'était le poète : « Venez me voir. Un drame s'est produit. » Le cœur battant, pressentant que son avenir était à l'eau, Jean Marais se précipita à l'hôtel de Castille. Il ouvrit la porte. Cocteau le regardait, non sans inquiétude. Le poète avala une longue goulée de fumée, déposa sa pipe sur la petite table et répéta, très pâle :

— Oui, un drame s'est produit.

Il se leva, revêtu d'un simple peignoir blanc, le visage en proie à une sorte d'angoisse :

— Un drame s'est produit. Je vous aime, Jean Marais. Je suis mal entouré, je suis dans la solitude, vous seul pouvez me sauver.

Cet appel au secours venant de l'homme qu'il admirait, qui lui avait déjà tant donné, méritait une réponse immédiate, même si elle était un peu hâtive. Sans trop réfléchir, le comédien s'entendit dire :

— Moi aussi, je suis amoureux de vous.

Jean Marais expliquera plus tard ce demi-mensonge par son respect pour Jean Cocteau et la reconnaissance qu'il lui devait. Mais aussi, poussé par l'épée de la nécessité, par souci d'arrivisme de sa part. Rentrait aussi en ligne de compte sa modestie : comment un aussi grand artiste pouvait-il s'intéresser à l'inconnu qu'il était ? Tous ces sentiments, ces raisonnements contradictoires furent balayés en une ou deux semaines. À son tour, Jean Marais comprit qu'il aimait Jean Cocteau. Pour lui, l'homme était trop « grand », trop « pur », trop « au-dessus de la mêlée » pour qu'on puisse résister longtemps à son rayonnement.

Dès lors, Jean Marais fut promu préparateur en chef des pipes d'opium, tout en se jurant d'aider Cocteau à renoncer un jour à cette drogue. Il fut aussi l'auditeur privilégié du « Grand Bavard » de génie qu'était le poète. Ses propos étaient toujours d'une originalité étincelante. Il n'inventait rien, il ne mentait pas. Simplement, narrant par exemple une même anecdote devant différents auditoires, il l'enrichissait à chaque fois de ses acrobaties verbales, de formules toujours neuves et riches. Marais devint le convive le plus assidu de l'auteur de *La Difficulté d'être*.

Le plus souvent, ils déjeunaient ensemble vers les quinze heures chez Prunier. Cocteau parlait, faisait de grands gestes, inventait l'avenir. Il oubliait de demander l'addition. Comme celles de son hôtel, les notes accumulées du restaurant étaient envoyées à Coco Chanel qui réglait tout avec le sourire. Le poète était distrait, souvent débordé par le flot verbal qui s'échappait de lui, comme en dehors de son propre contrôle, mais il était la générosité même. Tout jeune poète qui lui écrivait recevait une réponse. Il ne refusait presque jamais d'écrire une préface, même pour un inconnu, voire d'offrir un dessin. Il donnait tout ce qu'il possédait. Au besoin, il vendait des objets qui lui étaient chers si c'était pour secourir un ami dans la détresse. C'est cette façon d'être et de vivre qui avait chaviré le cœur du comédien.

À l'hôtel de Castille, Jean Marais rencontrait les meilleurs amis du poète. Dont Christian Bérard, décorateur et créateur de costumes, fidèle collaborateur de Jean Cocteau, qui était le plus présent et le plus proche. Barbu, le cheveu roux, l'œil naïf, habillé comme un épouvantail, il faisait toujours le clown. Dans la chambre de Cocteau, il saisissait draps de lit, serviettes, éponges. À ce signal, Cocteau s'emparait des peignoirs, de la corbeille à papier. Les deux amis se déguisaient, dansaient, échangeaient des propos surréalistes. Jean Marais, sur un fauteuil ou sur le lit éventré, lui, se tordait de rire.

Chapitre VIII

« *Jean Marais est beau, un point c'est tout !* »

La mère de Jean Marais, nous l'avons vu, n'était pas très satisfaite de la nouvelle vie de son fils. Celui-ci ne rentrait à la maison que de temps en temps – alors que la grand-mère était malade. Henriette n'en poursuivait pas moins sa vie de « bâton de chaise », comme on dit dans le Midi, changeant d'amant régulièrement. Elle continuait de multiplier les « raids » risqués dans les magasins – où son fils ne l'accompagnait plus. Et passait parfois plusieurs semaines en prison.

Jean se rendit un jour à Toulon avec Cocteau qui préparait la mise en scène et dessinait des décors et costumes pour *Les Chevaliers de la Table Ronde*. Même dans le train, son compagnon ne pouvait se passer de drogue. Il fallut alors colmater régulièrement la porte du compartiment et ouvrir grand la fenêtre pour n'être pas repéré ni par le contrôleur ni par les autres voyageurs. Ce fut une épreuve pour le comédien qui refusait obstinément d'entrer dans ce jeu, étant plutôt, lui, accro au tabac dont il fera une grosse consommation jusqu'à la fin de sa vie. Mais, à leur arrivée, Jean découvrit avec plaisir la Provence.

Ce n'était pas tout à fait son premier voyage dans le sud de la France mais son précédent séjour, du côté de Montpellier, n'avait guère été plaisant. Outre qu'il s'agissait de rendre visite à sa mère, une nouvelle fois condamnée et enfermée dans la prison locale, il avait failli se noyer dans la Méditerranée, à Palavas-les-Flots, en voulant franchir le canal qui coupe la plage en deux.

À Toulon, les deux Jean logeaient sur la rade, chez une amie qui s'adonnait elle aussi à l'opium et qui était tellement connue des services de police qu'ils subirent une descente des hommes des « stups » qui raflèrent drogue et accessoires des fumeurs.

— Jean, plaida Marais, c'est l'occasion ou jamais : tu dois te désintoxiquer !

— Je ne veux pas, je préférerai mourir. Si je ne peux plus fumer, je vais me jeter dans le port. Mon père s'est suicidé, je suis capable de l'imiter. C'est ce que tu désires ?

Il finit par se calmer et Marais, vaincu, se chargea lui-même de lui trouver l'indispensable poison.

De retour à Paris, les répétitions des *Chevaliers de la table ronde* s'enchaînèrent pendant plusieurs semaines. En écrivant ce nouveau texte, Jean Cocteau avait choisi de rompre avec les fondements de son inspiration qui l'avaient amené, d'*Œdipe-Roi* à *La Machine infernale*, en passant par *Orphée* ou encore *Antigone*, à revisiter à sa façon la mythologie grecque, à remettre ses pas dans ceux de Sophocle tout en effectuant sa propre révolution théâtrale. S'intéresser aux légendaires chevaliers, c'est-à-dire au roi Arthur et à ses vassaux, c'était effectuer paradoxalement un saut, lui qui était athée, dans le très chrétien Moyen Âge, et remettre au goût du jour un mythe abondamment visité et mis en forme par les poètes et les troubadours à partir du XIe siècle, à l'exemple de Chrétien de Troyes dont le « Perceval » est resté célèbre. Jean Cocteau, lui, fit un choix différent en préférant le chevalier Galaad, c'est-à-dire une déclinaison nouvelle du personnage que l'on retrouve dans les textes postérieurs à l'œuvre de Chrétien de Troyes. Mais il s'agit de la même « quête » du Graal que seuls des êtres exemplaires pouvaient espérer mener à bien, le « Graal » désignant, à l'origine, le calice du Christ aux vertus réputées miraculeuses. Redonner vie à ces pieux et preux chevaliers, c'était aussi vérifier, pour des auteurs contemporains, au-delà d'un récit fortement marqué par ses connotations religieuses, la puissance et la pérennité d'un fort beau conte. Aussi l'écrivain du XXe siècle qu'était Jean Cocteau ne se priva-t-il pas, à son tour, de narrer les exploits de ce chevalier-poète que sa pureté rendait invincible, de nous faire assister aux amours de Guenièvre et de Lancelot du Lac, aux enchantements de Merlin et du démon Ginifer que Galaad saura déjouer, au désespoir du roi Arthur.

Voici donc l'ancien élève de Dullin – sa rencontre avec Cocteau a provoqué sa rupture avec le Théâtre de L'Atelier – intronisé en Galaad, le chevalier au cœur pur, son premier vrai grand rôle au théâtre, en attendant que le cinéma ne lui donne, à son tour, sa vraie première chance. Ce sera pour plus tard.

Pour l'heure, ses responsabilités d'acteur de premier plan « l'épouvantent » : « On parlait de mon arrivée pendant tout le premier acte. Les trompettes de Purcell sonnaient mon entrée. Le mur s'ouvrait dans une brusque montée de lumière. J'entrais, blanc brodé d'or, droit devant moi, sans rien voir et je devais – selon la mise en scène de Cocteau – parler comme une trompette. »

Or, ce n'est pas la première au Théâtre de l'Œuvre, aux côtés de Blanchette Brunoy et de Michel Vitold, qui le rassura : « La musique de Purcell me coupait les jambes, la forte lumière me tuait... » se plaignit-il à la fin de la représentation. Malgré les félicitations de l'auteur et ami Jean Cocteau, ce ne furent pas non plus les critiques paraissant le lendemain dans la presse qui le réconfortèrent, celles-ci emboîtant généralement le pas à Pierre Brisson, qui écrivit alors laconiquement dans *Le Figaro* : « Jean Marais est beau, un point c'est tout ! »

— C'est un salaud, ce type ! s'écria Henriette, qui avait applaudi à la pièce et lu cet assassinat journalistique. J'irai le trouver et le lui dire...

— Tu n'en feras rien, maman. Je débute, je dois trouver mes repères, cela demandera du temps, on doit s'habituer à moi, c'est normal.

Jean Marais ne se trouvait pas beau. Et si l'on parlait de son physique, c'était sans doute parce qu'on ne trouvait effectivement en lui aucun talent, se disait-il. Il se jura donc de travailler encore davantage. Il dira un jour, assez joliment : « Mon physique de jeune homme a correspondu, de façon mystérieuse, aux critères d'une époque. La beauté qu'on m'a prêtée, je ne l'ai jamais appréciée, ni boudée. Elle a été pourtant un élément de ma chance. »

À la même époque, Cocteau et Marais allèrent ensemble au théâtre de l'Odéon où Yvonne de Bray jouait Catherine-Empereur. Ce fut une nouvelle révélation pour le jeune comédien. La grande actrice, qui sera au cinéma sa partenaire dans *L'Aigle à deux têtes* puis *Les Parents terribles*, tous deux réalisés par Jean Cocteau, avait commencé sa carrière en interprétant essentiellement l'œuvre théâtrale de son mari, Henry Bataille. Celui-ci, disparu en 1922 à l'âge de cinquante ans, d'origine nîmoise, avait cherché tout au long de sa vie à « faire entendre une voix sincère » -comme le note l'historienne du théâtre Simone Balazard - à travers moult succès et malgré une certaine hostilité de la critique.

De l'auteur de *Maman Colibri*, *La Phalène*, *La Femme nue* et de *La Marche nuptiale*, Jean Marais aura du moins connu l'une des premières pièces puisqu'il avait appris un passage de *L'Holocauste* (en fait représenté en 1897 sous le titre *Ton sang*), alors qu'il postulait – vainement – au cours d'art dramatique du théâtre Michel dirigé par M. Paupélix. Quant à Yvonne de Bray, elle préféra observer un long silence à la suite de la mort d'Henry Bataille avant de remonter sur scène, silence que saluera ainsi Jean Cocteau :

« Le secret qui fait grande Madame Yvonne de Bray est même un secret pour elle-même. Tout ce qui se constate s'affaiblit. C'est de ne constater aucun de ses privilèges que Madame de Bray tire sa grandeur. C'est de ne pas savoir sa force qui lui donne sa patience étonnante. Pendant des années et des années, elle ne jouera pas. Elle deviendra spectatrice. Elle ne cherchera pas à prouver son génie. Elle vivra et dépensera simplement à vivre les dons qu'elle dépensait sur la scène à l'époque d'Henry Bataille. Sans doute est-ce à vivre sans songer à imiter la vie qu'elle accumule les trésors qu'elle dépense brusquement, un beau jour, pour notre joie. »

Ce jour-là, à la fin du spectacle, Marais se retrouva debout sur son fauteuil, acclamant l'actrice faisant sa rentrée. Elle était à ses yeux la vérité rare, totale. Il voulait absolument la connaître.

— Tu la trouves extraordinaire, cette Yvonne ? lâcha Cocteau. Eh bien, je vais écrire une pièce pour toi et pour elle. Quelle sorte de rôle veux-tu que j'écrive pour toi ?

— Celui d'un homme d'aujourd'hui, agité, vibrant. Il est capable de rire, de pleurer et surtout il n'est pas très beau.

C'est dans un hôtel de Montargis que Cocteau s'installa pour écrire la pièce promise. Il plaça d'abord dans la chambre tout son matériel de fumeur d'opium. Jean Marais commençait à être un préparateur raffiné, même s'il refusait toujours de goûter à la drogue. Des journées entières, Cocteau restait étendu. Il parlait beaucoup. Il se montrait d'une politesse exquise – une qualité, dit-on, liée à l'usage de la drogue. Certains amis venaient lui rendre visite, dont Marcel Khill, le critique Roger Lannes et, surtout, Max Jacob, leur voisin, le fameux poète du *Cornet à dés*, devenu un prosélyte de la foi. Marais écoutait avec ravissement Jacob et Cocteau évoquer leurs souvenirs d'après-guerre, leur bagarre contre les bourgeois, leur refus de certains choix du groupe surréaliste. Marais, qui ne savait pas grand-chose en littérature, apprenait énormément. Il se remettait à lire du moderne, en alternance avec le théâtre classique, Molière, Racine... Il avouait à Cocteau ses carences. Le poète répliquait :

— Chaque jour, tu en sais un peu plus. Et puis, n'es-tu pas mon ange gardien ?

— Un ange gardien qui n'a aucun pouvoir ! Nous sommes là depuis une semaine et tu n'as rien écrit encore !

— Patience, mon Jeannot. Et viens m'embrasser.

Ensuite Cocteau prenait sa plume pour dessiner ou vanter avec des vers le visage aimé : « Pour toi je veux vivre et écrire / Je veux prolonger mon matin / C'est par la pièce et par le livre / Que l'avenir saura notre rêve enfantin... »

Une nuit pourtant, entre trois et quatre heures du matin, Cocteau se leva, ouvrit un cahier et commença d'écrire. Il ne devait plus s'arrêter. Il écrivit, vite, d'une main qui tremblait parfois, mais sans faire de ratures, la bouche crispée, avec une expression de souffrance, voire de méchanceté, « un visage d'assassin », dira Marais. Cela dura huit jours et huit nuits. Après quoi, l'écriture des *Parents terribles* fut achevée. Cocteau expliqua, à celui qui ne le quittait plus, que la pièce s'était lentement écrite en lui, page après page, et qu'il n'avait plus eu ensuite qu'à la recopier.

— La pièce te plaît ? Aimes-tu ton rôle de Michel, l'enfant révolté ? demanda le poète.

— C'est le plus beau rôle dont je pouvais rêver. Il va falloir que je travaille dur pour être à la hauteur.

Si le rôle a de quoi séduire le comédien, la pièce elle-même est une réussite. Ces « parents terribles » qui vivent repliés sur eux-mêmes dans ce qu'ils appellent la « Roulotte » – premier titre retenu par Cocteau – sont des parents de la petite bourgeoisie, des êtres chimériques et désordonnés qui s'opposent, par égoïsme et incompréhension, au mariage de leur fils Michel qui cherche à s'évader de ce milieu épuisant avec la jeune fille qu'il aime. À côté de Marais, Cocteau avait choisi, pour sa pièce, la distribution suivante : Gabrielle Dorziat, dans le rôle de la tante et que l'on retrouvera dans la version filmée de 1947, Alice Cocéa, Marcel André et Yvonne de Bray, Madeleine Ozeray devant incarner la jeune fille. Marais répétera souvent avec Yvonne de Bray – le rire, les larmes, tout lui devenait facile quand il se trouvait à côté de cette étonnante comédienne qui devint vite sa grande amie. Malheureusement, la maladie et une crise aiguë d'alcoolisme écarteront Yvonne du projet et elle sera remplacée par Germaine Dermoz.

Plusieurs directeurs de théâtre s'étant dérobés – dont Louis Jouvet qui, pourtant, avait déclaré à Jean Cocteau qu'il était convaincu que sa pièce serait un triomphe – c'est Roger Capgras, mari d'Alice Cocéa et patron du Théâtre des Ambassadeurs, qui débloqua la situation en acceptant la pièce, laquelle émigra ensuite sur le plateau des Bouffes-Parisiens. *Les Parents terribles* rencontra effectivement, comme l'avait prévu Jouvet, un succès attisé par les accusations d'immoralité (« œuvre licencieuse et pornographique », pourra-t-on lire) que certains critiques conventionnels lui adressèrent et qui amenèrent d'ailleurs la Ville de Paris, propriétaire des « Ambassadeurs », à retirer l'œuvre de l'affiche. Et grâce à elle, on admit enfin que Jean Marais, outre son physique, possédait les qualités d'un vrai, d'un grand comédien.

Jean Marais se souvint longtemps de la « générale » des *Parents terribles*. Premier acte : Michel est un jeune homme qui rentre à la maison après avoir passé une nuit dehors sans avoir prévenu personne. Il s'attend à de vives réactions. Jean Marais, l'interprète, était dans les coulisses, les mains moites. Il avait le trac. Des machinistes parlaient en passant près de lui. Aurait-il le courage d'affronter une salle pleine à craquer et remplie de célébrités ? Il était livide, sans forces, il lui restait quelques minutes de répit. La salle, devenue silencieuse, attendait, l'attendait. Soudain quelqu'un murmura que Louis Jouvet était dans la salle – Jouvet, qui avait parlé de lui comme d'« un comédien médiocre ». Jouvet était là ! La rage s'empara de Marais. Il allait lui prouver, à ce Jouvet malfaisant, ce qu'il avait dans le ventre ! Marais entra en scène avec l'autorité qu'il faut et jeta à ses parents les mots fameux : « Écoutez, mes enfants... » La salle éclata de rire, c'était gagné, il respira. Au second acte, on l'applaudit au milieu de sa grande scène. Quand il retomba sans forces sur son fauteuil, on l'acclama. Il sortit de scène couvert de sueur, ivre de joie. Il se déshabilla, se frictionna. La salle réclama tous les comédiens. Marais jeta un peignoir sur ses épaules et rejoignit ses camarades. Il fut bombardé de bravos. Avant le troisième acte, Jean Marais s'allongea, en coulisses, devant l'entrée donnant sur le plateau. Il se força à pleurer pour que ses paupières soient rougies, sa voix nasillarde, brisée. Devant ce visage hagard, un peu bouffi, cette chevelure de travers, ce pantalon qui tombait et qu'il retroussait en dégustant un bonbon, un rire fou monta dans la salle. La partie était gagnée.

Jean Marais empochait maintenant deux cent cinquante francs par jour. Il pouvait en donner cent à sa mère – qui n'avait pas reconnu son portrait de femme instable, autoritaire et possessive dans *Les Parents terribles*. Car il était à peu près évident que Jean Cocteau s'était largement inspiré d'Henriette, alias Rosalie, des récits que lui en avait fait Marais, pour construire le personnage particulièrement envahissant d'Yvonne, alias Sophie, la mère de Michel. De même que le père, étouffé et délaissé par son épouse, n'était guère plus présent, dans cette histoire, que le propre père de Jean Marais. Mais au-delà de l'anecdote, disons de la cuisine créatrice, la critique de l'époque, celle du moins qui accepta la modernité de l'œuvre, y vit d'abord un « sens étonnant du mélodrame et du vaudeville, amalgamés selon une formule très personnelle », comme le note fort justement Georges Pillement dans son *Anthologie du théâtre français contemporain* publiée en 1945.

Jean Cocteau en eut bientôt assez d'habiter à l'hôtel, où l'espace était par trop exigu. On lui dénicha un cinq-pièces dans son quartier préféré, la place de la Madeleine. Une chambre était réservée à « Jeannot » – à la grande colère de sa mère : « Tu aurais bien pu rester à la maison, comme tu l'as fait jusqu'à présent ! » Elle mettra en fait des années à lui pardonner cet accroc aux bonnes mœurs. Parce que le poète était, à ce moment-là, « fauché comme les blés », Marais et tous ses autres amis rivalisèrent d'astuces pour meubler l'appartement. Ils dénichèrent deux sommiers et deux matelas achetés quatre sous, une cantine aux Puces qui servira de table de nuit. Dans les jardins des Champs-Élysées, se faisant passer pour un employé municipal, Marais chargea, à la barbe d'un sergent de ville, deux fauteuils de fer sur ses épaules et remonta ainsi jusqu'à la place de la Madeleine. Il les repeindra en blanc. On acheta aussi un candélabre et une table de jeu. Les murs furent recouverts de dessins de Cocteau, la bibliothèque gorgée de livres. À cette époque, Roger Capgras acheta à Marais – qui avait son permis mais n'avait pas conduit depuis des années – une voiture décapotable. Le premier jour, pour faire bonne mesure, Marais emboutit un taxi et un autobus à la fois. « Il va falloir que j'apprenne à conduire ! » dit-il pour s'excuser aux deux chauffeurs médusés, puis franchement hilares.

Les milieux si fermés du « cinématographe » commencèrent à s'ouvrir devant Jean Marais. Il signa un contrat pour un film, *L'Embuscade*, d'après une pièce de Kistemaekers, pour lequel étaient déjà engagés Valentine Tessier et Jules Berry. Quand il eut lu et trouvé exécrable le scénario – l'histoire d'un jeune ingénieur qui, engagé par un industriel, partira en guerre contre son patron tout en ignorant que l'épouse de celui-ci est sa propre mère – Marais opposa son refus malgré l'intervention d'un Berry plus séducteur que jamais. Il dut payer un lourd dédit. Pour ce faire, il emprunta de l'argent autour de lui. Néanmoins, le film se fit sous la direction de Fernand Rivers, réalisateur prolifique et à multiples casquettes puisqu'il était également producteur, distributeur, et même directeur de théâtre.

Une autre infortune survint... Sur le visage du comédien, qui jouait tous les soirs, apparurent peu à peu des plaques, puis des croûtes qu'il devait arracher avant de se passer de la pommade. C'était la gourme ! Une fois guéri, il fut pris d'un saignement de nez alors qu'il était sur scène, qu'il épongea avec son mouchoir puis avec l'écharpe de sa partenaire, Germaine Dermoz. Un spectateur naïf alla jusqu'à murmurer que cette séquence « saignement de nez » était prévue par Jean Cocteau ! Bientôt, on sut qu'il s'agissait en fait d'une double otite. Jean Marais devant garder le lit, un jeune acteur le remplaça. Le comédien, alité, brûlait de quarante de fièvre et d'impatience. On vint heureusement le voir. Quand Henriette se trouvait auprès de son fils, Cocteau, inquiet, s'en allait marcher dans le couloir, de long en large, la gorge nouée, les larmes plein les yeux. La mère de Jean Marais découvrit alors la profondeur de leur attachement, l'immense affection qui unissait les deux hommes. Puis les soins finirent par produire leur effet. Pour tuer le temps, Jean Marais, qui sortait à peine des œuvres de Dostoïevski, demanda à Cocteau une liste de chefs-d'œuvre à lire d'urgence. Le poète lui apporta à la fois la liste et les ouvrages eux-mêmes, d'*Adolphe*, de Benjamin Constant, à *La Princesse de Clèves*, de Madame de La Fayette, en passant par *La Montagne magique*, de Thomas Mann. « Quand on lit un grand livre et qu'il nous inonde, lui dira Cocteau, notre âme prend du galon. »

CHAPITRE IX

TOUTE L'APPARENCE D'UN BANDIT DE GRANDS CHEMINS

Après la double otite, le médecin ayant décrété deux mois de convalescence, les deux Jean partirent pour le bassin d'Arcachon. Placé à l'avant, près du chauffeur, Marais observa Jean Cocteau dans le rétroviseur. Celui-ci avait saisi un carnet, un crayon et écrivait, écrivait... Son visage était fermé, les lèvres durcies. De nouveau toute l'apparence d'un bandit de grands chemins, son expression quand il était en proie à l'inspiration. Alors que le comédien pensait que son ami s'était attelé à la rédaction de sa prochaine pièce *La Machine à écrire*, c'était en réalité *La Fin du Potomak* qu'il était en train d'entamer, ouvrage prémonitoire – nous sommes en 1938 – parlant de villes détruites et répondant au « Potomak » que le poète avait rédigé en 1913, là encore à la veille d'une guerre. *La Fin du Potomak* sera achevée en moins d'un mois.

Ils arrivèrent au Piquey, dans un hôtel peu confortable où Cocteau séjournait, autrefois, avec ses amis Pierre Benoit et le jeune Raymond Radiguet qui lui avait été présenté par Max Jacob. Le jeune Radiguet, génial et paresseux, écrivait des pages en désordre, accumulant indifféremment poèmes et articles, notamment pour *Le Canard enchaîné*. Cocteau l'enfermait dans sa chambre et lui ouvrait la porte, pour les repas, si Radiguet avait écrit au moins dix pages de son livre. C'est ainsi que naquit *Le Diable au corps*, l'un des chefs-d'œuvre de notre littérature. Cocteau comptait les pages et les lisait ensuite. Il obligeait parfois « le prisonnier » à en refaire une. Un maître lucide et cruel. Peu de temps après, à vingt ans, Raymond Radiguet était terrassé par la fièvre typhoïde et n'eut même pas le temps de terminer son second roman, *Le Bal du comte d'Orgel*. Une disparition qui laissa longtemps traumatisé l'auteur des *Parents terribles*.

Pendant que Cocteau poursuivait son travail d'écriture, Marais se remit à peindre, timidement. D'abord des natures mortes académiques, un portrait de Cocteau puis, en vrac, des visions diverses. Son compagnon l'encouragea : « Un jour, Jean me demanda de voir ce que je faisais. Je refuse. "C'est primaire, enfantin – lui dis-je – une carte postale !" L'après-midi, il s'approche de moi. J'avais peint par miracle l'endroit exact où il venait s'asseoir et se reposer avec Radiguet. L'émotion de ce souvenir, son immense amitié pour moi me font trouver plus que suspecte son admiration. Il me dit que je peins comme tous les peintres aimeraient peindre et que c'est moi qui ai raison. Il me demande de lui donner cette peinture. Pour cette seule raison, je l'achève. »

Les deux mois de convalescence terminés, alors que Cocteau avait quitté les Landes pour la Dordogne afin d'achever *La Fin du Potomak*, Jean Marais retrouva avec joie son théâtre et son personnage de Michel dans *Les Parents terribles*. Les Bouffes-Parisiens ayant annoncé son retour sur la scène à grand renfort de publicité, les journalistes s'en mêlèrent. Il était maintenant – presque – en haut de l'affiche.

Place de la Madeleine, Cocteau rentré à Paris, le cercle des amis se reforma. Des visiteurs simples ou illustres se déplacèrent pour « voir Jean » : Picasso, Jean Hugo, Georges Auric, Yvonne de Bray. À son tour, le sculpteur Appel Fenosa entreprit le portrait de Jean Cocteau, d'une main tremblante mais ô combien sûre d'elle ! Un jour, quelqu'un dans le groupe fit allusion au goût du poète pour la cocaïne. Quand ils furent seuls, Marais n'hésita pas :

— Jean, prends-tu de la cocaïne ?

— Moi ? fait-il, offusqué, certes, non.

— Fais-m'en la promesse !

— Je le jure sur ta tête.

Mais le soir, pendant que Marais mimait le sommeil, il entendit Cocteau se diriger à plusieurs reprises vers la salle de bains, sans y ouvrir le moindre robinet. Il se dressa alors d'un bond :

— Jean, avoue !

— Soit, c'est vrai.

— Mais tu as juré le contraire, sur ma tête. Il peut m'arriver malheur maintenant, par ta faute.

Cocteau, gêné, troublé, dit :

— Je te donne ma parole. Je n'en prendrai plus jamais.

Et il tendit à Marais le paquet renfermant la drogue, qui fut jeté à la poubelle. Quant à son accoutumance à l'opium, il promit aussi qu'il s'en ferait désintoxiquer... « un peu plus tard ».

Comment découvre-t-on l'origine de sa propre sexualité ? Pour Jean Marais, nous l'avons vu, ce furent, vers dix-douze ans, les caresses d'un faux parrain qui ouvrirent une première brèche dans sa « normalité » sexuelle. Vers les quatorze-quinze ans, un enlacement maladroit avec une copine ne put que l'éclairer sur sa préférence pour les garçons.

Dans son ouvrage érotique longtemps interdit, *Le Livre blanc*, Jean Cocteau a avoué de son côté : « Au plus loin que je remonte et même à l'âge où l'esprit n'influence pas encore les sens, je trouve des traces de mon amour des garçons. J'ai toujours aimé le sexe fort que je trouve légitime d'appeler le beau-sexe. » Certains prétendent, avec Freud, que l'absence du père attire parfois le garçon dans le piège de la féminisation. On pourrait ainsi soutenir que Jean Marais, élevé par sa mère, a cru trouver en Jean Cocteau à la fois l'ami, le frère aîné et le père idéal. Il faut ajouter surtout que, pour le jeune homme qu'était Marais, inconnu et rêvant de théâtre, l'homme Cocteau représentait tout ce qui le fascinait dans la société et la culture : la poésie, le théâtre, la prose, la personnalité parisienne, l'exquis parleur que tous les salons courtisaient pour sa verve, sa gentillesse, et sa générosité.

Jean Marais a eu le courage de l'avouer. Plus tard, il se dépeindra, à ses débuts, comme « un petit arriviste », un « petit cabotin », qui alla vers Cocteau par intérêt. Mais qui, très vite, fut conquis, et très vite l'aima comme il l'aimera sa vie entière, au-delà de tout calcul.

L'année 1938 fut pour Cocteau celle de mille besognes et préoccupations. Jean Marais occupant souvent ses soirées avec des amis, après le théâtre, en rentrant, il découvrait des lettres ou des billets du poète sous sa porte. Ils avaient convenu, malgré leur passion réciproque, que chacun d'eux resterait maître de sa liberté, à charge de raconter ses écarts éventuels à l'autre.

« Mon adoration pour toi – lui écrivit Cocteau – est mêlée de respect... Mon Jeannot, je te répète, tu es tout pour moi. L'idée de te gêner, de prendre barre sur ta merveilleuse jeunesse serait atroce. J'ai pu te donner de la gloire – et c'est le seul vrai résultat de ma pièce – le seul résultat qui compte et qui me réchauffe. Je te jure que je suis assez propre et assez haut pour n'avoir aucune jalousie. Je ne vis que par toi. »

Certains amis à la moralité douteuse tournaient autour de Jeannot. Cocteau les lui signala pour qu'il les chasse. Parmi eux, Claude Mauriac, le fils du grand romancier François Mauriac. Un Claude Mauriac qui a fait, dans deux livres, un portrait acide et malveillant de Cocteau et Marais, déclarant par exemple que le premier, avant d'aller en ville, se fardait comme une fille des rues ! Ou qu'il avait des gestes de générosité dans le seul but que cela se sache et qu'on parle de lui...

L'exemple de la rencontre de Cocteau avec le boxeur déchu Al Brown réduit à néant ces mensonges. Al Brown, à la dérive, réalisait chaque soir un numéro de claquettes dans une boîte de nuit. Invité par le poète à sa table, il lui narra ses malheurs. En 1935, il avait perdu son titre de champion du monde contre Balthazar Sangchili, après avoir été empoisonné sans pouvoir parvenir à le prouver. Depuis ce jour, il survivait, mais en buvant et en se droguant. Cocteau le fit désintoxiquer mais ne trouva aucun manager prêt à s'intéresser au sort de cette « épave ». Alors il consacra à la vie du boxeur une série d'articles dans le journal *Ce Soir* – l'ancêtre de *France-Soir*, et, soudain, « l'épave » redevint un centre d'intérêt. Cocteau fit louer la salle Wagram, où son protégé devait gagner onze matchs avant de pouvoir rejouer celui contre Sangchili, l'adversaire qui lui avait fait perdre sa couronne. Al Brown, maigre et dégingandé, le nez cassé, avec sa réputation de « minable », se faisait siffler à chaque début de match. À la fin, régulièrement vainqueur par K.O, il retournait aux vestiaires sous les bravos d'un public repenti. Le jour du contre-match contre Sangchili, le 4 mai 1938, il y eut du suspens. Al Brown avait trente-six ans, âge limite pour la profession. Son arcade sourcilière saignait. Il boxait sur la défensive, toujours en retrait, mais il tint bon et gagna aux points. Il remporta aussi le match suivant, contre un autre boxeur réputé. Cocteau intervint aussi pour qu'il obtienne un passeport pour l'Amérique. Parti là-bas, il fut, pendant la guerre, plongeur dans un bar. Après le conflit, Cocteau partit pour New York, l'aida de nouveau et le recommanda à Marcel Cerdan qui le fit responsable d'une salle d'entraînement.

Quant à Jean Marais, ses rapports avec le cinéma n'étaient pas des plus simples à la veille de l'entrée en guerre de la France contre l'Allemagne. Il venait de refuser de participer au film de Fernand Rivers, *L'Embuscade*, pour cause, selon lui, de nullité scénaristique. On lui proposa ensuite un petit rôle dans le célèbre film de Julien Duvivier, *La Fin du jour*, dont le cadre est une maison de retraite pour comédiens vieillissants menacée de fermeture. Le film devait réunir une pléiade de vedettes, mais Marais considéra que son emploi étant maigrelet, mieux valait refuser et laisser le champ libre au jeune François Périer qui, lui, y trouva son compte. Une nouvelle otite l'empêcha de tourner ensuite dans le film *La Nuit de décembre*, une comédie du réalisateur allemand Kurt Bernhardt qui s'était installé en France en 1933, fuyant le nazisme, et dont ce sera le dernier long métrage dans l'Hexagone, les hordes d'Hitler menaçant de le rattraper. Marais aurait eu pour partenaire Jean Tissier, Pierre Blanchar et un autre débutant, Serge Reggiani, lui aussi au stade de la figuration, mais il sera finalement remplacé par le prolifique Gilbert Gil.

Ces différentes esquives ne troublèrent pas le scénariste et dialoguiste Pierre Wolf qui demanda à Jean Marais de tourner dans un film qu'il venait d'écrire, *L'Homme qui cherche la vérité*, aux côtés de Raimu. Mais la proposition était curieusement assortie d'une menace : si le comédien refusait, il se chargeait, lui, Pierre Wolf, par ailleurs chroniqueur d'un journal à fort tirage, de le « démolir » par voie de presse. Le film devait être – et serait – réalisé par un autre immigré, hongrois cette fois, Alexandre Esway, à l'époque considéré comme le « Capra français ». À l'instar du célèbre réalisateur américain, Esway maniait effectivement la satire sociale avec dextérité. *L'Homme qui cherche la vérité* met en scène un banquier qui simule la surdité afin de mieux connaître les réactions de son entourage à son égard. Évidemment, cette « recherche de la vérité » se retourne contre lui. Le projet était séduisant. Mais le diktat pour le moins maladroit de l'auteur Pierre Wolf, apparemment mauvais négociateur, poussa Jean Marais à refuser cette proposition malgré son envie d'approcher le monstre sacré Raimu.

En réalité, c'est un autre projet qui intéressait au plus haut point le jeune comédien. Et pour cause : Jean Cocteau, qui avait déniché un producteur, venait de décider de mettre en scène lui-même *Les Parents terribles*, cette fois au cinéma. L'affaire alla bon train. Roger Capgras, qui avait débloqué la situation pour le montage de la pièce au théâtre, était prêt lui aussi à coproduire la version cinématographique. L'équipe technique fut promptement engagée et l'on commençait à construire les décors lorsque l'élaboration du casting s'avéra soudainement épineuse.

En effet, si Yvonne de Bray, remise de sa crise éthylique, était de nouveau sur pied et pouvait enfin interpréter le personnage de la mère abusive écrit pour elle, si Jean Marais conservait bien évidemment celui du fils tiraillé entre sa vie de famille et son propre avenir, la jeune fille, elle, n'était toujours pas distribuée. Au départ, personne ne voulait d'Alice Cocéa, l'épouse de Roger Capgras, devenu entre-temps le vrai producteur du film. Celui-ci avait d'ailleurs accepté cette condition. Mais il n'en fut pas de même à la veille du tournage. Revenant sur la parole donnée, Capgras commença à insister pour que sa femme fasse partie de la distribution. Mis au pied du mur, Cocteau demanda alors à la comédienne de tourner un bout d'essai. Après moult dérobades, celle-ci finit par accepter. Mais l'actrice n'avait vraiment pas l'âge du rôle, ce qui se voyait sur l'écran, malgré les subterfuges du maquillage. « Pour nous – écrira Jean Marais – c'était Voltaire à Ferney. » Hélas, Alice Cocéa, quand elle visionna les essais désastreux, se trouva « jeune et jolie » et personne n'osa lui dire la vérité. Jean Marais se dévoua alors et se jeta à l'eau pour lui dire la vérité. Ce qui lui valut des larmes, de la colère et de la haine. Finalement, les rapports s'envenimèrent entre Cocteau et son producteur. Résultat, le projet capota, on démolit les décors déjà construits et les contrats furent résiliés. Et il faudra attendre près d'une décennie pour que le projet renaisse sur d'autres bases et aboutisse enfin, sans Alice Cocéa mais avec Josette Day, la jeune compagne de Marcel Pagnol, qui sera aussi la Belle convoitée par la Bête.

Désœuvrés, les deux Jean descendirent à Saint-Tropez dans un petit hôtel niché près d'un bastringue d'où s'échappaient la musique et les paroles de nombre de chansons à la mode, comme celles de « Sombreros et mantilles ». Ils n'y restèrent pas longtemps car, bientôt, les chansons se turent. En cet été 39, la France déclara la guerre à l'Allemagne. Retour à Paris. Marais trouva à son adresse son fascicule de mobilisation. Alors il embrassa sa mère en pleurs et, optimiste, lui promit que toute cette agitation allait s'apaiser en quelques jours ! À Versailles, il endossa ses habits de soldat.

Chapitre X

« *La drôle de guerre !* »

De Versailles, le deuxième classe Marais fut affecté à une petite escadrille basée à Montdidier, modeste commune picarde. Il n'y avait pas de caserne, les soldats dormaient sous la tente. Jean Marais, lui, faveur spécifique, couchait à l'hôtel, pour rester proche des officiers et obéir promptement à leurs ordres. Il fut autorisé aussi à conserver sa voiture. Pour éviter d'être considéré comme un planqué, il rendait des services à toute la compagnie. Il faisait les courses, servait de taxi aux copains. Mais il profita surtout de la générosité de Coco Chanel. Elle voulait être sa marraine de guerre mais comme il avait refusé, elle avait décidé d'être la marraine de toute la 107e Compagnie. Arrivèrent alors des couvertures, des pulls, des thermos bien remplies, des cartouches de cigarettes, des camions chargés de vin. Coco Chanel alla encore plus loin : elle demanda à Marais le nom et l'adresse des soldats mariés et pères de famille et leurs femmes et enfants reçurent, pour le Noël 1939, chandails, bijoux, jouets, soi-disant postés par les soldats eux-mêmes ! Toute l'escadrille savait maintenant que Jean était un acteur. Tout le monde l'adorait. « Le premier qui fait du mal à Jeannot, il comprendra sa douleur ! » entendait-on ici et là.

Chaque jour, il recevait une, voire plusieurs lettres de Cocteau. « Ta mère a passé la fin de la journée à la maison.

Que faire ? Parler de notre fils commun, et t'attendre », lui racontait le poète. Ou alors : « Je n'arrive pas à croire que ton départ n'est pas un mauvais rêve et que tu ne vas pas me réveiller, car ta porte reste ouverte », « Je suis heureux de t'aimer. Cette petite phrase de toi vaut qu'on paye cher sa chance. J'accepte à cause d'elle ce drame et ce tunnel où nous sommes engagés. »

Cocteau fit des pieds et des mains, auprès des autorités militaires, pour obtenir un laissez-passer de Paris à Montdidier. Sans succès. Alors il vint, sans autorisation. Nul ne l'en empêcha. Il revint même chaque dimanche, par le train, sans problème. On finit par demander à Marais de renoncer à sa voiture privée. En revanche le voilà doté d'un véhicule militaire. Il s'en servit, avec un copain sergent-chef, pour faire des virées vers la capitale. Une nuit, le sergent-chef jeta la voiture dans un fossé, ce qui laissa des traces sur la carrosserie. Selon l'officier de service, c'était Marais le coupable, il fut envoyé au « trou » pour deux semaines. Mais, à Montdidier, il n'y avait pas de prison. C'est donc à quinze jours successifs de garde de nuit que se vit condamné Marais. Quand les copains de la 107e Compagnie apprirent la nouvelle, ils envoyèrent une délégation auprès du sergent-chef et du capitaine : « Jeannot est innocent. Il ne doit pas être puni ! » L'officier, la rage au cœur mais craignant une émeute, dut retirer la punition. La « drôle de guerre » commençait.

On trouva finalement un poste pour Jean Marais : guetteur de clocher du village de Roye, dans la Somme, avec octroi d'un téléphone pour prévenir de toute approche aérienne allemande. Voici Marais installé dans une tour de soixante mètres de haut, sous des cloches résonnant tous les quarts d'heure. Il montait dans sa chambre en empruntant un escalier tournant de quatre cent cinquante marches. Au sommet de la tour, il y avait un balcon où, le printemps venu, il se mettra nu pour prendre le soleil. Le matin, douche aux bains municipaux. En bas, les repas du soldat Marais étaient placés dans un panier au bout d'une corde par le garçon de la boulangerie. Yvonne de Bray lui ayant offert un des premiers postes de radio à transistors, il écoutait de la musique en brunissant ses pectoraux. Et n'aperçut jamais d'escadrille allemande. De toute façon, la compagnie ne possédait aucun canon de D.C.A.

Un beau matin, les gens du village, chargés de paquets et de valises, s'en allèrent. Ils remirent leurs clés à Marais : « Les Allemands approchent. Autant que ce soit vous qui profitiez de ce que nous laissons derrière nous. » Bientôt ce furent les troupes françaises qui refluèrent, en mauvais état, surtout moralement. Marais se fit houspiller :

— Alors, notre aviation, qu'est-ce qu'elle attend pour casser du Chleuh ?

— Nos avions, je ne sais même pas où ils sont. Nous, ici, on n'a que des cloches ! leur répondit le guetteur.

Au téléphone, les nouvelles n'étaient pas bonnes. On disait que toute l'aviation française avait été détruite. Pas l'allemande. Quelques jours après, des avions ennemis vinrent bombarder le village désert. Les pilotes allemands firent des cercles autour du clocher et de sa terrasse où Marais, tout nu, exécuta une frénétique danse du scalp, les bras levés, afin de souligner l'absurdité de la situation. « J'étais fou de joie, parce que je ne risquais rien », reconnaîtra-t-il. Son téléphone étant définitivement coupé, il prit alors la bicyclette du boulanger pour rejoindre sa compagnie. Où il fut mal accueilli : « Que faites-vous là ? s'insurgea son capitaine. Retournez immédiatement dans votre clocher ! » Il obéit, croisa des bandes de soldats qui le regardaient d'un air soupçonneux. On le prit pour un membre de la cinquième colonne, un traître. On le suivit quand il remonta ses quatre cent cinquante marches. Pour dissiper les soupçons, il dut offrir des boîtes de conserves et montrer des photos de Paris. Peu de temps après, sa compagnie daigna le prévenir qu'elle décampait et lui envoya un véhicule. C'était la fuite générale. Tout était fichu. Les Allemands allaient gagner la guerre.

Le voici à Compiègne. Passant par la forêt, il se trouva nez à nez avec un animal au poil gris et blanc : « Assis sur son derrière, les oreilles droites, attaché à un arbre, un chien me regardait. Le coup de foudre. Moi pour lui, lui pour moi. Je m'approchai. Mes camarades essayèrent de m'en empêcher parce qu'il avait l'air méchant. C'était le plus gentil chien de la terre. Je l'ai détaché. J'ai jeté la corde. Il ne m'a plus quitté. » Jean Marais découvrit que le chien abandonné répondait au nom de Loulou. Il le rebaptisa Moulou. Plus tard ce nom évoluera pour se transformer en Moulouk. Aucun autre animal, dans le cœur du comédien, ne le remplacera jamais.

Marais étant démobilisé à Auch, il rejoignit Cocteau à Perpignan, chez des amis. Le poète mettait la dernière main à sa pièce *La Machine à écrire* et élaborait le plan de la suivante : *Renaud et Armide*. Là, Marais commença par peindre en choisissant notamment pour modèle un châtaignier centenaire qu'il découvrit lors d'une promenade dans les Pyrénées, et dont l'énorme tronc avait été fendu en deux par la foudre.

Le soldat, revenu à la vie civile, n'en songea pas moins à son travail au théâtre. Il se rappela qu'un critique lui avait déclaré, après sa prestation dans *Les Parents terribles* : « Vous ne pourrez être excellent que dans ce genre de rôle. » Comme cette remarque l'avait interpellé, désormais, il ferait tout pour choisir des personnages dans lesquels il se sentirait libre, aussi variés qu'ils puissent être. Il commença donc par étudier *Britannicus*, qu'il prévoyait de mettre lui-même en scène. Il choisit, pour lui, le rôle de Néron ; et celui de Narcisse pour Jean Vilar, son camarade au cours Dullin.

Mais il abandonna provisoirement ce projet quand on rappela à Paris les deux Jean pour relancer *Les Parents terribles*. Ils rentrèrent dans la capitale occupée, les larmes aux yeux. En voyant les Scouts de France défiler, foulardés et chapeautés, en train de chanter le refrain approuvé par le régime de Vichy : « Aimons nos campagnes, nos Alpes de neige, / Aimons nos montagnes et ceux qui les protègent./ Et chantons, joyeux / De tout notre cœur et bien simplement... »

Jean Cocteau a déménagé. Dans son nouvel appartement, rue Montpensier, près du Palais Royal, le rouge dominait, mais le poète avait choisi du bleu pour la chambre de Jeannot. Les bibliothèques ont été peintes en blanc sur fond vert fenouil, une lanterne mauve éclairait ce décor baroque.

Dans *L'Inconcevable Jean Cocteau*, hommage posthume à son ami disparu, le comédien reviendra longuement sur ce lieu de vie qui abrita les meilleures années du couple : « Je revois la rue Montpensier. L'appartement était une sorte de cave éclairée par une lumière indirecte que réverbérait le sol du jardin. Dès notre réveil, il nous fallait allumer l'électricité... Un charme habitait avec nous, et ce charme commençait dès qu'on arrivait par la Comédie-Française ou par les marches de la rue de Richelieu ou encore par la rue de Beaujolais qui débouchait devant la maison de Colette. Par ces trois accès, on avait l'impression d'entrer dans une ville interdite. Les grilles du jardin, closes la nuit, ajoutaient à l'étrangeté du lieu. Le matin, elles s'ouvraient de bonne heure. Comme pour y accueillir la lumière toute neuve... La chambre de Cocteau était toute petite. En largeur, elle représentait à peine le double d'un lit à une place. C'était une sorte de cabine entièrement tapissée de velours rouge clouté d'or. La moquette était de la même couleur. Donnant sous les arcades, la fenêtre en demi-cercle et nommée demi-castor était entourée sinon d'ardoises, du moins d'un panneau de bois peint comme le sont les tableaux noirs des écoles. Une porte, faite d'un seul panneau de bois rectangulaire et peint également couleur ardoise, dissimulait une pièce secrète qui avait été aménagée par le poète pour y fumer l'opium et dans laquelle il n'a jamais fumé... Face à ce panneau-porte se trouvait en pendant un autre panneau d'ardoise. Fenêtres et panneaux disparaissaient le soir sous des rideaux du même velours rouge que les murs. Au milieu de la fenêtre, une colonne de marbre noir supportait un groupe de bronze de Gustave Doré. Il figurait Persée monté sur un cheval ailé et tenu en l'air par la longue lance qu'il a plantée dans la gueule du dragon afin d'en libérer Andromède. La porte et les ardoises de sa chambre avaient été imaginées par Jean Cocteau. Il espérait que Picasso y dessinerait à la craie. Jamais Picasso ne lui donna cette joie, de sorte que ces ardoises, comme celles des autres portes du petit appartement, servaient seulement de pense-bête, qu'il s'agisse d'inscrire des rendez-vous ou de se rappeler le travail à faire. »

L'usage de l'opium étant désormais sévèrement réprimé par le nouveau gouvernement de collaboration – et, du coup, introuvable – Cocteau accepta d'entrer en clinique pour se faire désintoxiquer. Une absence dont son compagnon profita pour faire disparaître tout le matériel du parfait drogué. Quant aux nouvelles, elles n'étaient pas bonnes. La reprise des *Parents terribles* se vit refusée par la toute-puissante censure qui jugea la pièce « immorale ». Marais se rabattit alors sur son projet de mettre en scène *Britannicus*, toujours avec lui-même dans le rôle de Néron, Gabrielle Dorziat (Agrippine), Louis Salou remplaçant Jean Vilar retenu à Montpellier (Narcisse), Nassier (Burrhus), Jacqueline Porel (Junie). Pour le rôle de Britannicus, on lui conseilla un jeune acteur qui jouait Antiochus dans *Bérénice*, au théâtre Rochefort. Il s'y rendit : « Je vois une espèce de gnome barbu, un certain Serge Reggiani, qui me fait fuir. Le lendemain, chez Agnès Capri, j'entends un jeune homme dire des poèmes de Baudelaire. Il est si merveilleux que je me précipite en courant et lui demande d'être Britannicus. Il accepte. Je lui demande son nom : Reggiani ! » Le futur Manda, compagnon de l'éblouissante Simone Signoret de *Casque d'Or* n'a même pas vingt ans. La tragédie de Racine devait être présentée dès le printemps 1941 aux Bouffes-Parisiens pendant les jours de relâche d'un autre spectacle en cours. Mais le metteur en scène n'avait aucun budget. Qu'importe ! Marais emprunta quinze mille francs, séduisit Edmond Dreyfus, patron de l'un des magasins du Marché Saint-Pierre, à Montmartre, qui lui fit aussi des prix pour de beaux tissus. Le comédien et metteur en scène coupa et cousit lui-même les costumes.

Le démarrage du spectacle s'avéra prometteur. Jean Marais ayant préféré se mettre en retrait, contexte politique d'hostilité et modestie oblige, il n'avait pas signé la mise en scène. Alors chacun crut que Jean Cocteau en était l'auteur, ce qui ajouta au succès de la pièce, seule la presse « collaborationniste » restant maussade. Marais reçut même une lettre d'encouragement de Maurice Sachs, personnage extravagant et douteux qui fut le secrétaire de Cocteau et proche du nouveau pouvoir mais Marais, qui ne répondit pas à ses avances, l'accusa de trahison. Il ne sera pas le seul à s'en plaindre et Sachs « disparaîtra » mystérieusement en 1945. De son côté, Hébertot, l'associé d'Albert Willemetz, lui demanda de multiplier les représentations de *Britannicus* en lui ouvrant son théâtre pour des matinées.

C'est à cette époque que Marcel Carné et Henri Decoin demandèrent à Jean de jouer dans deux films acceptés par la censure. Le premier, *Les Évadés de l'an 4000*, ne se fit pas. Le second, *Premier rendez-vous*, devait être produit par la compagnie allemande la « Continental Films ». Le scénario, signé Henri Decoin, narre la fugue d'une jeune pensionnaire d'un orphelinat, répondant à une petite annonce matrimoniale afin de changer d'existence. En réalité, cette histoire avait été écrite par Max Kolpé, scénariste interdit d'activités professionnelles pendant la guerre. Or, s'il n'est pas lui-même sur la liste noire de la censure, Jean Marais, notamment à cause des *Parents terribles*, était *persona non grata* pour les nouveaux puissants du pays : ceux-ci le rayèrent de la liste des comédiens devant interpréter le film de Decoin. *Premier rendez-vous* se fera donc sans lui. Ce qui fut finalement une chance pour le comédien : s'il avait été engagé, il aurait pu être accusé de collaboration à la Libération ! Car le long métrage d'Henri Decoin, qui révéla nombre de nouveaux jeunes talents, fut le seul film français de cette époque à être montré en Allemagne. Un film qui, pour soutenir sa sortie, vit son équipe artistique, Danielle Darrieux en tête, expédiée à Berlin. Ce qui déplut fort, au lendemain de la guerre, au comité d'épuration de la Résistance chargée du cinéma.

Chapitre XI

« *Au secours ! Je suis agressé !* »

Hébertot et Willemetz avaient accepté de produire la nouvelle pièce de Jean Cocteau, *La Machine à écrire*, que Raymond Rouleau devait mettre en scène et où Marais devait interpréter deux personnages mythomanes, Pascal et Maxime. Précédant *Le Corbeau*, le célèbre film que Clouzot réalisera deux années après, *La Machine à écrire* brassait le thème des lettres anonymes en train de bouleverser une ville entière. Les auteurs supposés de ces lettres s'accusaient mutuellement sans que le juge d'instruction chargé du dossier parvienne à démêler le vrai du faux. Pour Jean Cocteau, cette enquête était un moyen habile de faire pénétrer le spectateur dans « l'âme impulsive et trouble d'êtres fantasques qui savent si bien jouer du mensonge et du mystère », selon l'expression d'un critique de l'époque. La pièce, ainsi conçue, ne désigne donc aucun coupable.

Mais cette conception dramatique déplut fortement à tous ceux qui en avaient la charge, à commencer par la comédienne Alice Cocéa, pour laquelle elle avait été écrite. Celle-ci, soutenue par son producteur de mari et même par le metteur en scène Raymond Rouleau, exigea que l'auteur modifie l'intrigue et que l'enquête du juge débouche sur une mise en accusation claire. Cocteau, après avoir résisté, céda sous le nombre et il fallut attendre 1956 pour que la pièce soit représentée, au Théâtre-Français, dans sa version originelle. Si Jean Marais hérita d'un double rôle, il se retrouva également responsable des décors, Christian Bérard n'étant pas libre. Mais il allait se charger, en plus, d'une autre affaire, particulièrement épineuse.

Un ami journaliste le prévint en effet qu'un certain Alain Laubreaux, qui écrivait dans *Le Petit Parisien* mais surtout dans *Je suis partout* – un organe de presse ouvertement pro-nazi – avait décidé de « démolir Jean Cocteau », sans même avoir vu la pièce. « Vous pouvez dire à ce Laubreaux, rétorqua Marais, que s'il s'exécute, je lui casserai la figure. » La commission fut faite. Mais, comme annoncé, sans avoir vu la pièce, le dénommé Laubreaux se permit, dans *Je suis partout*, un éreintement de tous les acteurs de *La Machine à écrire*, accompagné de réflexions sordides sur la vie privée de Cocteau, présenté comme un noceur permanent, un « sale pédé », un dangereux libertaire.

Jean Marais chercha d'abord, en vain, à rencontrer Laubreaux ou à obtenir son adresse. Mais un soir, alors qu'il dînait dans un petit restaurant, près du théâtre, avec Michèle Alfa et Cocteau, Hébertot le fit appeler. Au même moment, un orage éclata. Pluie torrentielle, éclairs. Jean Marais grimpa au premier étage du théâtre, chercha le salon où on l'attendait. Les lumières étaient éteintes à cause du couvre-feu, fixé le soir à vingt-deux heures. Dans une salle aux fenêtres ouvertes, à la lueur des éclairs, Marais distingua alors deux hommes, et reconnut confusément Hébertot grâce à sa calvitie. Celui-ci lui tendit la main et lui désigna l'individu assis à ses côtés :

— Voici Alain Laubreaux.

— Si c'est bien lui, rétorque Marais, je vais avoir le plaisir de lui cracher à la figure.

L'individu resta muet et impassible. Marais se tourna vers lui :

— Oui ou non, êtes-vous Alain Laubreaux ?

— Oui, répondit l'autre à voix basse.

Marais lui cracha aussitôt à la figure, puis l'empoigna avec violence. Hébertot tenta de les séparer :

— Attention ! Il est de la Gestapo. Il va vous faire fusiller, et moi avec...

Marais relâcha alors sa victime, qui ne semblait pas très rassurée.

— Alors je lui casserai la gueule ailleurs, un peu plus tard, selon ma promesse.

Une fois dans la rue, sous la pluie battante, Marais se cacha à l'abri d'un mur et attendit, l'œil fixé sur la porte du théâtre. Au bout d'une heure environ, Hébertot en sortit, accompagné de Laubreaux. Il faisait nuit, le tonnerre grondait. Marais les suivit sur le boulevard des Batignolles puis se jeta soudain sur Laubreaux, le força à se retourner vers lui, lui arracha sa canne à bout ferré qu'il jeta au loin et le frappa à coups de poing. Laubreaux ne se défendit même pas. Il glissa à terre, se releva, l'arcade sourcilière fendue et gémit : « Au secours ! Je suis agressé ! » Marais continuait de cogner, en psalmodiant la litanie des victimes de Laubreaux dans les colonnes de *Je suis partout*. « Ça, c'est pour Claude Bourdet, que tu as traité de maître chanteur ! » Coup de poing à la face. « Ça, c'est pour Jean-Louis Barrault, que tu as traité de clown ! » Coup de poing au menton. Et ainsi de suite.

Une fois calmé, Marais abandonna Laubreaux, couvert de sang, roué de coups, gémissant – une vraie loque. La scène sera reprise, moins brutalement, par François Truffaut, dans son film *Le Dernier Métro*, où l'on voit Gérard Depardieu se venger d'un journaliste « collabo », l'auteur d'un article infâme. Marais, quant à lui, ira, ce soir-là, « arroser ça » rue Montpensier.

Mis au courant, Cocteau craindra qu'ils ne soient tous les deux arrêtés, le lendemain, par la police. Mais ce fut, au contraire, un déluge de compliments. Les amis, les acteurs, les directeurs de théâtre téléphonèrent toute la journée pour féliciter leur « vengeur ». Quant à Alain Laubreaux, il se manifesta d'une façon indirecte et perfide. Au lendemain de la générale de *La Machine à écrire*, le directeur du théâtre fut convoqué par les autorités allemandes. On lui apprit que la pièce était mise à l'index, menacée d'interdiction totale. Hébertot négocia comme il pouvait, accepta le principe d'enlever une scène d'épilepsie et repartit avec une nouvelle autorisation. Pas pour longtemps. Quelques jours plus tard, Hébertot fut de nouveau convoqué par les sbires de la puissance occupante. Cette fois, il ne pourrait rien faire. *La Machine à écrire* aura seulement vécu quelques jours et sera définitivement retirée de l'affiche. Entre-temps, dans la presse plus ou moins aux ordres, Jean Marais fut dépeint comme « le plus mauvais acteur de Paris ». Il commençait à en avoir l'habitude !

Cela ne troubla aucunement Marie Bell qui lui demanda d'entrer à la Comédie-Française. Après une audition, Marais fut accepté à l'unanimité. En première page du magazine *Comoedia* parut d'abord un article très chaleureux sur Jean Marais. Mais la semaine suivante, à la même place, une charge fielleuse l'attaqua. L'audition aurait soi-disant été truquée ; c'était grâce à sa mentalité d'escroc que Marais entrait au Français, d'ailleurs il ne songeait qu'à piquer leurs rôles à Jean Weber et à Julien Bertheau... Marais, furieux, envoya une lettre ouverte à *Comoedia* pour rétablir la vérité. Ce droit de réponse provoqua un scandale à la Comédie-Française : agir ainsi sans avoir obtenu l'autorisation du directeur constituait une faute lourde ! Le directeur en question, Jean-Louis Vaudoyer, convoqua Marais :

— Comment avez-vous osé envoyer cette lettre sans notre accord ?

La réponse fut cinglante :

— Pardonnez-moi. Bien qu'étant pensionnaire de cette illustre maison, je croyais n'être plus en pension !

Il ne fut pas pardonné. Alors qu'un peu plus tard il s'était absenté quelques jours pour tourner un film avec Marcel

Carné, projet qui ne se fera pas, il fut de nouveau appelé au bureau directorial :

— Vous prenez notre Maison pour un simple bastringue, où l'on entre et d'où l'on sort selon sa fantaisie ? demanda Vaudoyer. Vous vous trompez lourdement, monsieur Marais !

Fin de sa première aventure dans la maison de Molière. Mais vrais débuts au cinéma.

À côté de grands acteurs reconnus comme Marcel Herrand, Jean Marchat, Michèle Alfa et, surtout, Pierre Renoir, Jean Marais tourna dans *Le Pavillon brûle*, d'après la pièce de Stève Passeur, et sous la direction de Jacques de Baroncelli, le père de Jean de Baroncelli qui tiendra à partir de 1950 et durant plusieurs décennies la rubrique cinématographique du journal *Le Monde*. Réalisateur prolifique venu du cinéma muet, Jacques de Baroncelli signait là l'un de ses derniers longs métrages mais pas l'un de ses meilleurs. Produit par la très ambitieuse maison de production de Denise Tual, « Synops », qui fut à l'origine de la réalisation de *Drôle de drame* (dans lequel aurait figuré Jean Marais mais qu'il est bien difficile de repérer), ce *Pavillon brûle* souffre en particulier de la complète désorganisation du cinéma français bousculé par la guerre. Denise, une jeune employée d'une mine, interprétée par la débutante Élina Labourdette, est courtisée par un ingénieur alors qu'elle est fiancée à un simple ouvrier du fond. Celui-ci, à la suite d'un grave accident qui a endeuillé la mine, est accusé par un corbeau anonyme de l'avoir provoqué. Furieux, il recherche son accusateur du côté des ingénieurs mais l'enquête dévoilera une machination fort différente. Ce médiocre film policier, qui respecte par commodité de tournage l'unité de lieu, obtint cependant un franc succès public car il était aussi l'un des premiers films français réalisés depuis le début des hostilités. Denise Tual évoqua plus tard en ces termes la prestation de Jean Marais : « Superbement barbouillé par un maquilleur zélé, coiffé d'un casque trop petit juché sur le haut de sa tête, il portait en sus une énorme lampe électrique qui le rendait ridicule, et il s'en amusait. » Nonobstant, c'est la première fois que la future grande vedette avait un vrai rôle au cinéma et que lui, l'inconnu, voyait son visage en grand sur les affiches. En son for intérieur, il n'était pourtant pas très fier de lui. Il avait un jeu banal, une voix insuffisante que Marcel Jouhandeau, non sans méchanceté, allait dépeindre comme celle « d'un violoncelliste crapuleux ». Pour l'obliger à muer, il se força à fumer, mâchonna des gousses d'ail. Certains soirs, il avalait du schnaps puis hurlait pour endurcir ses cordes vocales. Et puis, il ne se trouvait pas beau, jugeait son corps harmonieux, sans plus.

Le succès du film poussa les producteurs à chercher un nouveau projet pour Jean Marais. Il fut d'abord envisagé de réaliser une version cinématographique d'une pièce de Marcel Achard, *Mademoiselle de Panama*, que Marcel Herrand venait de monter au théâtre des Mathurins. Christian-Jaque, qui souhaitait diriger le jeune comédien auquel il trouvait toutes les qualités requises pour incarner l'un des héros de ses films d'aventures dont il avait le secret, se déclara prêt à assurer la mise en scène. Mais le projet capota, la censure allemande jugeant « inopportune » cette adaptation.

De son côté, Jean Cocteau se démena pour offrir à son protégé un vrai premier rôle au cinéma. C'est ainsi qu'il promit à Marcel Carné sa collaboration pour deux films, *Les Évadés de l'an 4000* et *Juliette ou la clé des songes*, projets qui n'aboutiront pas, du moins pour le premier, le second se faisant plus tard.

Finalement, toujours dans cette optique d'échange, Cocteau accepta de travailler anonymement au scénario et aux dialogues du *Lit à colonnes*, d'après le roman de Louise de Vilmorin, l'histoire d'un plagiat. En fait, c'est au très renommé Charles Spaak qu'il avait été demandé de faire ce travail. Mais le résultat consterna tellement les instigateurs du projet qu'ils se tournèrent en désespoir de cause vers Cocteau, qui s'empressa de reconstruire l'histoire et de remodeler les personnages en vue d'une version fabriquée sur mesure pour le mythe naissant de Marais. Au bout du compte, Charles Spaak se contenta de signer le scénario élaboré par le poète. Louise de Vilmorin, exilée en Hongrie à la suite d'un mariage avec un hobereau local, eut beau défendre son idée première de confier le rôle principal à Alain Cuny, elle finit par admettre à son tour, après avoir pris connaissance de la version de Cocteau, que Jean Marais était bel et bien le comédien idéal pour exprimer au mieux le romantisme de Rémi Bonvent, le prisonnier musicien de son livre. Et comme Alain Cuny ne cessait de tergiverser, le rôle échut à l'ami du poète. Tout le monde étant d'accord, le tournage put commencer. Roland Tual, mari de Denise Tual, jusqu'alors producteur et directeur de studios, s'installa aux commandes. *Le Lit à colonnes* fut son premier long métrage en tant que réalisateur.

Avec ce nouveau film, Jean Marais passait de l'enfermement des mines à celui d'une cellule de prison. Mais le mineur amoureux embrouillé dans la sombre affaire du *Pavillon brûle* devenait, derrière les barreaux, poète élégiaque, écrivant pour sa belle – la fille du directeur de la prison – un opéra que le papa de celle-ci, interprété par un Fernand Ledoux démoniaque, fera jouer sous son propre nom. Heureusement les dieux, ceux de la musique comme ceux de l'amour, veillent et la vérité finit par éclater. Comme n'est pas Visconti qui veut, la représentation de l'opéra au sein même du film montra une certaine lourdeur et attira maints reproches de la part de la critique, même si le succès public fut assez net. Pourtant, outre que ce *Lit à colonnes* permit à Jean Marais de consolider sa carrière naissante en ces temps difficiles, le film eut aussi le privilège de révéler un autre talent : celui de Christian Dior à qui

Denise et Roland Tual avaient confié un peu par hasard la création des costumes.

La sémillante Odette Joyeux, à qui fut confié le rôle de la fille du geôlier arnaqueur d'opéra, donna la réplique au beau prisonnier. C'est pourtant une autre jeune comédienne de l'équipe artistique qui saura séduire le beau jeune premier. Il est vrai que pendant le tournage en extérieur, le regard de la douce et tendre Mila Parély quitta rarement celui de Jean Marais. Celui-ci la trouva très belle et admira sa perpétuelle gaieté. Il la rejoignit un soir à l'hôtel réservé à la troupe, dans sa chambre. Une liaison qui ne fut pas platonique, selon un témoignage – tardif – de l'actrice : « Bien évidemment, je savais bien que Jean Marais était attiré par les garçons, mais cela ne m'a pas dérangée. Je n'étais pas jalouse. Cela a marché à merveille entre nous. Nous avons fait l'amour comme tous les êtres qui s'aiment et se désirent. Pendant deux ans, nous ne nous sommes pratiquement pas quittés. Nos amis et nos proches nous voyaient, sur le tournage ou ensuite en vacances, arriver au petit matin, ensemble, précédés de Moulouk, le chien de Jean, les yeux cernés de bonheur. Des journalistes me demandaient comment nous faisions l'amour. Je répondais "À la papa" ! Et Jeannot riait comme un gosse. »

Lorsque Marais sera enrôlé dans l'armée française libératrice, Mila partira le rejoindre et laissera, en guise de cadeau, la marque de ses lèvres sur le pare-brise de sa jeep. Après la guerre, ils se retrouveront professionnellement pour le tournage de *La Belle et la Bête*, non plus amants, mais unis par une indéfectible amitié. Jusqu'à la mort de Jean Marais en 1998, Mila téléphonera au moins une fois par mois à son ancien amoureux. Et celui-ci, devenu potier, fera même appel à elle quand il ouvrira sa galerie parisienne du faubourg Saint-Honoré.

On dit que Mila Parély fut la seule femme que Jean Marais aurait voulu épouser. Contrairement au comédien, celle-ci n'en était plus à ses débuts au moment du tournage du film de Roland Tual. Bien que ne se trouvant pas spécialement belle, elle fut longtemps cataloguée comme l'une des rares femmes fatales du cinéma français. On la surnommait, dans le métier, la « superbe créature ». Elle n'en avait pas moins suffisamment de métier pour tenir d'autres emplois. Née Olga Perzynski en 1917, Mila Parély avait débuté toute jeune grâce à un petit rôle dans *Liliom*, film français du grand réalisateur autrichien Fritz Lang fuyant le nazisme. Mais c'est à la dure école d'Hollywood qu'elle apprit son métier. Toute jeune, elle avait en effet eu le culot de sauter sur le premier transatlantique venu, puis de fausser compagnie aux amis de ses parents venus la chercher sur les quais de New York. « J'en avais assez des messieurs qui aiment trop les femmes et de ceux qui ne les aiment pas assez », dira-t-elle fort peu ingénument en guise d'explication. Sans un sou en poche, affreusement solitaire, montant à Broadway avec d'autres aventuriers du show-biz des spectacles voués à l'échec, elle finit pourtant par trouver l'aile protectrice de la Paramount où elle fit ses classes. À son retour sur sa terre natale, déjà aguerrie, Mila Parély se révélera pleinement en interprétant la pétulante Geneviève de Marrast dans *La Règle du jeu*, le chef-d'œuvre longtemps mis à l'index de Jean Renoir. Forte personnalité, elle fut aussi une « tricoteuse » chez Guitry dans *Remontons les Champs-Élysées*, ce qui ne l'empêcha pas d'être également choisie par l'austère Robert Bresson pour son premier long métrage, *Les Anges du péché*. Son mariage avec un coureur automobile l'éloignera de la France et de ses studios de cinéma.

En cette fin de l'année 1941, le tournage du *Lit à colonnes* n'était pas terminé que Jean Marais reçut un appel de détresse de son maître Charles Dullin. Celui-ci était en train de monter *L'Avare* pour le théâtre Sarah-Bernhardt et il lui manquait un Cléante, le fils d'Harpagon que Dullin lui-même devait interpréter. Marais, modérément intéressé, tenta dans un premier temps de s'esquiver en rappelant au grand acteur qu'il était pris par un tournage et que le modeste rôle de Cléante n'était pas vraiment sa tasse de thé. Mais le directeur du théâtre de l'Atelier sut se montrer convaincant, notamment en lui faisant miroiter la production, juste après *L'Avare*, de *La Vie est un songe*, la pièce de Calderón que Jean rêvait de jouer et dont il serait, bien entendu, la vedette. L'appât fonctionna et, en huit jours, entre deux prises du *Lit à colonnes*, Marais ingurgita le texte de Molière. Portée par Dullin, la pièce fut un succès dont profita du même coup ce Cléante malgré lui. Mais l'orage, une fois encore, n'allait pas tarder à gronder entre le maître et l'élève, comme semblait l'annoncer le ciel parisien lui-même alors qu'au cours d'une des représentations de *L'Avare* il s'embrasa sous l'effet terrifiant d'un bombardement de l'aviation alliée.

Un orage déjà annoncé par un dédit de Charles Dullin qui n'évoquait plus *La Vie est un songe* comme spectacle suivant, mais une autre pièce espagnole, *Les Amants de Galice*, qui laissait Jean Marais de marbre. Ce dernier était d'autant moins convaincu qu'il entendait les sirènes du cinéma l'appeler de nouveau. En effet, le réalisateur Christian-Jaque n'avait pas dit son dernier mot et mit cette fois tous les atouts de son côté pour diriger celui qu'il considérait comme une sorte de Douglas Fairbanks du cinéma français. Chargé d'une adaptation de *Carmen* qui devait être filmée en Italie, Christian-Jaque déposa son dossier d'autorisation de tournage au très officiel « Comité d'Organisation de l'Industrie Cinématographique » (C.O.I.C.), structure régissant le cinéma français qui accoucha, à la Libération, du Centre National du Cinéma (C.N.C.). Le dossier mentionnant les noms de Viviane Romance et de Jean Marais dans les rôles principaux, ce fut Raoul Ploquin, grand patron du COIC, qui se chargea d'informer le comédien qu'il était purement et simplement « mobilisé » pour travailler avec Christian-Jaque. Pour la forme, on organisa des séances de bouts d'essai qui confortèrent l'idée première du réalisateur : le jeune Marais serait un parfait Don José aux côtés de la super-star de l'époque, Viviane Romance.

Cette manière plutôt cavalière d'engager un acteur n'était pas, en l'occurrence, pour déplaire à notre héros. Le problème, c'est qu'il avait signé un contrat avec Dullin et que celui-ci n'entendait pas le laisser partir de l'autre côté des Alpes. Mobilisant quelques grands noms du théâtre, le directeur de l'Atelier contre-attaqua et chercha à mettre le feu aux poudres en rendant public, notamment par voie de presse, le différend qui l'opposait à son poulain. Une sorte d'étrange débat opposant théâtre et cinéma commença à envahir les journaux lorsque les autorités allemandes décidèrent d'y mettre bon ordre et convoquèrent l'objet du scandale en le menaçant de lui refuser son visa pour l'Italie s'il n'honorait pas son contrat avec Dullin. Sans se laisser impressionner, Jean Marais opposa tout naturellement à ce diktat celui du Comité d'Organisation de l'Industrie Cinématographique qui lui enjoignait, au contraire, de se rendre à Rome. Embarrassés, les Allemands effectuèrent un repli stratégique et laissèrent comprendre qu'un arrangement entre les parties débloquerait la situation. Cet « arrangement » coûta au producteur de *Carmen* la coquette somme de deux cent mille francs que Dullin, finalement ravi, investira dans son nouveau spectacle, certes sans Jean Marais mais avec Serge Reggiani, ce qui faisait tout de même une excellente affiche !

L'escapade professionnelle transalpine de celui qu'il appelait dans son journal son « fils adoptif » laissa Jean Cocteau un peu désemparé. Il en profita pour réfléchir à leur liaison, regretta que la maison soit vide sans son Jeannot, mais se félicita en même temps que le jeune homme, loin de lui et de ses – mauvaises ? – « habitudes », soit « libre à Rome, avec son travail et ses chances inconnues ». Depuis *Le Sang d'un poète*, c'est-à-dire depuis dix ans déjà, Cocteau n'avait pas dirigé de films. Mais depuis quelque temps, il effectuait un rapprochement avec le 7e art en multipliant les collaborations au niveau des scénarios ou des dialogues, comme pour le *Lit à colonnes*. C'est ainsi qu'il participa, dès 1940, à l'élaboration de *La Comédie du bonheur*, de Marcel L'Herbier, puis du *Baron fantôme* réalisé par Serge de Poligny. Au moment du tournage du *Lit à colonnes*, il fut très présent, aussi bien lors des prises de vues qu'aux projections des rushes avec toute l'équipe de Roland Tual. Il suivait de près l'actualité cinématographique et continuait de s'interroger, dans son *Journal*, sur le langage cinématographique, les films qu'il aurait aimé tourner ou encore l'art poétique du « cinéaste », terme alors guère employé. Il est clair aussi que ce rapprochement fut stimulé par le vedettariat récent de son protégé que, dans son impatience, il regrettait de voir enrôler dans des aventures cinématographiques qu'il jugeait médiocres. Ce en quoi il n'avait pas tout à fait tort et ce pourquoi il se hâtait d'écrire un scénario original qui devrait, selon lui, mettre beaucoup mieux en valeur le talent naissant de son Jeannot : « Il y en a marre, l'avait-il prévenu. Je vais, moi, écrire "ton" film. Ce sera l'histoire d'un amour plus fort que la mort. Je m'inspirerai de *Tristan et Yseult*. » Ce sera chose faite lors de l'envol du comédien pour l'Italie et celui-ci partira avec, en poche, le script terminé de son prochain film, *L'Éternel retour*.

Dans un pays assombri par de longues années de fascisme, où Mussolini continuait d'envoyer des contingents de jeunes Italiens se faire massacrer sur le front russe, Jean Marais, loin de sa base, trouvait le temps d'autant plus long que le tournage de *Carmen* s'avérait interminable. De plus, ses rapports avec Christian-Jaque n'étaient pas au beau fixe. « Le film n'avance pas. Je suis inquiet de mon interprétation, se plaint-il dans ses Mémoires. Christian-Jaque me donne d'étranges indications pour Don José, par exemple : "Sois plus Parisien". Aux projections, je ne me trouve pas bien. Je le dis et je me fais houspiller par mon metteur en scène comme si je l'avais offensé personnellement. » Aujourd'hui, le visionnage de la *Carmen* de Christian-Jaque lui donne malheureusement raison. Le film, qui s'appuie sur le texte de Mérimée sans être traversé par les orages de Bizet qui en feront un chef-d'œuvre immortel, est fort peu inspiré, lent et pesant, et cet échec ne peut être imputé au seul souci de bien faire d'un grand comédien qui cherche encore ses marques et veut progresser. « Lorsque, devant quelqu'un, je me livre à mon autocritique, je cerne mieux mes défauts, et cela m'incite plus facilement à les corriger » explique Marais qui se connaît bien. Tourné en cette année 1942, *Carmen* ne sera montré aux Parisiens qu'en 1944, alors que les troupes anglo-saxonnes ont déjà débarqué en Normandie et que le général Leclerc s'apprête à libérer la capitale de la France occupée.

Néanmoins, en Italie, Jean Marais n'allait pas tout à fait perdre son temps. Accueilli par Luchino Visconti qu'il connaissait déjà et qui lui trouva un appartement à Rome, il fut « cornaqué » par un ami de l'ancien assistant de Jean Renoir qui lui fit connaître la Ville Éternelle et le musée du Vatican. Le futur découvreur d'Alain Delon était sur le point de jeter prématurément les bases d'un nouveau cinéma transalpin qui balaierait dans la Péninsule les falotes comédies, dites des « téléphones blancs », chères au régime fasciste. Un mouvement qui, sous l'appellation générique de « néoréalisme », exploserait juste après la chute de Mussolini avec *Rome ville ouverte* de Roberto Rossellini, chronique d'un pays qui souffre et lutte pour recouvrer sa liberté. *Ossessione*, que s'apprêtait à tourner Visconti d'après *Le Facteur sonne toujours deux fois*, un roman de James Cain, fut cependant le film qui déclencha une véritable révolution, ébranlant tout le cinéma mondial. Si le choix de ce livre aux allures de roman policier était d'abord destiné à tromper la censure mussolinienne, son adaptation par Visconti fut surtout prétexte à une description sans fards d'une société agonisante et valut au film d'être traîné dans la boue par la presse aux ordres.

Luchino parti, Jean se mit au cheval, car il devait savoir monter, comme le stipulait son contrat avec la production de *Carmen*. En quinze jours, il devint un cavalier émérite, ce qui fit dire méchamment à Bernard Blier : « Toi, tu es un bon cavalier, moi, un bon acteur. » Qu'à cela ne tienne ! Marais prit la remarque avec philosophie mais se jura bien de devenir à la fois et un bon cavalier et un bon acteur. Voire un excellent cascadeur, ce à quoi il se prépara également lors de son séjour romain. De toute façon, il avait toujours dans ses bagages le scénario original de Cocteau qu'il avait lu et relu, et auquel il croyait dur comme fer : « Je suis certain de son succès comme je crois que ce sera le vrai départ de ma carrière », clamait-il, impatient de retrouver son ami le poète et de démontrer, notamment à Bernard Blier, qu'il était capable de jouer la comédie.

Mais le tournage de *Carmen* n'en finissait effectivement pas. Neuf mois plus tard, Marais vit enfin poindre sa liberté retrouvée et un retour possible à Paris. Or les nouvelles n'étaient pas très bonnes. Cocteau avait beau se battre pour faire avancer son projet, s'entendre avec Jean Delannoy qui acceptait d'assurer la mise en scène de *L'Éternel retour*, la production, qui était la même que celle de *Carmen* côté français, n'arrivait pas à se décider. De guerre lasse, le comédien signa, en attendant, un nouveau contrat avec le producteur italien de *Carmen* qui lui proposait d'interpréter *La Jeune Fille de l'ouest*. C'est alors qu'un télégramme de Jean Cocteau lui annonça que, de son côté, tout était arrangé et qu'il l'attendait au plus vite. Au prix de mille promesses, il parvint à se désengager du contrat un peu trop hâtivement conclu et revint enfin à Paris.

Il avait eu raison d'y croire. Réalisé durant l'été 1943 en zone sud, dans les studios de la Victorine à Nice puis, pour les extérieurs, dans l'Estérel, au bord du lac Léman et dans un château du Massif Central, *L'Éternel retour* sortit à l'automne de la même année, triomphant au plus noir de l'Occupation sur tous les écrans de France et faisant du nouveau jeune premier la coqueluche des spectatrices.

À côté de lui, il y avait Madeleine Sologne. Un couple inoubliable : elle en robe stricte, serrée, un soleil autour de la tête, lui en pull et courtes bottes de cuir, les mèches bouclées sur le front. Car Cocteau avait cherché à introduire le mythe dans une certaine modernité, comme le soulignait à l'époque le critique Roger Régent, faisant un parallèle avec *Les Visiteurs du soir*, autre succès de l'époque : « Alors que Jacques Prévert et Marcel Carné avaient laissé aux figures de proue des *Visiteurs* leur âge et les avaient maintenus dans leur siècle, Jean Cocteau et Jean Delannoy avaient transposé et s'étaient attachés à donner à leurs personnages, sans rompre le charme, les couleurs de notre temps. » *L'Éternel retour* marqua aussi les débuts d'Yvonne de Bray au cinéma, débuts modestes avant son triomphe dans le rôle de la Sophie des *Parents terribles*.

Pendant le tournage, une voisine avait tiré les cartes à Jean Marais : « Pendant quarante-huit heures, vous pouvez exécuter n'importe quel acte, tout vous réussira. » Incrédule, mais quand même tout excité par cette prédiction, Marais demanda à son producteur une avance de 60 000 francs – le sixième de son cachet. Il se rendit alors en taxi à Monte-Carlo, dans une salle de jeux. Et s'assit, en débutant timide, à une table de baccara. Le croupier annonça : « Banco ! Le 9 est le plus fort... » Il distribua des cartes. Marais gagna. Il y avait plus de deux millions de francs devant lui. Mais comme il ne savait pas dire à temps « je passe ! », il perdit la main. Et perdit même tout. Jean Marais ne sera jamais un bon comptable.

Les Visiteurs du soir, que Cocteau détestait, et *L'Éternel retour* avaient un point commun : l'excellent Piéral qui deviendra plus tard le voisin et ami montmartrois de Jean Marais. Sa petite taille et son grand talent en avaient fait un personnage décalé et inquiétant que les cinéastes utilisaient volontiers pour donner du sel à leurs histoires. Dans *L'Éternel retour*, sa fonction était même tout à fait déterminante puisque c'est Piéral, dans le rôle du nain Achille, qui fait boire aux deux amants le philtre d'amour qui les liera jusque dans la mort. Comment oublier cette jeune fille lunaire aux longs cheveux, qu'une brute tabasse dans un bar à matelots et pour laquelle un bel inconnu se lance dans un combat sans merci ? Comment oublier ce soir d'orage, quand Marais (Patrice) et Sologne (Nathalie) sont seuls au château et que le perfide nain croit glisser du poison dans leurs verres alors qu'il verse la potion magique préparée dans l'île par la nourrice de Nathalie ? Dernière image du film : Patrice, couché sur une barque renversée, aveugle, vogue lentement vers la mort. Nathalie s'allonge à côté de lui pour mourir elle aussi, encore éblouie par sa passion, tandis que la barque semble les emporter sur sa coque vers l'infini dont ils rêvaient.

Souvent, devant Madeleine Sologne, le cœur de Jean Marais battait un peu plus vite. Si Mila Parély fut, paraît-il, « la seule femme qu'il aurait voulu épouser », la célèbre actrice aurait été, selon ses propres déclarations, « la seule femme qu'il aurait pu aimer toute sa vie ». Mais durant le tournage, l'occasion d'un tête-à-tête ne se présenta pas vraiment et Madeleine avait des soucis. Elle pensait à son mari, prisonnier en Allemagne et avec lequel, dès son retour, elle avait décidé de divorcer. Dans ces conditions, elle n'était pas femme à être tentée par une liaison.

Née Madeleine Vouillon une trentaine d'années plus tôt, Madeleine Sologne était en train de devenir l'une des vedettes préférées des Français, juste après Michèle Morgan et Edwige Feuillère. Une performance à laquelle n'est pas étrangère sa prestation dans *L'Éternel retour* qui était alors son treizième long métrage sur les vingt-cinq qu'elle tournerait. Une affaire de chevelure aussi, Cocteau fixant semble-t-il à jamais cette image d'actrice aux longs cheveux tombant sur ses épaules, allant jusqu'à exiger que ses deux héros, Jean et Madeleine, aillent ensemble chez le même coiffeur pour que leurs cheveux soient de la même blondeur, la comédienne étant naturellement brune. Plus prosaïquement, Madeleine Sologne relativisera l'importance de l'intervention de l'auteur de *L'Éternel retour* sur sa manière de se coiffer : « Je repris simplement en blond la coiffure que j'avais à mes débuts dans *Les Filles du Rhône*, expliquera-t-elle. Jean Cocteau désirait une coiffure « mouillée, brumeuse ». Je vins donc un jour au studio avec les cheveux tout raides et je me contentais de les retourner à la main. Ce qu'on a attribué à un trait de génie du maquilleur ou du metteur en scène n'était qu'un retour à la nature. Car je suis naturellement mal coiffée ! » Quoi qu'il en soit, des dizaines de milliers de jeunes Françaises s'empressèrent d'abandonner frisottis et bigoudis afin d'imiter le « naturel » de leur actrice préférée.

Dans la rue, ces « Nathalie » applaudissaient au passage de Jean Marais. On lui téléphonait. Les plus hardies se couchaient devant sa porte en attendant qu'il sorte. Souvent, des provinciales lui écrivaient pour lui demander sur quel modèle avait été fabriqué le pull en jacquard qu'il portait dans *L'Éternel retour*. Devant les salles de cinéma, les files faisaient parfois des victimes, il y avait des évanouissements, on appelait Police-Secours. La critique officielle n'en restait pas moins souvent hargneuse. Il est hors de doute que la complicité amoureuse Cocteau-Marais – du jamais vu ! –, d'une solidité sans failles depuis tant d'années et fondée sur une homosexualité avouée avec naturel, heurtait la bonne conscience des « braves gens ». Seuls les libertins, dans l'Europe en guerre des années 1940-1945, applaudissaient à la liberté sexuelle.

Ce n'est évidemment pas cet aspect des choses qui gêna la critique anglaise, fort peu intéressée par les ragots mondains très *frenchy* alors que Londres était jour après jour pilonnée par les bombes allemandes. Mais, curieusement, sensible à l'aspect crépusculaire de *L'Éternel retour*, elle crut voir dans le film de Delannoy un « hommage aux mythes nazis ». Le *Daily Express* alla jusqu'à écrire : « Il y a dans ce film une atmosphère gothique pestilentielle, un mysticisme du culte de la mort. » Comme quoi, il est bien difficile de faire du cinéma, surtout en pleine guerre. Ce que reconnaît d'ailleurs non sans amertume Jean Cocteau, écrivant de son côté en guise de réponse à la perfide Albion : « Les époques de primauté politique (les époques partisanes) sont impropres à la critique. Celle de l'Occupation décidait d'avance que j'étais ignoble, et ignobles mes entreprises. Celle de l'Angleterre en 1946 accuse *L'Éternel retour*, légende galloise, d'être d'inspiration allemande, parce que les héros y sont blonds ! »

Si le film fut effectivement malmené par de tels débats, ses interprètes eurent toutefois droit à plus d'indulgence, voire à de réels enthousiasmes : « Nous nous demandions, aux premières images, comment le couple formé par Madeleine Sologne et Jean Marais allait porter ce poids, s'interrogea un journaliste. À la fin, nous ne demandions plus rien. Nous ne pensions plus à leur jeu mais à leur aventure, à leur amour. On ne saurait mieux dire. » Mieux encore, dans un autre organe de presse de l'époque, on put lire : « L'interprétation est tout à fait remarquable. Jean Marais, avec *L'Éternel retour*, a trouvé son personnage, un personnage auquel il s'identifie, au physique comme au moral. Son harmonie corporelle, son allure aisée d'athlète, son visage sculptural nous proposent un type admirable de chevalier moderne. Au surplus, il joue avec une justesse, une émotion, une intensité qui s'imposent sans détour. »

Certes, la bataille n'était pas encore gagnée, mais déjà pointait la naissance d'une grande vedette.

CHAPITRE XII

« ALORS, ON NE SALUE PLUS LE DRAPEAU FRANÇAIS ? »

Provocateur, admirateur de Marais depuis qu'il l'avait applaudi dans *Britannicus*, Jean Genet avait dédié au comédien sa pièce, *Héliogabale*, pour laquelle Marais ne fut qu'à moitié enthousiaste et dont il ne reste aujourd'hui aucune trace. Cocteau et lui, depuis 1943, l'aidaient à survivre en lui donnant de l'argent, en lui évitant aussi de graves ennuis avec la justice, notamment à la suite du vol d'un livre de Verlaine, broutille qui faisait pourtant de Genet un dangereux multirécidiviste. L'auteur des *Bonnes* et des *Nègres* écrivait alors *Notre-Dame des Fleurs*. Ce roman, où chaque phrase baigne dans l'amour interdit, fut refusé par plusieurs éditeurs mais provoqua l'admiration de Cocteau. Afin de publier tout de même l'œuvre du voleur le plus illustre de France, Jean Marais finança alors une librairie qui se transformera ensuite en maison d'édition. Un local fut trouvé sous les arcades mêmes du Palais-Royal, à deux pas du domicile des deux Jean, et la gestion de l'entreprise confiée à un ami de Marais. Celui-ci sera aussi le premier, avant Cocteau, Moretti ou Giacometti, à réaliser un portrait de Jean Genet.

Pour le comédien, il s'agissait aussi, désormais, de remonter à la source de son métier en arpentant de nouveau les planches. On lui proposa de jouer dans le *Sodome et*

Gomorrhe de Jean Giraudoux, « une fastidieuse dissertation sur le problème du couple », selon un critique de l'époque. Là encore, il refusa, moins à cause de la qualité de la pièce que pour ne pas faire de la peine au « rival » de Giraudoux, Jean Cocteau, dont il devait interpréter, en Belgique, *Renaud et Armide*, un nouveau spectacle écrit juste après *La Machine à écrire*. Rompant avec la modernité, Cocteau avait rédigé cette pièce en alexandrins, à la manière des tragédies du théâtre classique du XVIIe siècle. Le drame était d'ailleurs racinien, Armide sacrifiant son amour pour permettre à Renaud d'accomplir son destin historique. « Ayons pitié de notre cœur qui saigne, / Ne trouble plus le mien, Renaud, qui te renseigne, / Crois-moi, ne cherche pas à nous appesantir, / C'est assez que ma voix te dise de partir, / Que pas un seul regard de toi ne m'attendrisse, / Encourage ta reine à notre sacrifice. » Etc.

Resté à Paris, Cocteau reçut un jour un appel au secours de Max Jacob, son ami, le peintre et poète, auteur du fameux *Cornet à dés*, qui s'était retiré à Saint-Benoît-sur-Loire après sa conversion au catholicisme. Les deux versificateurs se connaissaient depuis longtemps. Dans les années vingt, ils habitaient dans le même hôtel, l'Hôtel Vouillemont, rue Boissy d'Anglas, à deux pas de la Place de la Concorde, où ils se croisaient plusieurs fois par jour.

D'origine juive, Max Jacob fut baptisé dès 1915 et sa conversion était loin d'être de circonstance. Dans sa petite commune du Loiret, ayant élu domicile tout près de la remarquable petite église romane, il passait son temps entre dévotions et travaux littéraires. Mais depuis la grande rafle du Vel'd'Hiv de juillet 1942, Gestapo et milice vichyssoise n'avaient de cesse d'accomplir leur sinistre besogne et le poète, dont la sœur avait déjà été envoyée dans les camps de la mort, venait d'être arrêté à son tour. Voici sa lettre : « Cher Jean Cocteau, Je t'écris grâce à la complaisance des gendarmes qui nous encadrent. Nous serons au camp de Drancy tout à l'heure. C'est tout ce que j'ai à te dire. Sacha Guitry, quand on lui a parlé de ma sœur, arrêtée et déportée en Allemagne, a dit : "Si c'était lui, je pourrais faire quelque chose." Eh bien, c'est moi. Je t'embrasse. Max. »

Aussitôt Cocteau se précipita chez Guitry qui avait déjà réussi à sauver quelques vies grâce à ses relations avec l'occupant. Relations qui lui vaudront, d'ailleurs, de graves ennuis au moment de la Libération, ses accusateurs oubliant que, grâce à elles, il avait pu rendre aussi ce genre de services. Les deux hommes se connaissaient bien, Jean Cocteau ayant même interprété le personnage d'Alfred de Musset dans *La Malibran*, le dernier film de Sacha Guitry sur le point de sortir en salle. Ensemble, ils allèrent rencontrer ceux qui pouvaient les aider. Cocteau écrivit une lettre magnifique au responsable de cette détention. Finalement, ils obtinrent la libération de Max. Mais c'était trop tard. Victime le jour même d'une attaque cardio-vasculaire, le poète mourut au camp de Drancy le 5 mars de cette année 1944.

En vacances quelques jours en Bretagne, à Tal-Moor, pendant que Marais peignait comme un forcené, surtout des thèmes floraux, Cocteau écrivit *L'Aigle à deux têtes*, un drame intense qui exprimait la solitude de deux êtres se dévorant mutuellement. La reine d'un empire d'Europe centrale vit, depuis dix ans, dans l'ombre du roi, un mort adoré. Une nuit, entre par la fenêtre un jeune anarchiste, Stanislas, venu pour la tuer. Il est le sosie même du défunt et un étrange amour va naître entre eux. Pendant que le poète travaillait à ce qui deviendra l'une des plus célèbres pièces du théâtre contemporain, le comédien arpentait, par un froid terrible, la région de Pont-Aven à la recherche de motifs picturaux : « Jean Marais disparaissait des journées entières, raconte un témoin, affrontant le mauvais temps, s'adonnant seul aux joies de peindre. On aurait cru que, recherchant la perfection de l'exactitude de ses observations picturales, il voulait se battre avec les éléments. Il rentrait en fin de journée, fourbu, transi par le vent glacial de la tempête qui sévissait ces jours-là. Aussitôt, on lui préparait des grogs bouillants et il retrouvait son sourire ». Cet enthousiasme fut si fort qu'il finit par entraîner Cocteau qui troqua sa plume contre un pinceau : « C'est là que Jean a commencé à peindre à l'huile, se rappellera Marais. Jusqu'à présent, il avait fait des dessins parfois colorés avec des maquillages, avec de l'opium, avec ce qu'il avait sous la main, avec des pastels. Mais il n'avait jamais peint à l'huile. Et, un jour où j'étais en train de peindre au bord de l'eau, il m'a dit : "Cela m'agace trop de te voir peindre et de ne pas le faire." Alors il a pris une de mes toiles, mes peintures et mes pinceaux, et il a fait la première peinture qui est... moi en train de peindre ! »

En attendant que *L'Aigle à deux têtes* ne devienne un film que réalisera Cocteau lui-même, juste après *La Belle et la Bête*, il s'agissait de représenter cette nouvelle œuvre sur scène. Marguerite Jamois, pressentie, en fut la première lectrice. Elle eut l'air embarrassé, chercha ses mots, hésita et son jugement resta flou, ce qui semblait correspondre à un refus. Cocteau téléphona alors à Edwige Feuillère et prit rendez-vous avec elle. Or, ce même jour disparut Giraudoux. À Cocteau, bouleversé, qui voulait annuler leur rendez-vous, Edwige répliqua : « J'ai mal au cœur, comme vous. Mais je suis encore capable de vous entendre. Venez ! » Après la lecture, la grande comédienne ne cacha pas son émotion : « C'est la première fois de ma vie que j'entends une pièce qui est une œuvre d'art en même temps qu'une vraie pièce de théâtre. Vous m'en faites cadeau ? » « C'est vous qui me faites un cadeau en acceptant le mien » répondit Cocteau. Tous deux s'embrassèrent. Quand elle apprit que le rôle lui échappait, Marguerite Jamois tenta de faire marche arrière en appelant chaque jour Cocteau, qui resta inflexible et qu'elle accusa finalement de déloyauté et de « trahison ».

Mise en scène par Cocteau lui-même, la pièce fut d'abord « rodée » en Belgique, au théâtre des Galeries Saint-Hubert de Bruxelles, avec succès. Les rapports professionnels de Marais avec celle qui était l'une des reines de la scène ne furent pas, au départ, des plus cordiaux. Puis, le charme de Jean aidant, tout s'arrangea. C'est donc un duo soudé, entouré de Sylvia Montfort, Jacques Varenne, Georges Marny et Georges Aminel, qui continua, après la guerre, à assurer le triomphe de *L'Aigle à deux têtes*, triomphe à Lyon avant d'investir, à Paris, le théâtre Hébertot où l'œuvre resta un an à l'affiche. Le spectacle sera même invité à la Biennale de Venise pour une soirée de gala dans l'illustre Fenice, le théâtre lyrique de la Sérenissime.

Entre-temps, Cocteau, décidément infatigable, accepta de collaborer avec Robert Bresson à son adaptation cinématographique des *Dames du bois de Boulogne*, d'après Diderot, qui sortira en 1946. Raoul Ploquin, le producteur, s'en réjouit : « Ah ! Je vais avoir du Bresson plus du Cocteau ! » Le poète était, lui, moins enthousiaste. Il avouait ne pas aimer Diderot, pas plus que Voltaire, ni les Encyclopédistes en général. S'il le faisait, c'était uniquement « par amitié pour Bresson » : « Moi, je me suis complètement plié à Bresson. Jamais l'ombre d'un dissentiment. C'est quand il y a confrontation de deux personnalités que tout explose, mais pas quand l'un se plie. » Et Cocteau de conclure : « J'ai voulu me donner une discipline qui ne concorde pas à mes aptitudes. »

Jean Marais, de son côté, alors qu'il était train de monter *Andromaque* pour le théâtre Edouard VII, eut la surprise de voir venir Robert Bresson. Lequel lui demanda s'il accepterait d'interpréter le rôle principal masculin de son film. Le comédien tomba des nues. Par Cocteau, il savait fort bien que ce personnage était dévolu, depuis le début de l'écriture de l'adaptation, à Alain Cuny dont la prestation dans *Les Visiteurs du soir* avait été plus que remarquée. Bresson, bien entendu, confirma, mais il ajouta : « Cuny est l'acteur idéal mais le producteur n'en veut pas. » Dans ces conditions, comme il n'était pas question pour Jean de se substituer au choix du réalisateur, il refusa tout net. Chacun restant sur ses positions, ni Marais ni Cuny n'apparaîtront dans *Les Dames du Bois de Boulogne* mais le second sera engagé par le premier pour jouer le Pyrrhus de Racine.

D'ailleurs, Jean Marais était débordé. Si le théâtre semblait de nouveau l'accaparer avec *L'Aigle à deux têtes* et la préparation de son *Andromaque*, il était aussi sur les écrans. Le succès de *L'Éternel retour* cacha un peu un autre film qu'il avait tourné dans la foulée, avec Christian-Jaque, le réalisateur de *Carmen*. Ce nouveau film n'est guère meilleur. Intitulé *Voyage sans espoir*, il y incarne un homme courtisé par une jeune femme qui tente de lui soutirer de l'argent afin de venir en aide à son amant, un prisonnier évadé. Dans ce film, il donne la réplique à Simone Renant, mais aussi à Paul Bernard, celui-là même qui sera finalement engagé par le producteur des *Dames du Bois de Boulogne*, à la place d'Alain Cuny.

Le succès de Marais en cette fin de guerre percluse de restrictions et de bombardements, au théâtre et au cinéma, commençait à susciter un certain nombre de réactions excessives. Des jeunes filles de plus en plus nombreuses n'hésitaient pas à s'installer dans l'escalier de la rue de Montpensier, papotant, criant, quémandant des autographes, quand ce n'était pas un baiser ! Elles sonnaient à sa porte, occupaient sa ligne téléphonique. L'une d'elles, un jour, s'évanouit devant Marais quittant une salle de spectacle. Il la prit avec précaution dans ses bras, fendit la foule avec son fardeau qu'il alla déposer sur les marches du métro. « Chameau ! » lui cria-t-elle alors, ayant fait semblant de tourner de l'œil et souhaitant sans doute rester plus longtemps dans ses bras.

Pour ce genre d'incident inévitablement provoqué par le succès, Cocteau faisait remarquer au comédien agacé : « Tu n'as pas le droit de te mettre ainsi en colère. Ce sont les inconvénients de ton métier. Tu dois les accepter. Ces tracasseries sont des hommages, que tu le veuilles ou non ! »

L'aventure la plus singulière eut pour auteur une certaine Jeannette qui lui avait écrit afin de lui demander une photo dédicacée et qui se disait condamnée par la médecine. Marais, touché, lui répondit très aimablement – du moins par le truchement de sa mère, car c'était Henriette, alias Rosalie, qui était chargée de sa correspondance, mission dont elle s'acquittait parfaitement en imitant l'écriture de son fils. Arriva alors une autre missive de la mourante, réclamant une deuxième photo mais surtout un engagement dans un film pour sa sœur adorée. « Moi-même, je serai morte quand vous recevrez cette lettre », ajouta-t-elle, croyant ainsi émouvoir le comédien et avoir gain de cause. Marais hésita effectivement. Mais, en téléphonant à la gendarmerie locale, il apprit que cette Jeannette-là avait une réputation de farfelue et que, surtout, elle n'avait jamais eu de sœur !

De temps à autre, on sonnait aussi pour avoir le droit de caresser Moulouk. C'est que Moulouk était à son tour devenu une star de l'écran. Jean Cocteau avait absolument tenu à le faire « jouer » dans *L'Éternel retour*, ce qui lui avait valu cet hommage de son maître : « Nous fûmes tous surpris et moi très fier de voir avec quelle facilité il interprétait son rôle. Il était certainement plus vrai et plus naturel que moi. Il se moquait d'être pris de profil droit ou gauche, comme certaines vedettes. Personnellement, j'en étais encore là ! »

Malgré ces succès, Jean n'en oubliait pas la dureté de la vie. Et les horreurs du conflit qui concernait tout le monde. Car la guerre était omniprésente. Bombardements fréquents, tirs de D.C.A., rafles dans les rues, ruées vers les caves constituaient le lot quotidien des Parisiens. Souvent, les voisins venaient se réfugier rue de Montpensier, dans le solide rez-de-chaussée des deux Jean. Mais, à l'époque, cinémas et théâtres, concerts et récitals ne désemplissaient pas, la capitale voulant afficher un visage crâne et serein pour masquer son inquiétude.

Afin d'intimider sans doute ceux qui seraient tentés de se rapprocher de Londres et de la France Libre, on avait prévu de multiples défilés militaires. Un jour, sur les Champs-Élysées, alors que Cocteau s'y promenait, celui-ci vit passer une troupe revêtue d'uniformes « gris souris » – comme disait Henriette – avec des drapeaux nazis. Mais il y avait aussi, parmi eux, des miliciens français, précédés du drapeau tricolore. C'étaient les troupes de sinistre mémoire de la L.V.F. – la Ligue des Volontaires Français, contre le bolchevisme – qui allaient se battre, aux côtés des Allemands et sous leur uniforme, sur le front soviétique. Ces « volontaires » avaient été recrutés par Marcel Déat et Jacques Doriot, un ancien communiste exclu du Parti ayant créé en 1936 le P.P.F., le « Parti populaire Français », d'obédience fasciste. Cocteau regardait tout cela, hébété, complètement dégoûté, quand trois policiers en civil se précipitèrent sur lui et le matraquèrent en hurlant : « Alors, poète, on ne salue plus le drapeau français ? » Des passants relevèrent Cocteau. Il avait un œil en sang, On le conduisit à une pharmacie. « Que vous est-il arrivé, Monsieur ? », demanda le potard. « Oh, rien de grave, répond Cocteau avec malice, j'ai juste attrapé un compère-Doriot ! »

Un peu plus fortuné grâce à ses gains au cinéma, Marais loua le théâtre Edouard VII, y surveilla les répétitions d'*Andromaque*, qui allaient bon train. Jean Marais était Oreste, et Michèle Alfa – Hermione –, très gênée par le principe d'un monologue à dire dans un décor où elle était seule. Elle trouva donc la solution en s'approchant du trône et en jouant avec ce meuble, comme si c'était un personnage vivant. Hermione doit épouser Pyrrhus (Alain Cuny) alors qu'elle aime Oreste, qui finira par tuer Pyrrhus. Andromaque (Annie Ducaux) cédera-t-elle à Pyrrhus pour sauver son enfant ? La tragédie de Racine, selon Marais, devait être menée avec le sens des mots justes, précis, en se gardant bien de tout éclat déclamatoire. Jean Marais, dans son rôle, maniait sans cesse un manche à balai que Picasso avait coupé et peint en rouge pour le transformer en une sorte de canne d'ambassadeur. On avait fait pour Hermione une robe conventionnelle, mais Jean n'en voulait pas. Il récupéra alors quinze mètres de tissu blanc et se lança : « J'entreprends de faire la robe, raconta le comédien metteur en scène devenu créateur de costume. Je n'avais jamais rien fait de tel. Pour commencer, je ne me sers pas de ciseaux, je déchire. Avec un pan, je fabrique une ceinture, avec un autre, une cape, un autre sera une manche. Malgré tout, les quinze mètres restent d'un seul tenant – je respire ! » Pour la coiffure d'Andromaque, Marais a également inventé la première « queue de cheval », vite adoptée par les femmes. Pour la lumière, il joua avec les règles drastiques en usage : « Pour que les spectateurs s'en retournent avant le couvre-feu, il fallait commencer à une heure où il n'y avait pas encore d'électricité. Je donnais les fonds de ciel avec une lampe à acétylène, des figurants munis de torches éclairaient les acteurs dont les mouvements jouaient avec les ombres et les lumières. À l'arrivée du courant électrique, je le donnais légèrement, comme si le soleil se levait : c'était beau. Tout le décor était noir, seul le trône de Pyrrhus était polychrome, mais comme il était éclairé à contre-jour, on ne voyait guère les couleurs des accoudoirs en forme de sphinx, frisés de lumière, et le rouge des flammes de deux torchères surplombant le dos du trône vers le fond. Je crois que cela aussi était beau. En tout cas, je redoutais l'échec, mais point le scandale. »

Tant mieux, car le jour de la première, en mai 1944, dès le lever du rideau, ce fut un beau tohu-bohu : cris, disputes, chahuts, applaudissements, sifflets... Marie Bell partit au milieu du spectacle, entraînant Raimu avec elle et clamant assez fort pour que tout le monde entende : « On devrait le faire fusiller ! C'est une honte ! » On cria au scandale, à l'immoralité. Témoignage du responsable : « Il y a un tel tumulte pendant toute la dernière scène avec Michèle Alfa que je me demande comment placer le monologue suivant, prélude aux fureurs d'Oreste qui doit être dit d'une voix douce, blanche. Une seule ressource – solution héroïque : parler encore plus bas. Je l'ai fait. Et ils se sont tus, même les plus acharnés... Ce fut peut-être mon plus grand bonheur d'interprète, mon désespoir était tel que je pouvais à peine articuler. J'étouffais, les larmes me montaient aux yeux. Je suis sorti du plateau en pleurs. Dans le couloir, même dans ma loge, je n'arrêtais pas de pleurer. Des femmes qui s'étaient précipitées en coulisses essuyaient mes pleurs, ma sueur, mon sang, car je m'étais presque traversé la main avec un couteau dans les dernières fureurs d'Oreste. Que d'amitiés ! Mes adversaires m'avaient témoigné tant de haine que ceux qui m'aimaient m'aimaient d'autant plus. J'avais loué Edouard VII pour deux mois. Nous avons tenu six jours. »

Car si Jean Marais finit par conquérir le public, la presse resta agressive et venimeuse. Bientôt la milice occupa le théâtre et interdit le spectacle. Un éditorial, à la radio, déclara que « Jean Marais est pire pour la France que les bombes anglaises ».

Jean apprit même bientôt que son nom figurait sur une liste noire, qu'il était menacé d'arrestations. Il alla se cacher du côté de l'Étoile, chez un ami, mais n'eut pas le courage de renoncer à ses baignades journalières au Racing-Club, où il débarquait le plus souvent à vélo, avec Moulouk sur les épaules. La radio libre, à Londres, dans l'émission « Les Français parlent aux Français », lui avait lancé alors ce message : « Patience, Jean Marais, nous serons bientôt là ! »

CHAPITRE XIII

« *SI ON LE FOUILLE, IL EST CUIT !* »

Les critiques excessives et tendancieuses des journaux aux ordres contre Jean Marais ne réussirent qu'à ranimer la sympathie du public en sa faveur. De même que sa façon de dire la poésie classique, sans flonflons ni trémolos, commença à faire école. Comme trop de gens l'appelaient pour le congratuler, il finit toutefois par ne plus répondre au téléphone. Un jour, alors qu'il sillonnait les rues à vélo, un groupe d'étudiants l'arracha même de sa bicyclette, le porta en triomphe en criant : « Vive Andromaque ! Alain Laubreaux, c'est de la merde ! Les miliciens, aux chiottes ! » La tension montait. Une autre fois, alors que Marais se rendait à l'hôpital pour y être opéré des amygdales, Philippe Henriot, le fanatique accusateur de la radio de la collaboration, fut assassiné. Certains copains pointèrent le doigt en riant sur Jean :

— C'est toi, l'anonyme qui l'a exécuté ?

— Désolé, les amis, à ce moment-là j'étais sous le bistouri du chirurgien.

Soudain éclata la nouvelle du débarquement des Alliés en Normandie, bousculant la défense allemande. L'onde de choc s'étendit jusqu'à Paris qui s'apprêtait à son tour à se libérer. Or, c'est à ce moment-là, le 8 août exactement, que le distributeur de *Carmen* décida curieusement de sortir le film de Christian-Jaque, tourné deux ans auparavant. Pour ce faire, une soirée de gala fut organisée au Normandie, la grande salle des Champs-Élysées, dernier événement cinématographique de l'Occupation. Témoin privilégié, Roger Régent décrivit plus tard l'étrangeté de cette manifestation : « Une foule énorme se pressait au Normandie où les fétichistes de l'autographe espéraient voir Viviane Romance et Jean Marais. Les Champs-Élysées étaient parcourus de tanks, de camions chargés d'hommes dissimulés sous des branchages fraîchement coupés qui donnaient à tout ce convoi l'aspect d'une forêt motorisée. Les soldats de la Wehrmacht, assommés sous leur harnachement, épuisés par des décrochages successifs, regardaient sans rien y comprendre ces jeunes gens qui poursuivaient des stars de cinéma... »

Bientôt, le Conseil National de la Résistance ordonna à tous les patriotes de rejoindre le combat. En 1943, Marais avait déjà proposé ses services à un réseau secret mais on l'avait écarté sous prétexte qu'il s'affichait « avec une relation trop bavarde », donc dangereuse pour l'armée secrète. Il s'agit, bien entendu, de Jean Cocteau. Cette fois, rue Royale, au Centre des Théâtres, on lui donna un brassard des F.F.I. (Forces Françaises de l'Intérieur) et un revolver. Muni de ces deux atouts, Marais pédala dans son costume bleu ciel vers la rue de Montpensier, suivi de Moulouk. Il tomba sur un barrage allemand. Si on le fouillait, il était cuit, pensa-t-il. Aussitôt, il siffla Moulouk – « ange » en arabe, comme ange gardien –, lequel sauta sur ses épaules. Marais prit un air béat sous ses cheveux longs de « zazou », sourit à l'uniforme qui n'était sensible qu'à la beauté et à la gentillesse du chien, et qui décida de les laisser passer. En fait, cette mode « zazou » dont on a attribué le lancement à Jean Marais n'était pas du tout de son goût. Il se défendait d'être zazou, ne voulait pas l'être, contrairement, par exemple, à Johnny Hess, alors compagnon de music-hall de

Charles Trénet, qui revendiquait haut et fort ce statut. Porter les cheveux longs, adopter une certaine excentricité vestimentaire et « être swing », c'était alors, pour une fraction de la jeunesse française, se démarquer des raideurs du régime de Vichy. Pour Jean Marais, le traiter de « zazou » relevait de la méprise : « J'avais lancé cette mode sans le vouloir. Simplement, je m'étais laissé pousser les cheveux pour ne pas mettre de perruque. En contradiction aussi avec les cheveux rasés des Allemands, beaucoup de jeunes m'avaient imité. Je n'aimais pas qu'on me traite de zazou et je m'étais battu plusieurs fois à ce sujet. »

À l'Union des Artistes, on lui confia une mitraillette et il partit avec un groupe récupérer un camion d'armes à l'hôpital Beaujon. Puis on l'expédia devant l'Élysée avec une mission expresse : tirer dès qu'apparaîtrait un convoi ennemi. Marais n'eut pas le temps de dire à ses chefs qu'il ne s'était jamais servi d'une quelconque arme en dehors du pistolet de son enfance !

Relevé en fin de journée, il rejoignit Cocteau et ils allèrent dîner chez l'ami José Maria Sert. Les rues étaient vides. L'avenue de l'Opéra jonchée de papiers et de journaux, parce que la Résistance avait effectué une razzia dans les bureaux de la feuille fasciste et antisémite *Je suis partout*. Rue des Petits-Champs, un inconnu les croisa. Des coups de feu éclatèrent autour d'eux. Ces tirs venaient des toits où étaient réfugiés des miliciens. L'inconnu était à terre, couvert de sang. Marais réalisa alors que son costume bleu clair et son apparence de « zazou » étaient peut-être ce qui avait été visé par les tireurs embusqués.

Il connut une nouvelle épreuve du feu quand la libération de Paris devint enfin réalité grâce à l'armée du général Leclerc. La foule hurlait sa joie et dansait place de la Concorde. De la fenêtre d'une chambre de l'hôtel Crillon, Cocteau et Marais regardaient, eux, passer le général de Gaulle, grave et isolé au milieu du défilé, escorté par des chars. Et puis, soudain, depuis les toits, on se mit à tirer.

La rafale de mitraillette, heureusement, rata le général. Aussitôt les tourelles des chars pivotèrent et mitraillèrent à leur tour, notamment l'hôtel de Crillon. Cocteau et Marais eurent juste le temps de se jeter sur le sol. Mais quelle journée ! La liberté était revenue, la France allait pouvoir retrouver sa place dans le monde ! Tout le monde souriait. On se parlait, on s'embrassait. Dans la rue, Jean Marais fut vite reconnu. Des femmes lui sautèrent au cou, ses joues et sa bouche furent bientôt maculées de rouge à lèvres. Il craignit, un moment, d'avoir perdu Moulouk dans la foule, mais il le retrouva au côté de Cocteau, sur le parvis de Notre-Dame, à dix-huit heures, quand de Gaulle s'adressa à la France entière.

En qualité de F.F.I., Jean Marais dut aller arrêter ou réclamer des sommes d'argent à des acteurs compromis avec les Allemands. Cette nouvelle mission lui répugnait. Sur son engagement au moment de la Libération, il donnera plus tard les raisons suivantes : « Je ne voulais pas m'engager par patriotisme, mais par politesse. Tout le monde était prêt à se faire tuer et moi je devais continuer à faire le clown sur les planches ? Il n'en était pas question. » Incapable d'accomplir sa nouvelle tâche, il rendit très vite son brassard de F.F.I. et demanda alors à être intégré dans la division Leclerc qui continuait son combat, applaudi en cela par Cocteau : « Tu as joué sur scène les héros. Les gens te voient ainsi. Tu dois l'être dans ta vie, tu n'as pas le choix. »

Voici donc Marais en uniforme, coiffé du béret noir. Il fit connaissance, avec émotion, de tous ces soldats venus d'un peu partout dans le monde, héros obscurs qui se battaient depuis trois ou quatre ans. Il leur présenta Moulouk : le chien fut adopté. C'était à qui lui donnerait à manger ou lui déroberait une caresse. Marais, lui, n'a prévenu personne de sa condition d'acteur. Quand la division Leclerc, un matin, quitta lentement Paris, Moulouk, installé dans un camion militaire aux côtés de son maître, fut soudain reconnu par la foule : « Regardez ! C'est Moulouk ! Le chien de Jean Marais ! Il est avec son maître. Ils partent à la guerre. Hourrah ! » Ce fut la cohue. Les gens se jetèrent sur le Dodge décapoté, embrassèrent la voiture, la bête et, si possible, les mains de son maître. On leur offrit des gâteaux, des bouteilles de vin, des liqueurs... Les camarades de Marais furent stupéfaits : eux qui se battaient depuis des années, qui venaient de libérer la capitale, n'avaient droit qu'à quelques maigres bravos. Ce nouveau venu, depuis quelques heures seulement sous l'uniforme, se voyait salué comme un héros. C'était incompréhensible !

Les soldats de la Division Leclerc surent bientôt qui était Marais et combien il était fier d'être l'un des leurs. Son ardeur au travail, sa générosité, sa gentillesse envers tous amadouèrent les plus sceptiques. L'acteur, affecté comme chauffeur pour le ravitaillement d'essence, transporta du carburant pour les chars et les gros G.M.C. américains. Il améliora aussi la tambouille quotidienne de sa section en achetant œufs et poulets dans les fermes. La division marcha sur le Rhin, poursuivant l'ennemi.

Ne serait-ce que pour être convaincu qu'il avait vraiment fait la guerre, Jean Marais recherchait le contact du feu, du combat. Mais il ne le rencontra vraiment qu'une seule fois. Cela se passa en Alsace – le pays natal de sa grand-mère maternelle –, à Markolsheim, durant l'hiver 1944-1945. Il y avait de la neige et les bombes allemandes pleuvaient sur la 2e D.B., soudain encerclée. Une ambulance voyant ses pneus crevés par des éclats d'obus, Marais quitta son camion, se précipita au secours des infirmières et changea les pneus alors que le bombardement cessait. Mais celui-ci reprit bientôt et se fit plus précis. « Couchez-vous dans la neige, soldat ! » cria l'infirmière en chef. Marais, allongé sur le ventre, s'aperçut qu'elle cherchait à le protéger de son corps. Il regimba, bondit, se recoucha un peu plus loin. Mais il trouva qu'il faisait froid. Alors, il se releva à nouveau, regagna son propre camion et mit le moteur en marche pour se réchauffer. Là, il attaqua un pot de confiture de cerises, conserve qui constituait sa seule convoitise. Assis nonchalamment devant son volant, malgré les tirs il dégusta le succulent produit régional. Couchés le long de la route, ses copains l'appelaient : « Idiot, viens par ici, tu vas te faire descendre ! » Ils s'approchèrent pour le récupérer, en rampant dans la neige, et le découvrirent crachotant des noyaux de cerises à travers la vitre baissée de sa cabine. La chose fut racontée, le soir-même, aux officiers. Or, l'ordre formel, pour les conducteurs, était de rester au volant de leur camion, moteur en marche, pendant les combats. Résultat : Jean Marais fut décoré de la croix de guerre, médaille qu'il refusera toujours de porter. Motif : « Cette croix, je ne l'ai pas méritée ! »

Puis la compagnie fut envoyée au repos à Châteauroux où Marais eut la visite de Mila Parély, sa partenaire du *Lit à colonnes*. Démobilisé, il habita un moment chez elle, à Paris. Il appréciait beaucoup Mila pour sa gaieté. Elle-même connaissait parfaitement Marais et savait que leur relation ne serait qu'une parenthèse pour lui, une exception dans sa vie amoureuse.

CHAPITRE XIV

DOUBLE SUICIDE OU ASSASSINAT ?

Depuis longtemps, Jean Cocteau rêvait de revenir aux commandes d'un film et de signer une œuvre personnelle. En 1945, une quinzaine d'années se sont écoulées depuis la réalisation du *Sang d'un poète* et sa tumultueuse présentation. Depuis, son intense activité au sein du cinéma n'avait pourtant jamais dépassé le stade des collaborations, même si l'on peut lui attribuer une responsabilité déterminante dans l'élaboration de certains films tournés durant la guerre. Il lui fallait désormais revenir en personne derrière la caméra.

Or il y avait quelque temps déjà qu'il songeait à adapter pour l'écran un conte de Jeanne-Marie Leprince de Beaumont, femme de lettres du XVIIIe siècle connue pour avoir écrit quelques romans, dont *Le Triomphe de la vérité*, mais surtout des recueils de courts textes destinés aux enfants. Le projet remontait sans doute à l'époque du tournage de *L'Éternel retour* mais commença à prendre forme au moment où il écrivait les dialogues du second long métrage de Robert Bresson. Le conte de Jeanne-Marie Leprince de Beaumont qu'avait choisi le poète s'intitulait *La Belle et la Bête*. Il allait le rendre célèbre.

Un marchand ruiné, doté de trois filles magnifiques et d'un fils plutôt chenapan, quitte sa maison pour parcourir le monde. L'une de ses filles, Belle, lui fait promettre de lui rapporter une rose de son voyage. Sur la route, le père s'arrête dans un château mystérieux et cueille dans le parc la rose promise à sa fille. Or, il est dans le domaine de la Bête. Celle-ci, courroucée, surgit soudain, lui annonce qu'il mérite la mort pour cet acte blasphématoire et le retient prisonnier dans son domaine. Partie à sa recherche, la Belle l'y retrouve et propose à la Bête de prendre la place de son père, quitte à mourir. Il accepte mais ce monstre a le cœur tendre. Le père étant tombé malade, il autorise la jeune fille à se rendre à son chevet. Elle raconte son aventure. Jalouses, ses deux sœurs (Mila Parély et Nane Germon) la dissuadent de retourner chez la Bête tandis que leur frère (Michel Auclair) prend le chemin du château, le pille et blesse son occupant. La Belle arrive à son tour. La Bête est mourante. Mais, sous le regard plein d'amour de la jeune fille, l'abominable monstre se transforme en Prince charmant.

« Lorsque j'écrivais *La Belle et la Bête* – expliqua à l'époque Jean Cocteau – j'essayais de faire le film que j'imaginais à l'âge où je n'allais pas encore au cinéma ou au théâtre, à travers les mystérieux départs de mes parents et les programmes qu'ils déposaient dans ma chambre. »

Le tournage débuta à la fin du printemps de 1945 et se poursuivit tout au long de l'été et de l'automne. D'abord en Touraine puis dans les studios d'Épinay-sur-Seine et de Saint-Maurice, enfin près de Senlis, dans un château appartenant à la famille Labédoyère que l'équipe du film eut d'ailleurs du mal à convaincre. Si la mise en boîte de *La Belle et la Bête* s'avéra particulièrement longue, c'est que le tournage se heurta au manque de tout dans un pays exsangue, ruiné par l'occupation, incapable de répondre aux besoins élémentaires de sa population donc, a fortiori, à ceux d'un film. La pellicule était encore rare et les coupures d'électricité nombreuses. À cela s'ajoutèrent des problèmes de santé ou des accidents touchant les comédiens, notamment Jean Marais qui souffrit d'un anthrax à la cuisse et

Mila Parely qui faillit mourir étouffée par son cheval. Cocteau lui-même dut être hospitalisé, le maître d'œuvre ne parvenant plus à repousser une terrible attaque de furonculose qui mettait sa vie en danger.

Déjà, la préparation du film avait été délicate. Elle occupa le metteur en scène pendant près d'un an. Si le rôle de la Bête échoyait tout naturellement à Marais puisqu'il avait été conçu pour lui, celui de la Belle resta longtemps non attribué. Marcel Pagnol – comme un cadeau royal à la compagne qu'il quittait et avec laquelle il avait tourné *La Fille du puisatier* – avait suggéré à Cocteau d'engager Josette Day comme vedette. Mais celui-ci hésitait. Au cours d'un dîner avec l'actrice et son équipe technique, il leur fit part de ses réticences : « Josette est charmante. Mais avec sa tête bouclée et ses traits fins, elle ne correspond pas exactement à la femme quotidienne et réaliste exigée par le scénario. » « On va voir ça ! » – s'écria Christian Bérard, le directeur artistique. Il se leva et entraîna Josette Day aux toilettes. Là, il aspergea ses cheveux, les noua en chignon et ramena à leur table une Josette dégoulinante, transformée. C'était gagné.

Restait encore à régler le sort de la Bête : Jean Marais était en effet toujours sous les drapeaux au moment où les prises de vues devaient commencer. On demanda alors une permission spéciale au général Leclerc pour que le comédien puisse séjourner à Paris et participer aux préparatifs du film. Autorisation accordée. Plus tard, le régiment fit mouvement vers l'Allemagne, oubliant le soldat Marais qui, de chauffeur de camion héroïque, se transforma en vulgaire déserteur. Quand la paix fut signée, on oublia heureusement l'événement.

Pour la « Bête », Marais rêvait d'une tête de cerf. On lui fit remarquer que seule une bête carnassière avait le pouvoir d'effrayer. « L'animal doit nous imposer » – disait Cocteau – « une maladresse de gros chien et des excès de fauve ». Pontet, un perruquier adroit et renommé, confectionna alors un masque à l'aspect sinistre, de la couleur des poils de Moulouk, que Marais endossait comme une perruque. Un front vaste, de petites oreilles éloignées du visage, un nez renifleur et méchant. Ses mains aussi se recouvraient d'un buisson de poils. Les dents étaient enduites de vernis noir et assorties de crocs maintenus par des crochets en or. Chaque jour, le comédien avait droit à cinq heures de maquillage. Après le tournage de la matinée, impossible pour la « bête » d'enlever son masque et donc, au moment du déjeuner, d'avaler autre chose que de la soupe ou des compotes ! On peut aujourd'hui admirer une copie de ce travestissement exceptionnel à Vallauris, dans le Musée consacré à Jean Marais.

La Belle et la Bête fit partie de la sélection française pour le Festival de Cannes 1946, premier du nom puisque celui de 1939 avait été emporté par la guerre. Il y côtoya, côté films français, *Un revenant* de Christian-Jaque, *La Symphonie pastorale* de Jean Delannoy, *Patrie* de Louis Daquin, ou encore *Le Père tranquille* et *La Bataille du rail* signés l'un et l'autre par un débutant, René Clément, que Cocteau connaissait bien puisqu'il fut également conseiller technique sur *La Belle et la Bête. La Bataille du rail* récolta le Prix du Jury international ainsi que le Prix de la mise en scène, alors que *La Belle et la Bête* revint bredouille de sa présentation sur la Croisette. Cocteau se rattrapa en obtenant le prix « Louis Delluc » attribué au mois de décembre de la même année. Le film était alors sorti en salle depuis le 29 octobre et l'accueil, public comme critique, fut d'abord assez mitigé. L'écrivain Michel de Saint-Pierre, qui écrivait dans *Témoignage chrétien*, fit ainsi la moue, parlant d'un « surréalisme qui eut semblé audacieux vers 1916 ». Outre que le surréalisme n'existait pas en 1916, le jugement était assez injuste mais correspondait aux normes de pensée de l'après-guerre. Car l'époque, fortement influencée par la nouvelle école du cinéma italien, ne jurait que par le réalisme, du « réalisme poétique » alors agonisant des Carné et Prévert à l'explosion du « néo-réalisme » à la De Sica et Zavattini. La dimension poético-fantastique de *La Belle et la Bête* était donc loin d'être à la mode. D'autres critiques furent heureusement plus clairvoyants, tel celui du journal *Dernière Heure* qui nota : « *La Belle et la Bête* est plus qu'une transposition réussie d'un conte de fée, c'est une œuvre d'art génératrice de Beauté, d'une qualité plastique parfaite, d'un goût rarement pris en défaut... La place nous manque pour analyser en détail, comme elle le mérite, cette œuvre qui fera date dans le cinéma français. »

Le succès du film de Jean Cocteau alla pourtant crescendo et ne se démentit jamais. Jean Marais qui, à la suite d'un désaccord avec le producteur André Paulvé, avait accepté de travailler au pourcentage, gagna une petite fortune avec son rôle et fut donc très largement récompensé des efforts surhumains auxquels il avait consentis lors du tournage. Plus près de nous, il n'est guère de voix pour remettre en cause la réussite du film de Cocteau, long métrage atypique lors de sa sortie mais toujours bien vivant un demi-siècle plus tard. Jacques Siclier, dans son ouvrage *Le cinéma français*, n'hésite pas à se référer lui aussi au surréalisme pour voir, dans *La Belle et la Bête*, « l'amour hors du normal [qui] représente un appel à la liberté, contre les conventions sociales et contre la mort ». André Breton, s'il avait aimé le film, n'aurait pas dit mieux. Plus nuancé, Pierre Billard, dans *L'Âge classique du cinéma français*, rejoint en quelque sorte les réticences de Michel de Saint-Pierre tout en accordant à *La Belle et la Bête* un statut d'œuvre parfaite : « C'est le "chef-d'œuvre" au sens que lui donnaient les Compagnons du tour de France, d'un artisanat de luxe, maître de ses formes et de ses lumières, mais peut-être déjà en marge de la vie, en retard sur l'histoire. »

Le film de Jean Cocteau était à peine terminé que Marais rejoignait une autre équipe, celle d'Henri Calef, et endossait un nouveau costume, celui du marquis de Montauran, contre-révolutionnaire dont Balzac fait le portrait dans *Les Chouans*. Le roman était en passe d'être adapté pour le cinéma par Charles Spaak et Pierre Brive. Il s'agit de narrer les ultimes combats menés par la chouannerie contre la République, et qui s'achèveront par la déroute du mouvement. « Nous sommes en 1799, rapportait un chroniqueur de l'époque, à la veille de la troisième insurrection royaliste, dans le "no man's land" qui sépare les troupes républicaines des insurgés. Tandis qu'au-dessus d'eux les passions politiques se sont exacerbées, deux êtres jeunes les ont oubliées peu à peu pour découvrir qu'une seule passion justifie la vie. »

Dans ce film, Jean Marais était entouré de la fiévreuse Madeleine Robinson (Madame de Gua) et de la ravissante Madeleine Lebeau qui incarnait Marie de Verneuil, une espionne républicaine dont le marquis était imprudemment amoureux. Les trois personnages connaîtront une fin violente. Le film, qui sortit sur les écrans au printemps 1947, fut assassiné par la critique qui y vit une allusion malsaine à l'Occupation et à la Résistance. Le scandale fut tel qu'il semble bien que *Les Chouans* desservit considérablement la carrière, non pas de Jean Marais, mais d'Henri Calef, cinéaste pourtant cultivé et prometteur.

Retour au théâtre. Et quel théâtre ! Le Gymnase a décidé de reprendre *Les Parents terribles* en ouverture de sa saison 1946-1947. Rappelons que cette pièce, écrite par Cocteau en trois semaines, fut jouée deux cents fois au théâtre des Ambassadeurs avant d'être arrêtée par la défaite de juin 1940. La distribution était la même – Yvonne de Bray et Jean Marais en tête, ravis de se retrouver –, à l'exception de Josette Day – « la Belle » – qui succédait à Alice Cocéa. Rappelons brièvement l'intrigue du drame : Michel (Jean

Marais), jeune homme doué et choyé par sa mère (Yvonne de Bray), avoue à celle-ci qu'il est devenu amoureux de Madeleine (Josette Day). Yvonne est furieuse, tout comme son mari, Georges (Marcel André), le père de Michel, mais pour d'autres raisons car il est aussi l'amant de Madeleine ! Tante Léonie (Gabrielle Dorziat) essaie de ramener un peu de calme dans la famille déchirée. Yvonne connaîtra une fin tragique.

Bientôt, étant donné le succès de l'entreprise, on donna le rôle de Michel à Daniel Gélin, Jean Marais devant rejouer, au théâtre Hébertot, *L'Aigle à deux têtes*. Yvonne de Bray supporta très mal ce changement. C'est seulement en juin 1948 que Jean Cocteau pourra enfin, avec la même distribution, réaliser *Les Parents terribles* au cinéma, un film qui demeure une pièce maîtresse de notre patrimoine.

Avec la reprise de *L'Aigle à deux têtes* aux côtés d'Edwige Feuillère, Jean Marais, à trente ans, acceptait d'être dirigé sur scène par Cocteau. S'il fut le plus souvent docile à ses indications, il craignit aussi de se confiner dans l'automatisme. Alors, il contredit souvent son metteur en scène qui, au titre de leur amitié, en souffrit un peu tout en comprenant que Marais, désormais, avait besoin d'un maximum de liberté pour son ego de comédien. L'acteur déclara d'ailleurs à ce sujet : « Jamais Jean Cocteau ne m'a donné une intonation. Jamais il n'a cherché à rendre droit mon rail courbe, et courbe mon rail droit. Jamais il ne m'a conseillé de faire tel ou tel geste. Sa méthode est autre : vivre, parler, voir ensemble de belles choses, cultiver l'âme sans penser à l'art qui n'est, à ses yeux, qu'une marge de la vie. »

La pièce fut jouée pendant un an. Les critiques concernant Marais toujours les mêmes, autrement dit plutôt condescendantes. « C'est un excellent acrobate », put-on ainsi lire à cause de sa chute à la renverse très réussie dans un escalier, à la fin de la pièce.

Mais, justement, ce côté « cascadeur » séduisit des producteurs. Voici Jeannot à Venise pour tourner, dans *Ruy Blas*, les deux rôles, celui de Ruy Blas – le valet de Don Salluste – et celui de Don César de Bazan – son supposé neveu. Si Pierre Billon assurait la mise en scène, c'était encore l'ami Cocteau qui avait désossé le célèbre drame de Victor Hugo pour qu'il puisse être porté à l'écran. « Jean Cocteau et moi-même, déclara le réalisateur avant le tournage, nous nous sommes rencontrés sur la nécessité de faire simple. Il n'était pas possible de restituer, comme au siècle dernier, les palais ruisselants de tentures et les architectures surannées du moindre appartement privé. À vrai dire, notre film se passera de décors. Ou, plus exactement, nous n'indiquons que les armatures du décor. Quelques lignes, quelques tentures et nous cédons le pas à l'imagination du spectateur. »

Il en fut apparemment de même pour le texte, simplifié lui aussi. En fait, le poète d'aujourd'hui se plaignit du poète d'hier, trouvant que la pièce de Victor Hugo était une « effrayante mécanique », voire qu'elle « ne [tenait] pas debout ». Le comédien ne fut guère plus heureux. Censé donner la réplique à Danielle Darrieux, qui interprétait la Reine, Jean Marais s'adressa le plus souvent « à la caméra ou au régisseur », la vedette féminine refusant de travailler à certaines heures.

Pour autant, il ne se découragea pas, refusant notamment d'être doublé quand il dut traverser, au bout d'une corde, le vitrail d'une église, ou galoper sans étriers sous les pieds. Marais prit même la décision de ne jamais « répéter » à l'avance une séquence dangereuse. À Tignes (avant la construction du barrage), il manqua même de se noyer. Sa mission consistait à franchir l'Isère pour aller chercher sur la rive opposée des fleurs destinées à la reine. L'eau était glacée. Marais se lança, les pieds en avant, dans le torrent. Emporté par les chutes d'eau, il se retrouva coincé sous les rochers, la tête en bas. On finit par repérer où il se trouvait et on lui jeta, d'en haut, une corde qu'il plaça vite autour de son cou. C'était prendre le risque de se pendre lui-même, mais il parvint à se hisser, à moitié asphyxié, le long de la corde salvatrice... On le bichonna à la hâte, il but un cordial... et enchaîna une autre séquence à cause du coucher du soleil ! Dans son premier livre de souvenirs publié en 1957, c'est avec un sourire mêlé d'une pointe d'amertume que le comédien se remémorera ce tournage : « Je pense encore avec amusement à mes exploits physiques de *Ruy Blas*, mes sauts, bonds et cabrioles acrobatiques, ma noyade dans le torrent de Tignes... Je crois que c'est le dernier film où j'essayais de donner le change sur mon talent à coup de courage. Aujourd'hui j'apporte au public mon travail simple, bon ou mauvais. »

La mauvaise humeur de l'adaptateur comme celle de son compagnon comédien fut relayée par un accueil plutôt maussade du public. Ce contre quoi cependant s'éleva, dans les années soixante, le critique René Gilson, auteur d'une monographie de Jean Cocteau : « Jean Cocteau a donc récrit *Ruy Blas*. Comme il a bien fait ! Il a recomposé et structuré avec plus de rigueur que Victor Hugo, il a pris la substance du dialogue dans les alexandrins en les décapant, en faisant porter par l'acide précision de sa langue toutes les chevilles, les surplus des mots, les ronronnements rythmiques. Il a écrit un "film actif au possible", a-t-il dit, c'est-à-dire un film d'actions, c'est-à-dire un film d'acte, comme on peut dire de son théâtre qu'il est un théâtre d'actes. » Et le spécialiste de Jean Cocteau d'ajouter : « Ce *Ruy Blas* est un film d'aventures, un film de cape et d'épée, le premier et le plus beau de ceux que tournera plus tard, dans le genre, Jean Marais. » Un avis partagé, dès la sortie du film en 1947, par *L'Écran français* sous la plume de Jean Vidal : « Reconnaissons que privée de sa substance originelle, mais adroitement construite et mise en images par Pierre Billon avec un goût indéniable, l'histoire de *Ruy Blas* est un spectacle fort agréable et qui réussit à capter l'attention jusqu'à la fin... Jean Marais (Ah ! S'il avait une voix !) joue fort intelligemment et avec une sincérité certaine. Loin de ne compter que sur les avantages de son prestige physique, il s'est efforcé de donner un caractère à chacune de ses incarnations. »

Si les bonds et cabrioles de l'acteur resteront, malgré sa promesse, au menu de sa longue carrière cinématographique, il est vrai qu'il s'assagira momentanément en passant sous le contrôle de Jean Cocteau avec qui il va coup sur coup tourner deux films. Deux adaptations de pièces du poète, *L'Aigle à deux têtes* et la fameuse version cinématographique des *Parents terribles*.

Car le poète, depuis la réussite de *La Belle et la Bête*, n'avait plus l'intention de se cantonner, comme il l'avait trop fait, dans l'obscur travail de scénariste-dialoguiste. Il reprit donc en main la caméra et mobilisa l'ensemble de la distribution des dernières représentations scéniques, plus la chère Yvonne de Bray pour laquelle il créa un petit rôle. C'est donc une nouvelle fois Edwige Feuillère, la créatrice du rôle, qui sera cette jeune reine que la mort prématurée de son époux et les complots criminels de la cour enferment dans un isolement absolu et hostile. Les intrigues vont jusqu'à la désigner comme victime expiatoire des désordres du royaume. On se rappelle l'anecdote : un tueur est désigné pour l'éliminer mais le jeune anarchiste, pourtant exalté et sûr du bien-fondé de sa mission, tombera sous le charme de la souveraine.

Jean Marais, bien entendu, interprétait Stanislas, personnage d'autant plus ambigu que la reine croyait voir en lui une réincarnation de son défunt mari. Bien avant les succès de Romy Schneider, Jean Cocteau avait découvert dans les manuels d'histoire cette impératrice Elisabeth – qui sera d'ailleurs réellement assassinée par un dément – qui deviendra plus tard la très populaire Sissi. Mais ici, la jeune femme qu'incarnera plus tard l'actrice autrichienne n'avait pas la fadeur qu'on lui connaît aujourd'hui, et le cinéma qui en découlait n'avait rien à voir avec une opérette viennoise. Cocteau nous plonge, au contraire, dans une tragédie morale et politique qui dépasse et broie les deux protagonistes avant de se résoudre dans la mort.

Sélectionné par le Festival de Venise 1948, le long métrage sortira en septembre de la même année et la presse, bien entendu, s'empressa de comparer le film à la pièce. « Personnellement, je préfère le film à la pièce – écrivit notamment le chroniqueur des *Nouvelles Littéraires* – car l'ampleur du cadre que le cinéma a pu lui offrir élargit encore sa signification. En revanche, l'arbitraire de la situation se trouve exalté à l'écran où l'on est peu accoutumé à rencontrer des caractères si exceptionnels. La scène finale surtout, celle où la reine doit par ses seules paroles conduire son amant à la poignarder, possède un accent théâtral que la mise en scène accuse encore. » Jean Néry, qui publiait dans *L'Écran français*, dénonça, lui, l'indifférence qui entoura la projection du film de Cocteau à Venise : « Les Italiens, toujours hypnotisés par les succès de leur néoréalisme, se sont refusés pour la plupart à apporter leur propre chaleur à cette légende un peu hautaine et lointaine. Ils n'ont voulu voir que la forme et n'ont pas tâté le pouls fébrile de ce film hypertendu. Ils ont eu tort car ils y ont perdu deux heures d'un rêve au cadre somptueux et à la signification profonde. » Les Anglo-saxons, en revanche, se montrèrent plus ouverts. Jean Cocteau accompagna en effet *L'Aigle à deux têtes* à Londres puis à New York où il fut plébiscité : « La gentillesse des Américains est incroyable en ce qui me concerne, écrivit ainsi Cocteau à Marais resté à Paris. Quant à toi, on t'adore, on me pose mille questions sur toi. À la fin du film, les applaudissements ont éclaté sur ta chute. »

Quoi qu'il en soit, *L'Aigle à deux têtes* était à mettre au tableau d'honneur des films interprétés par Jean Marais. En 1948, le comédien n'avait que trente-cinq ans et, malgré les vicissitudes d'une jeune carrière pas toujours bien comprise, malgré une certaine condescendance des gazettes locales, le voilà tout de même, grâce à son opiniâtreté et à un travail acharné sur lui-même, pris au sérieux dans son propre pays. Ne lisait-on pas, enfin, dans un *Cinémonde* de l'époque : « Un film de la classe de *L'Aigle à deux têtes* devait forcément être interprété par des comédiens dont la réputation avait depuis longtemps franchi nos frontières. Aux "grands" Cocteau et Bérard s'associèrent les "grands" Edwige Feuillère et Jean Marais ». *Les Parents terribles*, dont le tournage débuta avant même que *L'Aigle à deux têtes* ne soit montré dans les salles, confirma, s'il en était besoin, cette consécration et installa définitivement notre comédien au rang de « star », terme qui n'était d'ailleurs pas encore à la mode dans cette fin des années quarante.

On se rappelle que Jean Cocteau avait déjà tenté de mettre en images sa célèbre pièce *Les Parents terribles* mais qu'à la suite d'une brouille avec le producteur, le projet avait été abandonné. Depuis, dix années avaient passé et le célèbre Alexandre Mnouchkine des Films Ariane, associé à Francis Cosne, était prêt à reprendre le projet. Les années avaient filé aussi pour Jean Marais qui, la trentaine désormais épanouie, hésita à interpréter Michel, cet adolescent un peu attardé tentant de vivre sa vie malgré une mère particulièrement abusive. L'argument n'ébranla guère Cocteau qui tenait à l'intégrité de l'équipe artistique ayant déjà assuré le succès de sa pièce. Si bien que le comédien, qui n'avait évidemment pas oublié que le rôle fut écrit pour lui, finit par se ranger à son avis tout en se réservant le droit de rester lui-même sans se préoccuper de composer un personnage en principe plus proche de l'adolescence. Pourtant, ce qui aurait pu être une grossière faute de casting s'avéra, le temps passant et les reprises de la version scénique s'accumulant, parfaitement en accord avec l'esprit du film. Marais, grand gaillard assumant sans complexe sa maturité triomphante, n'est-il pas, en fait, le seul adulte de ce conte familial où les parents s'avèrent, en revanche, de grands enfants ayant oublié, eux, de devenir adultes ?

De grands enfants ou, comme le titra la presse de l'époque, des « romanichels en bourgeois qui campent dans une roulotte ». Car une sorte de huis-clos prévaut, comme dans la version théâtrale, dans ce film qui ne quitte guère les quelques mètres carrés d'un appartement dont la désuétude brouillonne est superbement soulignée par le décor du fidèle Christian Bérard. C'est là le domaine où règne sans partage Yvonne-Sophie, recluse despotique qui guette les allées et venues de son fils Michel et finira par en mourir. Yvonne comme Yvonne de Bray qui, remise de ses dépressions à répétition dues à l'alcool, marque de son génie interprétatif un film qui est d'abord, comme le mentionnait son auteur lui-même, l'affaire « d'artistes incomparables ». Mais cette interprétation miraculeuse est également due à l'étonnante complicité de la grande comédienne avec Jean Marais, une complicité née à la ville qui ne se démentira jamais, et que Cocteau saura piéger pour la bonne cause sur le grand écran. Sans oublier, pour que la réussite soit complète, l'apport de Marcel André, père et mari relégué au rang de simple figurant domestique, ou encore celui de la pétulante Gabrielle Dorziat, une tante Léo lucide et énergique qui s'acharne, mais en vain, à mettre de l'ordre là où ne peut exister que le désordre. Dans ses mémoires, *Côté cour, côté jardin*, publiées en 1968, celle-ci n'oubliera d'ailleurs pas de rendre hommage à ceux qui l'accompagnèrent dans ce qui restera pour elle l'une des plus belles péripéties de sa longue carrière : « J'eus ainsi pendant cinq cents représentations le temps de connaître, d'apprécier mon auteur et nous sommes devenus de grands amis. Nous ne nous quittions pratiquement pas, Yvonne, Jean, Jeannot et moi. Là, il me faut dire tout ce que je pense de Jean Marais, dit Jeannot, car je connais peu d'êtres ayant sa bonté, sa simplicité. À ces deux qualités viennent encore s'ajouter le talent, le courage et la loyauté. Tant pis s'il rougit en lisant ces lignes, elles sont l'exact reflet de ma pensée. » Quant à la distribution de cette version cinématographique des *Parents terribles*, elle sera complétée, comme le souhaitait Marcel Pagnol, par Josette Day, la « fille du puisatier », dont ce sera pratiquement la dernière apparition à l'écran.

Tourné au printemps 1948, *Les Parents terribles* sortit en salles à l'automne de la même année, sur les talons de *L'Aigle à deux têtes*. Le film assura d'emblée sa place dans l'histoire du cinéma et la presse la plus clairvoyante ne s'y trompa pas. Georges Beaume écrivit dans le numéro spécial Noël de *Cinémonde*, dont Jean Marais fit d'ailleurs la couverture en compagnie de Michèle Morgan – « couple idéal du cinéma français » et futures vedettes du film de Delannoy, *Aux yeux du souvenir* – : « C'est un film à revoir que Jean Cocteau nous donne, et comme la naissance d'une syntaxe dont plusieurs œuvres récentes ont bien manifesté que les auteurs de films s'en soucient chaque jour un peu plus. Voici venu le temps de Cocteau, de Welles, de Rossellini, de Clouzot. Non plus des fabricants, si diligents ou adroits soient-ils, mais des auteurs. Non plus des fonctionnaires mais des créateurs, discutables bien sûr et c'est tant mieux, mais présents à chaque détour de leur œuvre. Des hommes, quoi ! » Bien entendu, on compara une fois de plus version cinématographique et version théâtrale : « Oui, le film est supérieur à la pièce, nota le critique de *Combat*. Il l'emporte incontestablement en resserrement, en tension, en violence. Ajoutons que Cocteau a été servi par ses interprètes comme rarement un auteur l'a été. » Mais c'est le judicieux et rigoureux analyste André Bazin qui détecta, au terme d'une longue étude sur « Théâtre et cinéma », la clé de la réussite des *Parents terribles* : « Ainsi Cocteau conserve à sa pièce l'essentiel de son caractère théâtral. Au lieu de tenter, après tant d'autres, de la dissoudre dans le cinéma, il utilise au contraire les ressources de la caméra pour accuser, souligner, confirmer les structures scéniques et leurs corollaires psychologiques. L'apport spécifique du

En 1937, à Montargis, Jean Marais rencontra le grand poète Max Jacob. L'auteur du *Cornet à dés*, « cocasse et magnifique comme le rêve », aux dires de Cocteau lui-même, traça en quelques lignes l'horoscope du jeune comédien : « Il y a deux côtés dans votre nature ; un côté d'une pureté angélique qui aime les grandes étendues, les montagnes désolées, les vastes campagnes. Le côté angélique peut vous faire passer une nuit d'amour dans un fauteuil. Un autre côté furieusement passionné... » Ange ou démon ? © Rue des Archives/BCA.

Je plains les gens qui font
un métier qu'ils n'aiment pas -
Aimer son métier est un don du
ciel, une chance qui aide au
bonheur - Il est naturel qu'on lui
fasse des sacrifices et nous devons
remercier chaque jour notre destin
et le public qui nous aide à
le faire

Jean Marais

Depuis *L'Éternel Retour* où Jean Marais prêtait ses traits à un Tristan moderne prénommé Patrice, maintes admiratrices s'évanouissaient sur son passage. D'autres n'hésitaient pas à passer des nuits entières au bord de sa péniche « La Nomade » ancrée sur la Seine, près du Pont de l'Alma. Certaines encore apportaient mille friandises à Moulouk, le chien de Marais, plus cabot, il est vrai, que son maître. (Cette photo est extraite du film *Orphée*.)

Toujours sous la férule de Jean Cocteau l'enchanteur ; Jean Marais devint « ver de terre amoureux d'une étoile » dans le film *Ruy Blas* tourné en 1947. Dans cette adaptation d'une pièce de Victor Hugo, il incarnait deux personnages (Don César de Bazan et Ruy Blas). Plus intrépide que jamais, dans ce film, Jean Marais refusa d'être doublé pour les scènes les plus audacieuses. C'est ainsi qu'il se balança aux branches d'un lustre et, avec ce même lustre, passa au travers d'un immense vitrail d'église.

Jean Cocteau réalise *Orphée* en 1949, un mythe qui de toujours fascina le poète. Il transposa Orphée dans un monde moderne et offrit le rôle, comme il se doit, à Jean Marais. Lui donnant la réplique (ici sur la photo), Marie Déa dans le rôle d'Euridyce et François Périer dans celui de Heurtebise. Le film était dédié au grand décorateur Christian Bérard. © Collection privée Gilles Durieux.

À Marnes-la-Coquette en 1963, Jean Marais reçoit Gilles Durieux et Julien Galeotti (à la caméra) pour un « sujet » destiné à « Panorama », le fameux magazine de l'actualité télévisée. La presse, dans son ensemble, a toujours beaucoup apprécié la grande disponibilité de l'acteur, sa franchise aussi, lui octroyant plus d'une fois le Prix Orange destiné à récompenser chaque année l'acteur le plus aimable, le comédien le plus affable. © Collection privée Gilles Durieux.

Amant, aventurier, cascadeur, héros mythique, sa prestance éclatante permet à Jean Marais d'aborder tous les rôles, devenant ainsi l'une des figures emblématiques du cinéma français, coqueluche aussi des cinéphiles d'Allemagne, d'Italie, du Japon. © Poggi Robert/Sipa.

Jean Marais, ce jour-là, fête ses cinquante ans chez lui à Marnes-la-Coquette. Gilles Durieux lui a rendu visite. Ils ont évoqué la chanteuse Patachou qui à Montmartre, dans son cabaret, coupait, avec le sourire, la cravate de ses clients. Et Jeannot, avant de sabler le whisky, crut bon, non sans humour, de cisailler la cravate du journaliste pour le moins surpris.

Avec sa voix au timbre pour le moins insolite et qu'il n'aimait guère, Jean Marais, tant au théâtre qu'au cinéma, ne cessa de travailler, de récolter les fruits de son dur labeur. Dès 1943, date de *L'Éternel Retour* et de son triomphe, il fit désormais partie de la mythologie du cinéma français. Il avait toujours cru à sa bonne étoile. © Collection privée Gilles Durieux.

Les ans n'ont jamais altéré le physique de l'inoubliable Tristan de *L'Éternel Retour*. Pourtant, Jean Marais n'a jamais été convaincu de sa beauté. « La beauté que l'on m'a prêtée, disait-il, je ne l'ai jamais vraiment boudée, ni aimée non plus. J'avoue que mon physique a dû correspondre au goût d'une époque, au goût d'un tas de demoiselles, toutes celles qui copiaient, par exemple, mon fameux pull-over jacquard. Elles rêvaient de Tristan, pas de Marais, et s'imaginaient blondes comme les blés à l'image d'Iseut-Madeleine Sologne… »

cinéma ne se pourrait définir ici que par un surcroît de théâtralité. »

Ce jugement qui peut paraître paradoxal n'exclut évidemment pas le caractère très sobre de la mise en scène, qualité qui fait de ce film de Cocteau celui qui, avec *La Belle et la Bête*, sera le plus souvent réédité. C'est d'ailleurs cette sobriété que l'on salue au gré des reprises. « Sa mise en scène est absolument exemplaire, assure ainsi René Gilson. Elle affirme, plan par plan, que tout a été rigoureusement décidé et ordonné en fonction de l'appareil et d'un certain espace... Cet espace théâtral a été encore resserré, même si les lieux ont été multipliés par le nombre de pièces d'un appartement, car la mise en scène ne se fonde pas du tout sur la profondeur de champ, s'approche toujours des personnages en les serrant dans les coins, car tout est coin ici... »

À l'occasion d'une récente rediffusion à la télévision, Gilbert Salachas a souligné lui aussi, dans *Télérama*, la modernité d'une œuvre qui n'a pas pris une ride depuis plus d'un demi-siècle : « Cette sobriété cinématographique (compensée, il est vrai, par un jeu savant de gros plans et de mouvements glissés) tranche avec le style considéré comme "excentrique" de Cocteau. De fait, la sagesse du poète étonne et ravit, car elle cerne l'essentiel : elle traque les personnages, révèle leurs émois, leurs passions affichées et cachées. Ce drame familial trivial devient, par la grâce de cette mise en forme classique, une tragédie moderne admirablement écrite, découpée et interprétée. L'émotion, ici, naît de la rigueur. »

En ces années quarante, Jean Cocteau était effectivement au zénith de ses activités cinématographiques. S'il venait de tourner presque simultanément deux films importants, son champ d'action ne se limitait pas à ces deux réalisations. Dans le même temps, ou presque, il confia à l'un des maîtres du néoréalisme, l'Italien Roberto Rossellini, la mise en scène de sa non moins célèbre pièce, *La Voix humaine*, et le regarda travailler. « Roberto Rossellini a la grâce, déclara le poète. Il ne s'encombre d'aucune des règles mortes qui régissent le cinématographe. » Cette recherche d'un cinéma hors des sentiers battus, qu'il tentait de pratiquer lui-même, l'amena même, un peu plus tard, à confier à un débutant l'adaptation de son roman *Les Enfants terribles*. Jean-Pierre Melville, puisqu'il s'agit de lui, réussira l'exercice périlleux d'affirmer ses qualités de jeune cinéaste tout en respectant l'atmosphère très particulière du livre de son commanditaire. Seul regret : Jean Marais, qui venait de tourner *Orphée* sous la direction du poète, ne participait pas au film. C'est Édouard Dermit, dit Doudou, le dernier protégé de Cocteau, qui donna la réplique à l'excellente Nicole Stéphane dans cette version cinématographique.

Mais, en attendant que les deux Jean se retrouvent de nouveau sur un plateau de cinéma pour *Orphée*, celui qui est le héros de ce livre alla rejoindre un troisième Jean, à savoir Jean Delannoy, pour exercer son métier d'acteur. On se rappelle que c'est sous sa direction que Jean Marais avait tourné *L'Éternel retour* quelques années auparavant, dans la France occupée. Mais que l'ami Cocteau, alors aux commandes du scénario et des dialogues, avait pesé sur le film. Cette fois, le cordon ombilical était coupé et c'est, sans cette « protection artistique » que Marais enchaîna les tournages de *Aux yeux du souvenir* puis du *Secret de Meyerling*.

Aux yeux du souvenir est le récit de retrouvailles, à Orly et tout au long d'un vol Paris-Dakar, entre un commandant de bord (Marais) et l'hôtesse de l'air qu'il a courtisée quelques mois plus tôt, Claire (Michèle Morgan), avant de la quitter, non sans cynisme. Chacun se remémore les gestes, les mots échangés, les pensées d'hier. Le pilote prétend toujours aimer la délaissée mais celle-ci lui annonce ses fiançailles avec un autre. Tous deux auront besoin de garder les mêmes nerfs d'acier quand l'avion est menacé de catastrophe. La montée du péril est filmée en parallèle avec la réflexion du couple sur l'amour qui s'achève dans la béatitude. Mais le film se voulait aussi illustration d'un acte héroïque pur – le sauvetage de l'avion par son équipage – dans un monde moderne qui craint alors que l'aventure ne soit menacée par la mécanisation.

Écrit par Georges Neveux, lui-même épaulé par Henri Jeanson pour les dialogues, le scénario de *Aux yeux du souvenir* s'inspirait notamment d'une péripétie aérienne réelle advenue quelques années plus tôt. Un commandant de bord, le pilote Le Chevalier, rebaptisé pour le film Pierre Aubry et interprété par Jean Chevrier, avait en effet ramené son appareil, un Constellation, des Açores à Casablanca avec seulement deux moteurs sur quatre en état de marche.

Michèle Morgan, née Simone Roussel vingt-huit ans plus tôt, renouait alors avec le succès sur sa terre natale – notamment grâce à *La Symphonie pastorale* signé, là encore, par Jean Delannoy – après avoir failli se perdre lors d'une tentative de carrière à Hollywood. Pendant le tournage, Jean Marais fut séduit par le talent, la gentillesse de Michèle – au-delà d'une apparente froideur qui n'était qu'un espace de sécurité entre elle et les autres, attitude que confortait son élégance naturelle. Il était sur le point de tomber amoureux d'elle. L'actrice venait de divorcer de son premier mari, William Marshall, mais elle lui déclara, devant ses avances, qu'elle était « retenue » ailleurs, qu'elle allait épouser l'acteur Henri Vidal, son partenaire de *La Belle que voilà*. Mélancolie...

Aux yeux du souvenir sortira sur les écrans à la fin de l'automne 1948 et vaudra aux deux comédiens de devenir pour le très populaire *Cinémonde*, comme nous l'avons vu précédemment, « le couple idéal du cinéma français » : « Aux côtés de Michèle Morgan, heureusement retrouvée, écrivit alors Jean Néry, Jean Marais fait feu de toutes ses qualités avec une sûreté et une aisance fort plaisantes. »

Dans le film suivant, *Le Secret de Mayerling*, Jean Marais incarnait, avec favoris et moustache, Rodolphe de Habsbourg, l'héritier du trône d'Autriche-Hongrie. On y raconte avec moult détails la vie et les amours de l'héritier du trône, surtout avec Marie Vetsera incarnée par Dominique Blanchar. Celle-ci, à la ville, n'était autre que la fille de Pierre Blanchar, forte personnalité consacrée, deux années plus tôt, « meilleur acteur » du cinéma français. Dominique, sa fille cadette, débutait, elle, avec ce film de Jean Delannoy après avoir tâté de la scène, notamment avec Louis Jouvet dans *L'École des femmes*. Après cette première tentative, elle retourna au théâtre et ne renoua jamais plus avec le cinéma, à l'exception d'une apparition dans un seul film bien des années plus tard. Jean Marais l'ayant connue lorsqu'elle était encore une enfant, la presse populaire de l'époque s'empressa de transformer en aventure amoureuse une relation exclusivement amicale.

Le projet du film de Delannoy repose, bien entendu, sur la mystérieuse mort du prince héritier dont le corps est retrouvé au cours de l'hiver 1889 aux côtés de celui de sa jeune maîtresse dans un pavillon de chasse, à Mayerling. L'émotion fut considérable dans toute l'Europe. S'agit-il d'un assassinat ? D'un suicide ? Dès cette découverte macabre, en effet, le pouvoir austro-hongrois cherche à brouiller les cartes. Officiellement, on parle d'abord d'une attaque d'apoplexie. Mais l'un des médecins chargés de signer le permis d'inhumer refuse catégoriquement cette explication. On évoque alors la fièvre jaune. Sans plus de succès. On ébauche finalement la thèse de l'assassinat par des sbires de Guillaume II, roi de Prusse et empereur d'Allemagne. L'affaire ne sera pas pour autant éclaircie car nombre de chroniqueurs intéressés par cette histoire vont défendre la cause, bien plus romantique, du double suicide, notamment sur la foi d'une lettre que Marie Vetsera aurait envoyée à sa mère : « Je meurs avec Rodolphe. Nous nous aimons trop. Pardonne et adieu. Ta malheureuse Marie. » C'est cette lettre qu'évoqua Jacques Rémy, auteur du scénario et promoteur du projet cinématographique : « Je pense finalement – expliqua-t-il – que les deux jeunes gens avaient décidé de se suicider ensemble. Il y a une lettre d'eux trouvée dans leur chambre, formelle à cet égard. Mais Rodolphe ayant au matin changé d'avis, c'est Marie Vetsera qui a tiré sur son amant et s'est tuée ensuite. » Curieusement, le scénariste fut déjugé par le metteur en scène lui-même qui proclama, de son côté, qu'il n'était pas de cet avis et que l'Archiduc ainsi que sa maîtresse furent bel et bien assassinés. Une hypothèse à laquelle se rallient d'ailleurs aujourd'hui la plupart des historiens, sans pour autant avoir levé complètement le voile sur le mystère de cette double disparition.

Quoi qu'il en soit, le film de Jean Delannoy s'attache surtout à dénoncer les simagrées de la Cour d'Autriche-Hongrie et les atermoiements de François-Joseph dont l'empire est alors en pleine déliquescence, faisant étroitement surveiller son fils Rodolphe qui court les filles et manifeste des idées bien trop libérales à son gré. *Le Secret de Mayerling* est la seconde vision cinématographique française de ce mystère princier, la première ayant été interprétée par Charles Boyer et Danielle Darrieux sous la houlette du russo-américain Anatole Litvak dans les années trente.

Le film de Delannoy, sorti au printemps 1949, bénéficia d'un beau succès. Mais celui-ci dut sans doute beaucoup au charme de Marais, superbement sanglé dans son uniforme et portant avec élégance une fine moustache.

Car le mythe était né et Jean désormais bien ancré dans le paysage du cinéma français. Ce que nota avec éloquence Jean-Charles Tacchella, futur réalisateur et président de la Cinémathèque Française, mais à l'époque journaliste à *L'Écran français* : « Il est depuis cinq ans le comédien le plus populaire du cinéma français. Et toutes les jeunes filles de France rêvent à ce grand garçon blond (cendré) aux yeux bleus, qui mesure 1,80 m et pèse 73 kilos. Aujourd'hui, il y a un "phénomène" Jean Marais, comme jadis un "phénomène" Rudolph Valentino. L'enthousiasme du public féminin pour Jean Marais est sans limite. Ses admiratrices n'hésitent pas à lui arracher ses vêtements (ou ses cheveux) en guise de souvenir. Madeleine Sologne et Josette Day ne peuvent plus lui téléphoner : trop de jeunes filles simulent leur voix pour essayer de parler à "l'idole", ne serait-ce que pour quelques instants. Les plus hardies se couchent devant sa porte en attendant qu'Il sorte. Ou envoient des cailloux dans ses carreaux jusqu'à ce qu'il paraisse à sa fenêtre. Quant aux provinciales, elles se contentent de lui écrire des lettres d'amour (de tous nos acteurs, Jean Marais est celui qui reçoit le plus volumineux courrier) ou de lui demander, soit des autographes (avec dédicaces plus ou moins tendres), soit le patron du pull-over qu'il portait dans *L'Éternel retour*. »

On ne saurait mieux décrire l'éprouvant statut de star, statut que Jean Marais n'aura mis qu'une poignée d'années à conquérir.

Chapitre XV

Alida Valli « en pince » pour Jean Marais

Il y avait trop de passants et de coups de klaxon dans la rue de Montpensier. De plus, l'adresse était connue et les « amis » des deux Jean s'avéraient plutôt envahissants. Cherchant l'un et l'autre à préserver leur intimité, mais aussi en quête d'un refuge où ils pourraient exercer leur créativité en toute tranquillité, Cocteau et Marais repérèrent une superbe maison à vendre à Milly-la-Forêt, charmante commune, bien connue des Franciliens en balade, située en bordure de la forêt de Fontainebleau. On peut y admirer aujourd'hui, outre sa fameuse halle du XVe siècle, une petite chapelle décorée par Cocteau qui demeurera à Milly jusqu'à sa mort en 1963. Pour l'heure, les deux amis en mal de maison de campagne cassèrent leurs tirelires et empruntèrent autour d'eux. La maison était grande et possédait deux étages. Le rez-de-chaussée servirait de partie commune et, tandis que Cocteau s'installait au premier, Marais emménageait au second, un vaste grenier. À chacun sa déco : tissus d'ameublement beige et bleu ciel pour le poète, strict noir et blanc pour le comédien. Jean Marais y installa aussi sa mère, qui servit de majordome et de secrétaire, ainsi que le fidèle Moulouk, bien entendu.

Située au cœur d'un immense jardin où coule une petite rivière, la propriété était superbe : « Nous avons eu le coup de foudre pour son style, son porche, ses tours modestes, son allure de presbytère, ses douves, son jardin de curé, le bois et la forêt de Fontainebleau à deux pas », écrira Jean Marais dans ses Mémoires. Là, il avouait « ne rien faire ». C'est-à-dire qu'il peignait, lisait, se promenait longuement dans le jardin, s'occupait de son chien. Ou rêvassait sur son lit recouvert d'une peau de tigre. Comme il n'avait toujours pas d'agenda, les portes peintes faisaient office de tableau noir avec inscription à la craie des rendez-vous, comme dans l'appartement du Palais-Royal.

Cet appartement, il finira d'ailleurs par le quitter définitivement, Jean Cocteau ayant, en effet, rencontré Doudou qui deviendra son fils adoptif. Édouard Dermit, dont la très éphémère carrière cinématographique devra tout au poète, était surtout l'homme à tout faire des deux Jean dans leur propriété de Milly-la-Forêt, ni l'un ni l'autre ne s'intéressant au bricolage ou au jardinage. Issu d'une famille yougoslave ayant émigré dans l'est de la France, Édouard Dermit commença par travailler dans une mine, comme son père. Mais son statut social de travailleur de fond ne convenait guère à ce jeune homme s'ennuyant mortellement dans cette Lorraine d'adoption ; aussi multiplia-t-il les incursions à Paris. Dans sa quête d'autres horizons, il fréquenta les lieux culturels de la capitale, notamment les librairies. C'est ainsi qu'il se retrouva un jour au Palais-Royal dans celle de Jean Marais dont Cocteau avait fait son quartier général. Séduit par sa beauté, le poète lui proposa immédiatement un petit boulot à Milly que le jeune mineur s'empressa d'accepter. Mais l'accord fut transitoire, tant Édouard Dermit se sentit rapidement aussi isolé dans la forêt de Fontainebleau que dans la Meuse. Cocteau, compréhensif, finit par l'héberger dans son appartement parisien tout en cherchant à lui ouvrir les portes des théâtres ou des studios de cinéma. Cette cohabitation n'arrangea évidemment pas Jean Marais dont l'espace vital, déjà minimum rue de Montpensier, se vit encore réduit. Mais c'est surtout quand le comédien comprit que les rapports de Jean et du jeune Doudou n'avaient rien de platonique qu'il se décida à quitter le Palais-Royal. Direction : la Seine !

Marais, faute de trouver un appartement à sa convenance, acheta une péniche amarrée à un quai, du côté de Neuilly. Elle s'appelait « Le Nomade » – et non « la » Nomade, car il n'aimait pas qu'on féminise le nom de « son » bateau blanc ayant appartenu à Yvonne de Bray. Mais avant de pouvoir devenir un domicile digne de ce nom, « le » Nomade avait besoin d'un bon coup de rajeunissement. Une armée de peintres et d'artisans de toutes disciplines s'abattit alors sur la maison flottante. Le comédien ne regarda pas trop à la dépense. La modeste péniche se transforma en un petit palace décoré et meublé selon son goût. Acajou et cuivres rappelaient les bateaux d'autrefois. La chambre affichait un rouge « qui éclaire l'eau », selon l'expression de Marais. Évidemment, toute la presse accourut et prit des photos du lieu. Lui qui espérait trouver la tranquillité fut servi.

Voisine de Cocteau au Palais-Royal, Colette, la grande romancière, aimait le poète fraternellement. Jeannot, à son tour, avait aussi vite été adopté. Jean Marais éprouvait beaucoup de tendresse pour l'auteur des « Claudine », doublée d'une admiration sans borne : « Je la vénère, disait-il. Je me sens très petit quand je suis chez elle : une espèce de chien... et je ne peux rien lui apporter d'autre que cette fidélité de bon animal. » Cette timidité ne l'aura cependant pas empêché, tout jeune, de tenter sa chance auprès de l'écrivain, qu'il ne connaissait pas encore, en lui demandant de lui confier le rôle de l'amant de Léa de Lonval dans une première adaptation théâtrale de *Chéri*. Colette avait alors refusé, prétextant que sa nature d'homme blond contredirait celle de son personnage.

Pourtant, alors que son jeune voisin emménageait sur sa péniche, c'est elle qui, cette fois, exprima le vœu qu'il participe à une reprise de la pièce au Théâtre de la Madeleine, avec pour vedette Valentine Tessier. D'abord surpris, parce qu'il pensait avoir dépassé l'âge du rôle, mais finalement flatté, l'acteur accepta. Entre deux films, le voilà donc de nouveau sur les planches, incarnant « Chéri ».

Le fil dramatique de la pièce est le suivant : alors que Fred Paloux s'éloigne peu à peu de Léa, une courtisane frisant la cinquantaine, celle-ci recueille avec ferveur les derniers feux d'une passion qu'elle croit être la dernière. Mais quand son amant finit par épouser l'insignifiante Edmée, c'est lui qui prend la dimension de cet amour perdu qu'il regrette amèrement. Outre une peinture narquoise des milieux mondains essentiellement représentés ici par Fred, le récit de Colette est une subtile et mélancolique analyse de l'âme féminine.

Le rôle de Léa attirait les meilleures actrices de l'époque, et Yvonne de Bray venait même de l'enregistrer pour la radio avec... Jean Marais. Cette fois, ce fut Valentine Tessier qui décrocha l'interprétation. Jean retrouvera la comédienne sur le tournage de *Nez de cuir*, qu'Yves Allégret s'apprêtait à adapter à l'écran. La pièce fit un triomphe à La Madeleine. Les éloges furent plus nuancés pour Jean Marais. Encore mal aimé de la critique, on reconnut toutefois qu'il avait « fait des progrès ». Il est vrai que le comédien lui-même, donnant raison au premier jugement de la romancière, ne se retrouvait guère dans le personnage de Fred Paloux : « Si je le rencontrais dans la vie, je ne le fréquenterais pas » aimait-il à dire. Et d'ajouter, en guise d'explication : « C'est un oisif, et les paresseux m'ennuient. »

De fait, alors que s'approche la quarantaine et que son statut de star internationale était déjà acquis grâce au cinéma, l'acteur était encore à l'aube d'une prodigieuse carrière dictée, jusqu'à sa mort, par son insatiable besoin de travailler et son talent à géométrie variable s'épanouissant aussi bien dans les industries du spectacle que dans les arts plastiques ou la littérature. Une tout autre nature donc que celle du velléitaire personnage de *Chéri* !

Malgré le succès de sa pièce, Colette ne quitta guère son appartement du Palais-Royal. Elle souffrait de plus en plus d'une arthrite de la hanche qui la clouait sur son fauteuil, mais avait gardé son solide appétit. Et quand elle invitait ses amis au restaurant « Le Grand Véfour », situé à deux pas, le chef Raymond Oliver envoyait deux marmitons la chercher dans une chaise à porteurs. En la voyant ainsi arriver, Cocteau s'écriait : « On dirait une impératrice chinoise ! » Non contente d'avoir adopté les deux Jean, elle s'était également prise de tendresse pour Moulouk. Avec les trouvailles de son langage fleuri, elle le dépeignait ainsi : « Moulouk s'évanouit dans l'ombre de Jean Marais, se change en pied de fauteuil, en petit tapis persan, se couche en sac de noix. » Le comédien, accompagné de son chien, venait souvent à son chevet l'écouter et la distraire et elle lui soufflait dans le creux de l'oreille : « C'est drôle, tu as l'air d'une brute et tu ne me fais jamais mal quand tu m'embrasses. » La grande Colette, comme il était d'usage de l'appeler à l'époque, s'éteindra en 1954 et aura droit à des obsèques nationales.

Moulouk aussi tomba malade. Il fut victime d'étouffements, de râles, tomba en syncope. Parce qu'il était atteint d'asthme cardiaque, pendant longtemps, Marais ne sortit plus qu'avec une seringue, du coton, de l'éther et du solucamphre. Comme il fallait au chien beaucoup de verdure et que la péniche ne suffisait plus, Jean acquit une propriété à Marnes-la-Coquette, et définit les plans d'une nouvelle maison vite achevée. Pas assez vite cependant pour que son fidèle compagnon la voit : un matin, après sa piqûre, grondant une dernière fois, il s'était étendu puis avait poussé son dernier soupir. Marais prit alors dans ses bras son grand loulou alsacien, l'embrassa en bégayant son nom et construisit pour lui une double caisse de chêne. Il ne le confia à personne, mais le soir même, Marais sanglotait en cherchant le sommeil. Il avait perdu un ami. La douleur était si grande qu'il ne parvint même pas à annoncer la nouvelle à Cocteau venu déjeuner le lendemain. Il lui fallut une bonne semaine pour l'en avertir. Le poète tenta d'expliquer cette extraordinaire passion en ces termes : « Il est possible que la tendresse démesurée qu'il dépense sur son chien dépende d'un fils qu'il n'a pas eu, qu'il s'y ruine le cœur à regret, que la mort de ce chien, après lequel il n'en acceptera aucun autre, ne devienne un deuil dépassant de beaucoup celui qu'un homme porte à une bête. » Marais avait d'ailleurs confié à ses proches : « Moulouk, c'est l'amour total, le cœur qui bat par le mien. »

Le chien fut enterré dans la nouvelle maison de son maître. D'autres gambaderont dans le parc de Marnes-la-Coquette, dont Curane, un splendide dogue allemand. Mais les relations entre le comédien et ses autres compagnons à quatre pattes n'atteindront jamais l'intensité de sa tendresse pour Moulouk.

Marnes-la-Coquette, à la fin des années quarante, était encore un petit bourg aux allures très XIXe siècle s'étirant entre les coteaux de Ville d'Avray et les frondaisons du parc de Saint-Cloud, dans l'ouest parisien.

La nouvelle demeure de Jean Marais était adossée au parc qui prolonge, jusqu'à la Seine, ses kilomètres de verdure. Le bâtiment se composait d'un corps central flanqué de deux ailes en retrait, avec une longue série de portes et de fenêtres aux volets blancs. C'était une longue maison blanche couverte d'un toit d'ardoises bleues, qui occupait le centre d'une vaste pelouse entourée de rideaux d'arbres. Pour y accéder, de la rue, il fallait passer un petit pavillon de garde et longer une allée plantée que le propriétaire avait baptisée « Avenue Jean Cocteau ». Au centre du bâtiment, le salon, à double exposition, donnait sur une piscine aux parois vert sombre dans laquelle se reflétait un autre petit pavillon datant du début du XIXe siècle, seul vestige de l'ancienne propriété et dont l'acteur avait fait son atelier.

À l'intérieur, le salon, immense, était tendu de velours côtelé et rempli de bibelots et de toiles. Par la terrasse qui prolongeait l'aile gauche, on entrait de plain-pied dans la chambre d'été qui, avec son mobilier maritime en acajou et ses cuivres anciens, constituait une sorte de prolongement de la péniche abandonnée. Le bureau de l'acteur était une simple table de maquillage. La chambre d'hiver, elle, donnait sur la façade principale. Entièrement tapissée de toile de lin bleu lavande, elle accueillait une alcôve de velours rouge, abritant un petit Breughel. La salle à manger était, elle, entièrement revêtue de bois naturel sur lequel étaient accrochées des céramiques de Cocteau et de Picasso.

Mais c'est à l'extérieur, dans l'atelier gardé par deux statues d'Orphée et d'Eurydice, qu'allait battre le cœur de la nouvelle demeure. Car l'acteur, quand il n'exerçait pas son métier de saltimbanque, continuait régulièrement d'y peindre, sous le regard attentif et bienveillant d'un buste en plâtre de Cocteau jeune.

Jean Cocteau, qu'il allait d'ailleurs retrouver pour son nouveau long métrage, *Orphée*. Si les deux amis ne vivaient plus sous le même toit, on s'en doute ils ne se perdaient pas de vue, se rendaient visite souvent ou se retrouvaient dans leur maison de campagne à Milly-la-Forêt. Ils y tournèrent même ensemble un court métrage, le temps de deux week-end champêtres. Expérimentant une caméra légère en 16 mm, Cocteau enregistra Marais et Josette Day faisant les fous et improvisant des gags dans le parc de la propriété. Intitulé *Coriolan*, voilà une sorte de film de famille, du cinéma « d'amateur » qui n'avait aucune vocation commerciale et restera inédit.

Le rôle d'Orphée faillit échapper à Marais. Ce projet devait en effet son existence à une demande de Jean-Pierre Aumont qui, à la fin des années quarante, était devenu l'un des grands séducteurs du cinéma français, et même international puisqu'il menait une double carrière, dans l'Hexagone et à Hollywood. Aux États-Unis, il tourna notamment sous la direction de Tay Garnett, Charles Walters, John Farrow et même du débutant Sidney Pollack pour *Un château en enfer*. Le comédien connaissait bien Jean Cocteau puisqu'il fut, aux dires de ceux qui virent la pièce sur scène à l'époque, le meilleur interprète de *La Machine infernale*. Au lendemain du succès des *Parents terribles*, Jean-Pierre Aumont demanda donc au cinéaste-poète d'écrire un film pour lui et son épouse, la Dominicaine Maria Montez devenue, elle aussi, une star hollywoodienne. Un contrat fut signé avec le producteur français de l'acteur et Cocteau se mit au travail.

Il en résulta *Orphée*, une transposition dans le monde « moderne » du célèbre mythe où l'on voit Orphée descendre aux Enfers pour arracher Eurydice des griffes de la Mort, mais échouer durant son retour chez les vivants et perdre sa bien-aimée pour toujours. Cocteau non seulement transposa le récit mythologique mais le malaxa à sa façon et inventa de nouveaux personnages. « On y verra, écrivait-il, des personnages parcourir notre monde et l'autre monde. Cette poursuite d'Eurydice par Orphée, d'Orphée par la Mort, cette intrigue de jalousie entre les personnes de la Terre et celles de l'Au-delà, cette fameuse histoire d'Orphée allant chercher sa femme chez les morts, la ramenant sous condition de ne pas la regarder, la regardant et la perdant une seconde fois, les machinations de la Mort afin de séparer les époux et de prendre sur elle des démarches pour lesquelles l'autre monde ne lui avait pas donné d'ordres, les avertissements de l'autre monde à la Mort, son procès et le sacrifice final de la Mort qui rend les époux l'un à l'autre et se fait arrêter par la police des Enfers – tous ces actes, parfaitement irréels, sont noués ensemble avec la rigueur d'un film réaliste. »

Mais si Jean Cocteau parvint à analyser avec brio son propre travail, il n'en fut pas de même pour le producteur pressenti qui, complètement affolé par le scénario proposé, s'empressa de dénoncer le contrat et de télégraphier à Jean-Pierre Aumont qu'il retirait ses billes. Cocteau, qui s'était beaucoup investi dans ce projet, fut effondré. Pour lui, *Orphée* était « un film qui ne peut exister que sur l'écran, où ni le théâtre, ni le livre ne pourraient m'être d'aucun secours ». Il ajoutait même : « C'est la première fois, depuis *Le Sang d'un poète*, film que j'ai improvisé il y a vingt ans lorsque je ne connaissais rien du métier, que je cherche à résoudre ce problème, que j'essaie d'employer le cinématographe, non comme un stylographe, mais comme de l'encre. » Son entourage fut sensible à ce désespoir. Notamment Marais qui avait accepté, puisque Jean-Pierre Aumont s'était réservé le rôle-titre, de jouer Heurtebise, le chauffeur de la Mort. Il encouragea son ami à réagir en produisant lui-même le film. Le poète finit par lui donner raison et on constitua une société de production, « Les Films du Palais-Royal ». Un producteur professionnel, André Paulvé, vint leur prêter main-forte. Le projet fut relancé, on reprit contact avec Jean-Pierre Aumont qui, hélas, n'était plus disponible. Dans la nouvelle distribution, Jean Marais devenait donc Orphée tandis que le rôle d'Eurydice, attribué à l'origine à Maria Montez, était confié à Marie Déa. Maria Montez disparut tragiquement peu de temps après le tournage, laissant une petite fille, fruit de ses amours avec Jean-Pierre Aumont. François Périer, Maria Casarès, Juliette Gréco, Henri Crémieux, Roger Blin, Jean-Pierre Mocky, qui débutait sa carrière d'acteur, ou même encore Jacques Doniol-Valcroze, rédacteur en chef des *Cahiers du Cinéma*, comme Claude Mauriac, le fils de l'écrivain, qui s'intéressait vivement au cinéma, complétaient une équipe artistique devenue plutôt piquante avec le recul. Édouard Dermit était également de la fête.

Interpréter Orphée, version Cocteau, va ravir Jean Marais : « Ce fut pour moi une tâche plus que glorieuse, la plus belle récompense que j'aie jamais rêvée » déclara-t-il. Dans le scénario, Orphée est un poète reconnu et jalousé qui, au début du film, est le témoin d'une étrange scène. Une superbe femme (Maria Casarès dans le rôle de la Princesse représentant la Mort) et son chauffeur Heurtebise capturent un jeune homme qui vient d'être renversé par deux motards qui les accompagnaient, et l'obligent à monter dans leur luxueuse voiture. Orphée est également fermement invité à les suivre en qualité de témoin. Il se retrouve alors dans une zone hors du monde des vivants et y est bientôt rejoint par sa propre femme, Eurydice, elle-même renversée par les motocyclistes de l'escorte de la Princesse. Orphée parvient cependant, au cours d'un procès devant un tribunal suprême, à obtenir la permission d'emmener Eurydice avec lui, à la condition toutefois qu'il ne la regarde pas durant le trajet. Mais un coup d'œil machinal dans le rétroviseur de la voiture qui les ramène chez les vivants fait tomber la terrible sanction et disparaître la jeune femme à jamais.

Le film fut tourné à Paris en septembre 1949 ainsi que, pour les scènes de nuit, dans les ruines d'un camp militaire, à Saint-Cyr, la prise de son y étant hélas régulièrement parasitée par les sifflets de locomotives passant à proximité. Un bruitage inopiné que tout réalisateur se serait empressé de gommer, sauf Cocteau, bien entendu, qui l'utilisa comme un « écho naturel du monde moderne ».

Orphée sortit dans les salles fin septembre de l'année suivante, après avoir été présenté d'abord au festival de Cannes puis à celui de Venise où il reçut le Prix de la Critique. « *Orphée*, dans son déroulement irréel – et grâce à un choix exceptionnel dans le décor et l'éclairage – crée une ambiance de poésie tragique qui est bien, sans doute, celle que Cocteau voulait obtenir. À ce point de vue, le film est une réussite totale et mérite la plus grande admiration », écrivit alors le chroniqueur du journal *Franc-Tireur*.

Cocteau reviendra sur le mythe d'Orphée, dix ans plus tard, avec *Le Testament d'Orphée*, Jean Marais interprétant Œdipe. Ce sera l'ultime réalisation du cinéaste-poète avant sa mort.

Alors qu'il était en plein préparatif du tournage d'*Orphée*, les tournées Lumbroso demandèrent à Jean Marais de préparer une série de spectacles théâtraux pour le Moyen-Orient. La troupe devait se déplacer en Turquie, en Égypte et au Liban. Le comédien accepta et choisit sept pièces dont trois de Cocteau (*La Machine infernale*, *Les Parents terribles* et *Les monstres*), une de Feydeau (la comédie *Léonie est en avance*), une de Sartre (le célèbre *Huis Clos*), mais aussi *Britannicus*, de Racine et *Léocadia* de l'auteur à la mode, Jean Anouilh. Pour constituer sa troupe itinérante, il s'entoura d'Yvonne de Bray, Gabrielle Dorziat, Gaby Sylvia, Tania Balachova, Marcel André.

Alexandrie, Istanbul, Ankara... Sur place, le directeur de la troupe dut faire face à toutes les situations, s'adapter aux lieux, organiser des répétitions de dernière minute, répondre aux invitations des notables locaux. En outre, il paya de sa personne en participant à chaque spectacle, ou presque. Vite épuisé, il ne s'avoua pourtant jamais vaincu. Jean Cocteau était aussi de la fête, chargé de présenter chaque spectacle. À Istanbul, quand le rideau rouge d'un théâtre s'effondra, il happa le poète et l'emporta dans ses plis lorsque les machinistes tentèrent de le relever, ils le secouèrent dans tous les sens et le firent danser à deux mètres du sol... Mais rien ne troubla ni n'arrêta la faconde inventive de Cocteau, qui retomba finalement sur ses pieds sans perdre le fil de son discours. Il fut ovationné.

Au retour du Moyen-Orient, Marais fit la connaissance de celui qui partagea sa vie pendant presque une décennie : George Reich, un danseur américain. Jean Marais le remarqua pour la première fois au Lido, dans une revue animée par Annie Cordy, *Enchantement*. Le danseur new-yorkais venait, en effet, de découvrir l'Europe et Paris à la suite d'un juteux contrat passé avec Pierre-Louis Guérin, directeur du grand cabaret parisien. Celui-ci l'avait découvert lors d'un voyage aux États-Unis et lui avait immédiatement demandé de traverser l'Atlantique. Un soir, Marais assista donc au spectacle et ne perdit pas une miette de la prestation du danseur. Il demanda alors à lui être présenté et alla le voir dans sa loge avec l'intention de l'inviter à boire un verre. L'accueil fut assez froid, les deux hommes se comprenant mal. George Reich ne connaissait pas encore un mot de français et Jean Marais possédait un anglais rudimentaire. Il essuya un premier refus, mais insista. Finalement, George accepta une invitation à dîner sur le bateau de Jean.

La péniche devint vite son nouveau domicile avant que le danseur suive le comédien à Marnes-la-Coquette où il se trouva fort bien, si l'on en croit cette déclaration enthousiaste : « Jean Marais, mon meilleur copain, m'a prêté sa maison. Tous deux, nous partageons sa splendide villa de Marnes-la-Coquette. Elle est tellement extraordinaire que, pour rien au monde, je ne voudrais la quitter. On se croit éternellement en vacances dans cet étrange pays de confort et de beauté. Je ne sais quel coin je préfère : le jardin, la piscine, la serre. Je danse sur les pelouses, je fais la cabriole, je joue avec son chien Curane, je grimpe partout. »

Très beau, George Reich ressemblait, avec quelques années de moins, à Jean Marais. La ressemblance était d'autant plus frappante que les deux hommes s'amusaient souvent à s'habiller de la même façon.

Né à Long-Island, une banlieue de New York, George Reich était d'origine très modeste. Sa mère, malgré un budget familial plutôt étriqué, lui offrit néanmoins des cours de claquettes alors qu'il n'était encore qu'un très jeune enfant. Le petit George détestait les claquettes mais dut céder devant la volonté maternelle. D'une certaine manière, Madame Reich ressemblait à la propre mère de Marais. Comme Henriette, elle adorait les chiffons, les déguisements, se montrait très fantaisiste et rêvait secrètement d'une autre vie. Le père de George Reich exerçait le métier de routier et vivait essentiellement sur son camion, une voie que suivra son autre fils, Norman. Mais pas George qui refusa, très tôt, de devenir « mécanicien-graisseur » : « J'ai travaillé avec mon père... deux jours !, précisa-t-il à un reporter de *Ciné-Revue*. C'était plus fort que moi : je ne pouvais pas supporter d'avoir les mains sales, pleines de graisse. Et puis, la persévérance de ma mère m'avait fait aimer la danse à claquettes et la danse classique. » Pour ne plus avoir à se salir les mains, George s'engagea dans l'armée en qualité de... comédien ! Sa mission consistait à divertir le bidasse de base en tournant dans de courtes bandes supposées drolatiques. Mais cet emploi de comique troupier n'était pas vraiment dans ses cordes et sa carrière cinématographico-militaire tourna court. Il fut sauvé par le hasard d'une petite annonce d'un producteur de spectacles à Broadway qui cherchait de jeunes danseurs. Venu s'informer, il se retrouva, sans l'avoir vraiment demandé, sur la liste des candidats. Poussé malgré lui sur scène, il improvisa quelques pas de danse. Et il fut engagé. S'ensuivit une longue tournée de plusieurs mois à travers les États-Unis d'un show intitulé « Sing out, sweet land ». Quand l'Amérique se décida à déclarer la guerre à Hitler, le jeune danseur, qui venait d'atteindre sa dix-huitième année, se vit rappelé par l'armée. Cette fois, il ne s'agissait plus de faire du cinéma. Pourtant, ce n'est pas un fusil qu'on lui confia, mais une radio. Il ne vit pas plus les côtes de Normandie que celles d'Italie puisqu'il fut envoyé, avec son matériel, dans le désert de glace du Groenland. Il y resta un an avant d'être définitivement démobilisé pour cause de blessure accidentelle à la tête. Redevenu danseur et new-yorkais, George Reich croisa alors le chemin du grand chorégraphe d'origine russe, George Balanchine, qui l'intégra dans sa non moins célèbre troupe, le New York City Ballet. Il travailla également avec Roland Petit et revint au cinéma, par la grande porte cette fois. On put ainsi le voir dans *Carnegie Hall* et, plus tard, *La Pantoufle de verre*.

Même si sa rencontre avec George Reich bouleversa sa vie, Jean Marais n'oublia pas pour autant sa carrière. Sa boulimie d'activité l'emporta même quand Yves Allégret lui proposa de tourner, sous sa direction, un long métrage en Italie. Celui qui demeurera l'un des maîtres français du réalisme noir avait déjà réalisé, en 1950, quelques-uns de ses meilleurs films, souvent interprétés par son épouse Simone Signoret : *Dédée d'Anvers*, *Une si jolie petite plage*, avec Gérard Philipe, ou encore *Manèges*. Il venait de mettre au point, avec son scénariste habituel, Jacques Sigurd, une nouvelle et sombre histoire bien dans sa manière intitulée *Les Miracles n'ont lieu qu'une fois*.

Étudiants l'un et l'autre en médecine à Paris, Jérôme et Claudia – qui est d'origine italienne – vivent les prémices d'un grand amour qui va superbement éclore lors d'un séjour à San Gimignano, la très poétique cité médiévale toscane. Mais nous sommes en 1939 et l'entrée en guerre de l'Italie oblige le jeune Français à rejoindre son pays. Mobilisé puis fait prisonnier en Allemagne, il parvient à s'évader mais a perdu tout contact épistolaire avec Claudia. Lui-même doit se cacher tandis que ses études pour devenir chirurgien sont suspendues. Sa solitude affective l'amène à prendre femme, mariage qui s'avère vite un échec. Décidé, la guerre finie, à retrouver Claudia, il entreprendra un long voyage dans une Italie en ruines. Et s'il réussit à retrouver la jeune femme, qui survit en travaillant à Rome comme infirmière dans une modeste clinique, tous deux vont constater, surpris, qu'il est difficile de réveiller un amour que le temps, la guerre et ses destructions n'ont pu garder intact.

La partenaire de Jean était une grande comédienne transalpine. Interprète de Claudia, Alida Valli avait, en effet, déjà tourné avec Alfred Hitchcock dans *Le Procès Paradine* ainsi que dans le célèbre *Troisième homme*, de Carol Reed. Par la suite, Alida Valli fut recherchée par nombre de réalisateurs de premier plan : Visconti, bien sûr, pour son film-opéra, *Senso*, mais aussi Antonioni pour *Le Cri*, René Clément pour son adaptation du roman de Marguerite Duras, *Barrage contre le Pacifique*, Georges Franju, Claude Chabrol, Pasolini, Bertolucci, Zurlini, Chéreau etc. Pendant le tournage du film d'Yves Allégret, un échange de baisers approfondis entre Alida et Jean dans une voiture décapotée au-dessus de Florence fut recommencé dix fois pour les besoins de la caméra. Et ce ne fut pas sans conséquences. Alida, pourtant charmante avec tous, devint odieuse avec Jean Marais après cette scène. Qui n'y comprenait rien. Finalement, l'un des membres de la troupe expliqua à Jean que si Alida le traitait ainsi, c'était parce qu'elle « en pinçait » pour lui. À la fin du tournage, lors de la rituelle petite fête organisée par la production, Marais invita sa partenaire à danser et la questionna sur son étrange attitude. La vedette lui confirma être effectivement attirée par lui. Flatté, il n'en rentra pas moins à Paris rejoindre George Reich.

Il revint aussi pour enchaîner avec un autre film et reformer, en retrouvant Michèle Morgan après *Aux yeux du souvenir*, le « couple idéal du cinéma français ». Cette fois, René Clément était aux commandes. Après le triomphe au Festival de Cannes de son premier long métrage, *La Bataille du rail*, le réalisateur d'origine bordelaise était en train d'asseoir sa carrière, qui sera longue et prestigieuse, en affinant, film après film, un style précis dénué de tout sentimentalisme. C'est pourtant à un roman sentimental qu'il s'était attaqué en adaptant pour l'écran un livre de Vicky Baum, *Sait-on jamais ?*. Rebaptisé *Le Château de verre*, cette coproduction franco-italienne fut tournée, comme on le faisait encore à l'époque, dans les deux langues et avec deux distributions légèrement différentes. Car si l'on retrouvait le célèbre duo Morgan-Marais dans les deux versions, c'est, par exemple, un acteur italien, Fosco Giacchetti, qui remplaça Jean Servais dans le rôle du juge, le mari d'Évelyne (Michèle Morgan).

Le Château de verre raconte une histoire d'amour qui finit mal entre deux êtres qui n'auraient jamais dû se rencontrer : Évelyne, la femme d'un juge suisse exerçant à Berne, et Rémy Marsay (Jean Marais), séduisant représentant itinérant d'un industriel parisien. La rencontre a lieu en Italie, au bord du lac de Côme, lors de vacances qui se terminent. Ils se quittent avec regret. L'honnête bourgeoise est à la fois attirée et effrayée par cet adultère. Lui est un Don Juan peu sûr de lui, mais qui obéit à ses pulsions. De retour à Paris, Rémy aurait plutôt tendance à oublier Évelyne mais Marion (Elisa Labourdette), sa maîtresse, veut savoir la vérité et le pousse à faire venir la Suissesse. L'éphémère liaison se termine tragiquement par la mort accidentelle d'Évelyne alors que celle-ci regagne le foyer conjugal.

Tout le film de René Clément était placé, comme son titre l'indique, sous le signe de la fragilité. Fragilité, tout simplement, de la vie humaine, des rapports d'Évelyne avec son mari et son jeune amant, d'un (faux) témoignage dans une affaire criminelle que Laurent est appelé à juger. Sorti maladroitement au mois de décembre 1950, juste avant Noël, *Le Château de verre*, malgré les locomotives Morgan et Marais, obtint un médiocre succès, dû sans doute à l'âpreté d'un sujet peu en accord avec une période festive. Il ne fut, en outre, guère défendu par la critique. On put ainsi lire, en guise de conclusion à un article très hostile paru dans *L'Écran français* : « Il serait désolant que l'immense talent de René Clément soit plus longtemps utilisé comme machine à faire le vide dans les esprits. René Clément, pour vous-même, pour tout le monde, ne nous obligez plus à dire du bien de vous... au passé ! ». Ce type de réaction amena Jacques Doniol-Valcroze à faire la mise au point suivante dans les tout nouveaux *Cahiers du Cinéma* : « Je considère comme injustifiée l'incompréhension assez grande qui a accueilli la sortie du *Château de verre*, film de haute précision où la plus petite roue dentée engrène sans heurt avec la voisine, construction policée, soutenue par un rythme interne quasi musical, comparable à la ligne mélodique sous-jacente d'un concerto ou d'une symphonie, sorte de ballet introspectif à qui l'on ne peut reprocher que la ténuité de l'argument... » Lors d'une diffusion du *Château de verre* à la télévision en 1996, Jacques Siclier revint d'ailleurs sur les qualités esthétiques de ce film méconnu : « Sur ces entrelacs d'intrigues, René Clément a construit une mise en scène très architecturée, de lignes, de signes et de symboles, en utilisant les décors de Léon Barsacq et les décors réels (l'extravagant palace italien, une merveilleuse séquence dans les jardins du Palais-Royal, entre autres) comme la représentation d'états d'âme, de sentiments diffus, de tragique sous-jacent... Les interprètes en sont comme transfigurés. »

Le dernier plan du film de René Clément mis en boîte, voilà Jean déjà reparti à Rouen pour jouer avec Louise Conte la pièce en alexandrins de Cocteau, *Renaud et Armide*. C'est là qu'il apprit, par la bouche de sa partenaire, que Pierre-Aymé Touchard, administrateur de la Comédie-Française, souhaitait le voir réintégrer la troupe du Palais-Royal. L'étonnement passé, il demanda son avis à son ami Cocteau qui lui conseilla d'accepter : « Le tragédien et le héros se font rares. Tu es les deux, de la même race que Mounet et Max, non que tu leur ressembles mais, comme eux, tu “déconformises” les rôles et tu aimes les beaux textes. Tu dois entrer dans cette maison. »

Quand Marais revint à Paris, le poète était en train de monter sa dernière pièce, *Bacchus*, où l'on voit un cardinal tenter de sauver l'âme d'un adolescent rebelle. L'action se situe dans un bourg allemand, au début du XVIe siècle. À la fin des vendanges est traditionnellement élu un « Bacchus » qui a droit, l'espace d'une semaine, d'imposer sa loi. Cette fois, l'heureux élu est Hans, l'idiot du village. Or, à la surprise de tous, le simple d'esprit va profiter de son règne éphémère pour attaquer frontalement l'ordre établi et dénoncer les injustices. Marais connaissait l'existence de cette pièce. Il en avait parlé avec son ami Jean, croyant que ce dernier voulait lui réserver le rôle-titre. Sceptique, il avait alors fait valoir qu'il était un peu vieux pour interpréter ce personnage. Ce qui ne s'était pas arrangé, évidemment puisque, désormais, il n'était plus très loin de la quarantaine. À son retour de Rouen, il resta donc volontairement à l'écart du projet théâtral de Cocteau, d'autant plus qu'il avait commencé à négocier son accord avec Pierre Aymé Touchard qui prévoyait de lui faire mettre en scène *Britannicus* dans la version très personnelle qu'il avait mise au point pendant la guerre. Cet engagement, de toute façon, lui interdisait toute scène privée. Et ce fut bien plus tard, à soixante-quatorze ans, que Jean Marais monta *Bacchus* aux Bouffes-Parisiens.

Finalement, le poète confia la mise en scène à Jean-Louis Barrault, autre transfuge de la Comédie-Française qui avait quitté la prestigieuse compagnie pour fonder, avec sa femme Madeleine Renaud, sa propre troupe, la non moins célèbre Compagnie Renaud-Barrault. Installés depuis 1946 au Théâtre Marigny, ils y créaient de nombreuses pièces d'auteurs contemporains, de Claudel à Salacrou, d'Anouilh à Giraudoux. Marigny s'avérait donc le lieu idéal pour monter l'inédit *Bacchus*. Faute de Marais, Cocteau confia le rôle-titre à Jean Desailly qui était un peu plus jeune. Marais pensa néanmoins que Desailly, âgé de trente ans, était encore trop mûr pour interpréter le villageois rebelle. Il n'en dit rien à l'auteur et reconnaîtra même plus tard que ce choix s'avéra le bon. En revanche, il se fit beaucoup plus critique quand le poète lui raconta vouloir intégrer à la distribution son protégé Édouard Dermit, qu'il avait lui-même mis à l'épreuve lors de la tournée au Moyen-Orient et dont il n'était guère satisfait. Jean-Louis Barrault fut du même avis puisqu'il le fit remplacer après quelques jours de répétition. Si Cocteau avait délégué à Barrault la responsabilité de la mise en scène, lui-même ne resta pas en simple spectateur et s'attribua décors et costumes.

La première, le 23 décembre 1951, fut particulièrement mouvementée. Malgré la qualité du spectacle, un homme se leva avant la fin, fit claquer son siège pour exprimer son mécontentement et sortit en maugréant. C'était le très chrétien François Mauriac, choqué par quelques répliques qu'il jugea blasphématoires, ce qu'il fit savoir vertement dès le lendemain dans son journal *Le Figaro Littéraire*. Abasourdi mais tout aussi combatif, Jean Cocteau répliqua, également par voie de presse, dans un article intitulé « Je t'accuse » où il accusa Mauriac de « vouloir tuer la poésie ».

Tandis que la presse multipliait les titres contradictoires, du genre « Jean Marais va probablement entrer au Français où il fut autrefois choryphée », « Il va signer », puis « Il a changé d'avis », le comédien fétiche des Français avait quitté les studios de Billancourt, où furent tournés les intérieurs du *Château de verre* pour ceux de Joinville où l'attendait Yves Allégret. Celui-ci avait entrepris, toujours avec la complicité du scénariste Jacques Sigurd, d'adapter le célèbre roman à connotation historique de La Varende, *Nez de cuir*.

Le tournage se déroula en deux temps, l'équipe entière se transportant ainsi en Normandie, l'automne venu, afin d'être au plus près du cadre naturel mais aussi du climat définis par le Vicomte de La Varende, lui-même gentilhomme normand, quand il évoque la Campagne de France, le dernier baroud d'honneur de Napoléon Ier. Car c'est au cours de l'une des ultimes batailles de l'Empereur bientôt déchu que fut blessé au visage le comte Roger de Tinchebraye, « gentilhomme d'amour » au charme fou et dont les conquêtes féminines ne se comptent plus. Un rôle que l'on croirait avoir été écrit sur mesure pour la première star masculine française. En fait, Marais allait devoir, comme dans *La Belle et la Bête*, disparaître derrière un masque. Tinchebraye était, en effet, à ce point défiguré, qu'il devait désormais porter, non pas une cagoule de monstre poilu, mais une sorte de loup en cuir, d'où le pseudonyme attribué bientôt par les jaloux et les maris trompés. Mais « Nez de cuir » n'en demeura pas moins un redoutable coureur de jupons, du moins jusqu'à l'apparition de Judith de Rieusses, jeune et jolie nièce de l'une de ses maîtresses, qui prétendit se faire épouser par le don juan masqué, lequel, bien entendu, écarta farouchement cette éventualité. Or, c'était ne pas tenir compte de la fantaisie de Cupidon qui, cette fois, parvint à planter une flèche dans le cœur du gentilhomme volage. Et quand, furieuse d'avoir été repoussée, Judith se maria avec un marquis bien plus âgé qu'elle, Tinchebraye s'arrangea pour devenir le confident du vieil homme. À la mort de ce dernier, il déclara passionnément sa flamme à la jeune veuve qui le repoussa. Dépité, il arracha son masque et montra son affreuse blessure, mettant définitivement fin à sa carrière de séducteur. Le comte de Tinchebraye, après un séjour à la Trappe, vieillira seul dans son immense château.

Si le thème du désenchantement peut être considéré comme l'une des clés du film, Yves Allégret joua aussi sur les robes de couleurs des paysannes, les beaux destriers, les folles galopades, ouvrant ainsi la voie, d'une certaine manière, aux films de cape et d'épée dont Jean Marais allait bientôt devenir l'un des meilleurs spécialistes, accroissant du même coup sa popularité. Pour ce premier voyage dans un genre qui lui siéra à merveille, il avait retrouvé l'amie Yvonne de Bray, mais joué aussi avec Valentine Tessier, Jean Debucourt, Massimo Girotti et la ravissante Françoise Christophe incarnant Judith. On n'est pas prêts d'oublier les belles épaules nues de l'héroïne sous les baisers ardents du visage masqué de cuir.

Jean Marais n'avait pas « changé d'avis », comme l'avait titré la presse. Il entra donc à la Comédie-Française en 1950 où il commença, comme prévu, par mettre en scène *Britannicus* en se réservant le rôle de Néron. Durant les répétitions, il appliqua à la lettre ses propres principes, effectuant un « dépoussiérage » de l'interprétation du texte de Racine ou, pour reprendre le propre terme de Cocteau, en la « déconformisant ». Il demanda aux comédiens de ne pas parler fort, de ne pas dire les vers d'une façon ampoulée, de ne pas crier en levant les bras comme des forcenés dès qu'une révélation est formulée... L'affaire ne fut pas simple, les acteurs du Français ayant, depuis belle lurette, pris de mauvaises habitudes. Mais le pire restait à venir. « Le jour de la générale, racontera Marais dans *Mes métamorphoses*, son dernier livre de souvenirs, ma cuirasse de métal n'est pas prête, je suis obligé de mettre celle que je portais aux Bouffes-Parisiens et qui était en carton très dur. Je boucle mes cheveux que je recouvre, ainsi que mes sourcils, d'une poudre métallique rouge. Je suis très ému par ces débuts au Français. Je suis à l'étage Mars. J'attends dans ma loge, ne rentrant en scène qu'au deuxième acte, qu'on me prévienne pour descendre en scène afin d'avoir moins le trac. J'ai le temps, avant mon entrée, de demander si tout va bien. Pour ne pas m'effrayer, on me dit que oui. Personne n'a osé me dire qu'au lever du rideau mes décors ont été sifflés. Ma main entre en scène avant moi. Puis j'écarte le grand rideau rouge. Je suis en haut des marches, au centre, debout, immobile : hué, le scandale. Je n'ai pas encore ouvert la bouche. Le tumulte est si fort qu'on ne m'entendrait pas parler. J'attends que le public se calme. “N'en doutez point Burrhus...” Le public se tait. Je m'entends parler avec une méchanceté que je n'avais pas préméditée. Je ressens le trac des pieds à la tête, ma jambe droite tremble, ma cuirasse mouillée par la sueur se fend. Le rouge métallique de mes cheveux coule le long de mon visage. Le maquillage tourne. Les acclamations à ma première sortie sont tout de suite couvertes par des huées et des sifflets. En coulisse, on m'étreint et on me demande si je veux qu'on arrête le spectacle. »

Arrêter le spectacle ! Évidemment, en vrai professionnel, Jean Marais refusa. Mais ce calvaire perdura pendant deux mois. Chaque représentation de *Britannicus* fut accueillie par un public partagé entre les vociférations et les applaudissements. Un vrai climat de guerre civile comme on n'en avait pas connu depuis la bataille d'Hernani. Revers de la médaille, en trouvant des échos dans la presse, le scandale remplit la salle et Marais se vit soutenu par ses camarades Marie Bell, Renée Faure, Aimé Clariond, Jean Chevrier, Louise Conte...

Va-t-il pour autant se reposer ? Même pas. Bien qu'harassé, il entama le spectacle suivant, *Mithridate*, une autre tragédie de Racine. Où, cette fois, il ne fit que l'acteur, se coulant docilement dans une mise en scène maison signée par l'un des piliers de la prestigieuse institution.

Ce Mithridate est le roi de Crimée, en guerre avec les Romains. Il a deux fils, Xipharès, que notre comédien interprète, et Pharnace. Tous les trois sont amoureux d'une jeune fille, Monime. *Mithridate* décrit les affres de la passion sénile, de la jalousie familiale ainsi que les incidences entre amour et état de guerre.

Le succès de la pièce fut immense et Marais, cette fois, n'obtint que des bravos. Sur cette lancée, on lui proposa d'être Roméo dans le drame shakespearien *Roméo et Juliette*. Là encore, le comédien jugea, comme pour le Hans de la pièce de Cocteau, qu'il avait largement dépassé l'âge du célèbre personnage. De toute façon, comme il venait d'obtenir un congé pour aller tourner un nouveau film en Italie, *L'Appel du destin*, il lui serait difficile de participer aux répétitions. Cette « indiscipline » ne fut évidemment pas du goût de tout le monde. Le ton monta et Jean Marais finit par claquer la porte de l'illustre institution. La greffe n'aura pas pris et cette seconde parenthèse Comédie-Française se referma ainsi, aussi brutalement que définitivement.

Libre, il prit alors la Nationale 7 au volant de sa voiture de sport. Après avoir salué l'ami Jean en train de se reposer sur la Côte d'Azur après les représentations mouvementées de *Bacchus*, il passa la frontière pour un nouveau tournage. Cette fois, c'était Georges Lacombe, bon technicien mais réalisateur sans trop d'ambition, qui l'attendait pour des scènes à Venise et Rome. Il s'agissait, pour lui, de renouer avec le succès d'un film précédent, *Prélude à la gloire*, exclusivement consacré à conforter le mythe d'un « enfant prodige », Roberto Benzi. Ce dernier, né en 1937, avait dirigé avec succès à l'âge de onze ans l'orchestre des Concerts Colonne à Bayonne puis à Paris. À l'instar de Shirley Temple ou Minou Drouet, l'époque aimait les enfants stars. Et la légende forgée autour de ce très jeune chef avait permis à ce dernier d'assurer avec succès, plus tard, une longue tournée à travers le monde avant d'être engagé comme directeur musical de l'Orchestre de Bordeaux-Aquitaine qu'il dirigea jusqu'en 1987. *Prélude à la gloire*, le film de Georges Lacombe, participait donc à la mise en orbite du mythe. Tourné en 1949, on trouvait, dans ce long métrage promotionnel, Roberto Benzi lui-même incarnant son propre rôle alors qu'il n'avait encore qu'une douzaine d'années. Pour ce faire, on avait fabriqué à la hâte une vague intrigue policière dont il était à la fois la victime et le héros. Le petit musicien prodige s'y voyait, en effet, l'objet de sordides manipulations mercantiles imaginées par des aigrefins sans scrupules. Dans le second film que s'apprêtait à réaliser Georges Lacombe, autour et avec le même Roberto Benzi, on avait tenté, en revanche, de mettre au point un scénario s'inspirant plus directement de la vie de la jeune vedette, en rappelant notamment qu'il devait ses connaissances musicales à son père, professeur de piano.

Ce père, justement, était celui qu'on attendait en Italie. Georges Lacombe, a-t-on dit, avait hésité longtemps avant d'oser demander au jeune premier du cinéma français de quitter son emploi pour composer un personnage bien différent. Pour Jean Marais, au contraire, cette proposition venait à point nommé. Il lui fallut pousser la composition assez loin parce que Lorenzo, tel que l'avait imaginé le scénariste Jacques Viot, avait sombré dans l'alcoolisme après avoir quitté femme, enfant et piano. Un prétexte dramatique pour que *L'appel du destin* puisse déployer une histoire parfaitement édifiante, pour ne pas dire lénifiante, le jeune prodige de la musique devenant le rédempteur de son papa déchu.

Si *L'Appel du destin* va clore la carrière cinématographique de Roberto Benzi, celle de Jean Marais était, on s'en doute, bien loin d'être achevée. Qu'on en juge ! En 1953, c'est-à-dire l'année suivant le tournage du film de Georges Lacombe, pas moins de cinq films avec Jean Marais en vedette se succédèrent sur les écrans. Outre *L'Appel du destin*, les fans du comédien purent applaudir leur idole dans *Les Amants de minuit*, à l'affiche en avril, *Dortoir des grandes*, sorti en septembre, *Julietta*, présenté en décembre. Sans oublier *La Maison du silence*, un long métrage italo-français que Marais interpréta sous la direction du grand réalisateur autrichien Georg Wilhelm Pabst.

L'auteur de *Loulou*, saisissant hommage à la beauté de Louise Brooks, de *La Rue sans joie*, qui ouvrit la voie du réalisme au cinéma, de *L'Opéra de quat'sous*, remarquable adaptation de l'œuvre de Brecht, de *Westfront 1918*, terrifiant témoignage recomposé de la boucherie de la première guerre mondiale, de *La Tragédie de la mine*, ardent message humaniste pour une solidarité ouvrière internationale, cherchait désespérément, dans ces années cinquante, à retrouver sa veine créatrice. Un talent puissant que Pabst avait lui-même mis à mal en acceptant de travailler dans l'Allemagne nazi où il avait signé quelques bandes sans grand intérêt.

Cinéaste à la recherche de lui-même, le voici donc en Italie. Il y réalisa cette *Maison du silence*, connue dans la Péninsule sous le titre de *La Voce del silenzio*, sorte d'auto-psychodrame conduisant à une réflexion sur la culpabilité, des individus ayant tous quelque chose à se reprocher venant faire retraite dans un couvent romain afin d'apaiser leurs consciences. La cure, sous la direction spirituelle d'un Père supérieur, dure trois jours et les pénitents vivent obligatoirement dans un isolement absolu. « Voilà, je vous regarde, mes frères. Vous êtes tous différents, et vous êtes tous pareils : chacun à la recherche de soi-même », leur déclare le guide durant son sermon préliminaire. Pour la session que raconte *La Maison du silence*, le groupe est constitué d'un fabricant de cierges qui vient de chasser son commis coupable de mener son entreprise à la faillite, d'un petit voleur, d'un écrivain à succès accusé de corrompre la jeunesse, d'un homme torturé par la jalousie depuis que sa compagne a refait sa vie avec un autre et d'un résistant en proie au remord d'avoir sacrifié la vie d'innocents lors d'une mission.

C'était l'auteur de cet inavouable fait de guerre, Andrea Sanna, dont la « vilaine action » fut reconstituée en flashback, qu'interprétait Jean Marais. La retraite aura en tout cas un tel effet sur le maquisard qu'il décidera de rentrer dans les ordres tandis que les autres, touchés par la même grâce divine, régleront eux aussi leurs problèmes, à l'exception toutefois de l'orgueilleux romancier. Daniel Gélin et Franck Villard appartenaient aussi à cette aventure cinématographique dominée par une équipe artistique italienne. À noter que la mise en scène de *La Voce del silenzio* était co-signée par un certain Bruno Paolinelli, qui réalisa plus tard, cette fois sans G. W. Pabst, *Legge di guerra* puis, sous le pseudonyme de John Huxley, quelques pastiches du cinéma hollywoodien comme *Borman* ou *OSS 77, fior di loto*.

Les Amants de minuit, le film que Marais tourna ensuite et qui sortit en 1952, marqua son retour de ce côté-ci des Alpes. Et prouva un changement radical de genre puisque le long métrage de Roger Richebé, réalisateur occasionnel mais important producteur qui s'associa notamment avec Pierre Braunberger à ses débuts, se présentait sous les aspects chatoyants de la comédie. Une comédie en trompe-l'œil toutefois : le scénario, plutôt doux-amer que franchement désopilant, était signé par Jacques Sigurd qui faisait des infidélités à son comparse habituel, Yves Allégret.

La veille de Noël, la jeune vendeuse d'un magasin de mode est courtisée par un client tardif au charme fou et au portefeuille bien rempli. Bien que décidée à rentrer seule, comme d'habitude, dans son modeste logement, elle se laisse imprudemment entraîner par son irrésistible visiteur dans un Paris en fête et, transformée par le champagne et de beaux atours prélevés dans la boutique de ses patrons, devient la reine de la soirée dans un célèbre cabaret. Le rêve ne se dissipe que le lendemain matin quand son compagnon d'une nuit, quelque peu ému lui aussi par cette rencontre, lui avoue être un faussaire. Qui plus est pressé de quitter la capitale pour échapper aux rigueurs de la justice.

Cette réévaluation de Cendrillon, outre l'interprétation d'un Marais à l'aise en escroc piégé par ses propres sentiments, et d'une Dany Robin qui joue les ingénues avec conviction, bénéficia également d'excellents dialogues signés Georges Neveux.

Sitôt l'interprète de l'indélicat séducteur des *Amants de minuit* disparu, laissant sa comparse d'une nuit se débrouiller avec ses patrons, le voilà qui réapparait sur les écrans, cette fois du côté de la loi, puisque radicalement transformé en jeune inspecteur un peu perdu dans un pensionnat pour jeunes filles de bonne famille. Dans *Dortoir des grandes*, d'Henri Decoin, Jean Marais, alias l'inspecteur Désiré Marco, menait l'enquête.

Une enquête provoquée par la mort de l'une des jeunes pensionnaires, retrouvée ligotée et étranglée sur son lit. Très vite, Marco parvient à démontrer que l'auteur de ce forfait ne peut être étranger à l'établissement. Du coup, l'affaire se montre d'autant plus complexe à éclaircir que les camarades de la jeune assassinée refusent de coopérer. Heureusement, le charme naturel du policier fait succomber la jolie Aimée de la Capelle qui brise le mur du silence en lui avouant que la victime a été ligotée par les pensionnaires elles-mêmes lors d'un jeu. L'étrangleur – qui s'avérera une étrangleuse – sera finalement démasqué et le mobile du crime, une tortueuse histoire de chantage, révélé.

Le réalisateur des *Inconnus dans la maison* n'était, à l'évidence, pas au mieux de sa forme quand il tourna ce film dont le seul intérêt dramatique consistait à entraîner le spectateur dans la recherche de la solution d'une énigme policière, façon Agatha Christie. En revanche, le casting était brillant, de Denise Grey à Noël Roquevert. Françoise Arnoul jouait, une fois de plus, les gamines effrontées, en attendant d'exploser dans le *French Cancan* de Jean Renoir. Mais, surtout, *Dortoir des grandes* marqua les vrais débuts de Jeanne Moreau que Marais, séduit d'emblée par son talent, promit d'engager au théâtre.

Il tint parole. La future grande vedette féminine du cinéma français fut effectivement, un peu plus tard, le Sphinx de *La Machine infernale*, la pièce de Cocteau que Jean monta en ouverture de la saison des Bouffes Parisiens alors qu'il venait d'en être nommé directeur artistique. Le théâtre devra cependant attendre encore un peu car le cinéma n'en a pas fini avec lui. Il lui restait, en effet, à tourner quatre films.

D'abord, *Julietta* ; sous la direction de Marc Allégret, réalisé mais aussi exploité, comme nous l'avons vu, en 1953. C'était une comédie adaptée du roman homonyme de Louise de Vilmorin dont Roger Vadim avait écrit l'adaptation et Françoise Giroud les dialogues. Le film, présenté au

Festival de Berlin l'année suivante, fut plutôt réussi mais faillit ne pas se faire, du moins avec Jean Marais. Ce dernier en effet, lorsque Marc Allégret et le producteur Pierre Braunberger lui proposèrent le rôle d'André Landrecourt, l'avocat dont Julietta est amoureuse, refusa de prime abord. Bien qu'adorant le livre, Jean était en effet consterné par l'adaptation. Et ce fut lui, sur les conseils de Cocteau, qui imposa Vadim, alors jeune journaliste, pour rédiger un nouveau scénario qui, cette fois, s'avéra le bon. Il tenta même de faire engager l'épouse de celui-ci, une – presque – inconnue ayant pour nom Brigitte Bardot, mais ce fut Dany Robin qui lui donna finalement la réplique. Dans un rôle plus modeste, Jeanne Moreau participa elle aussi à cette aventure cinématographique.

Toutes ces péripéties se révélèrent bénéfiques. Même l'excellent Jacques Doniol-Valcroze, dans les jeunes mais déjà exigeants *Cahiers du Cinéma*, salua avec sympathie le film de Marc Allégret. « Nous avons souvent déploré ici le sommeil du comique pur dans le cinéma français depuis Max Linder et salué comme il convenait les efforts d'un Tati, d'un Pierre Prévert ou d'un Carlo Rim qui luttent contre cet enlisement, écrivit le futur réalisateur de *L'Eau à la bouche*. La comédie sentimentale connaît le même sort... Mais voici *Julietta* qui entre sur la pointe des pieds et, à défaut de chef-d'œuvre, saluons l'absence de lourdeur et de vulgarité, la joliesse malicieuse de la situation, la vivacité de l'interprétation, le refus de la prétention et l'humour discret du dessin des personnages. L'écran n'a pu retenir totalement le charme transparent du petit récit élégant de Louise de Vilmorin et semble avoir plus spécialement buté sur la tradition des monologues intérieurs de l'héroïne qui sont parfois d'une grande saveur. Mais la situation demeure cocasse et l'héroïne insolite par rapport à ses piètres rivales des autres films... Dany Robin prête son visage blond de demoiselle échappée d'un pensionnat d'Anouilh. Elle dit juste et avec plaisir, bousculant Jean

Marais qui se laisse porter par elle avec une grande gentillesse et quelques éclairs qui nous redonnent la mesure du personnage Marais, fait avant tout aujourd'hui pour les cris rauques d'un Néron ou la grandeur maniérée du duc de "Lorenzaccio". En marge de ce couple, Jeanne Moreau fait une fois de plus l'aveuglante démonstration de son talent, acide, aigu, un rien gouailleur, cachant bien une réserve de tendresse et d'émotion que nous espérons voir utiliser un jour. » On sait, depuis, que le vœu de Doniol-Valcroze sera largement exaucé.

Le second film produit en 1953, bien moins célébré par la critique, permit cependant à Jean Marais de travailler avec Yves Ciampi, ce qui l'amènera, trois ans plus tard, à participer au tournage de *Typhon sur Nagasaki*, du même réalisateur, dont le succès en France fut considérable. Avec *Le Guérisseur*, Yves Ciampi, qui était docteur en médecine mais qui préférait exercer le métier de cinéaste, revenait, après *Un grand patron*, sur sa propre formation de médecin et soulevait les problèmes déontologiques de cette profession qu'il n'avait pas eu à pratiquer. Comme son titre l'indique, *Le Guérisseur* raconte les déboires d'un praticien qui a choisi des méthodes peu orthodoxes et non reconnues par l'Ordre des médecins pour soigner ses malades. Le film sortit en mars 1954 sans retenir outre mesure l'attention.

Pour le long métrage suivant, Marais s'inscrivit dans la longue lignée des Edmond Dantès du cinéma français en incarnant à son tour cet illustre héros du géant Dumas père. Avant lui, si l'on ne tient compte que de la production française, il y eut d'abord Léon Mathot, jeune premier des films d'Abel Gance avant qu'il ne passe à son tour à la réalisation. En 1917, cette première adaptation pour le cinéma – muet – de l'impérissable *Comte de Monte-Cristo* fut réalisée par Henri Pouctal. Puis Mathot céda la place à Jean Angelo, autre comédien de renom, pour une version signée cette fois Henri Fescourt en 1929. Le prédécesseur direct de Marais, déjà sous la direction de Robert Vernay, fut une autre vedette de charme, Pierre Richard-Willm. Après Jean, il y aura, en 1961, Louis Jourdan dans l'adaptation de Claude Autant-Lara, puis Jacques Weber que dirigera Denys de La Patellière en 1980.

Ce fut, en fait, le remake de son propre film que Robert Vernay s'apprêtait à réaliser en 1953. Il faut dire que sa première adaptation cinématographique du roman de Dumas, sortie aux heures les plus noires de l'Occupation, avait fait un tabac : pas moins de quatre millions et demi de spectateurs s'étaient rués dans les salles pour oublier leurs soucis et, peut-être, rêver de Libération, voire de vengeance. *Le Comte de Monte-Cristo*, roman le plus courtisé par le cinéma avec *Les Trois Mousquetaires*, n'est-il pas un terrible récit construit sur ces deux thèmes ? Situé en 1815, lors de la Restauration menée par Louis XVIII à la suite de l'abdication de Napoléon Ier, il relate les déboires d'un jeune officier, Edmond Dantès, victime d'un complot le faisant passer pour bonapartiste, ce qui le conduit directement dans les geôles royales du redoutable Château d'If, au large de Marseille, dont on a peu de chances de revenir. Il retrouve pourtant la liberté et, devenu le Comte de Monte-Cristo, se venge cruellement de tous ceux qui l'ont trahi.

La version Vernay/Marais, commercialisée en deux époques, sortie en janvier de l'année suivante, autrement dit très rapidement malgré ses trois heures de projection, ne battit pas les records de fréquentation de la précédente mais fut, ultérieurement, à maintes reprises diffusée par les télévisions, bénéficiant même – si l'on peut dire – d'un coloriage électronique. C'est au studio de Billancourt, durant ce tournage, que l'on fêta en tout cas les quarante ans de Jean Marais ainsi que ses vingt ans de cinéma. François Périer et sa femme, Marie Daëms, lui offrirent, pour cette occasion, un somptueux foulard de soie.

Enfin, 1953 vit encore Jeannot sur un plateau de cinéma, superbement travesti par Sacha Guitry pour le premier de ses films historiques à grand spectacle. Dans *Si Versailles m'était conté*, Marais incarna Louis XV dont le surnom, le « bien-aimé », lui convenait parfaitement. Fidèle au « Maître », il le retrouvera plus tard pour son *Napoléon*, devenant le Comte de Montholon, l'un des mémorialistes de l'Empereur, puis dans *Si Paris nous était conté* où il incarnera cette fois François Ier.

Chapitre XVI

« *Qu'il est beau !* »

Adolescent et même à ses débuts au cinéma, Jean Marais acceptait assez mal le compliment qu'on lui décochait souvent en plein visage : « Que vous êtes beau ! ». La formule sera reprise, plus méchamment encore, à ses débuts sur les planches par quelques critiques hargneux qui s'empressaient d'ajouter : « Il est beau, mais c'est tout ! »

Si Marais était harmonieusement bâti, il refusait de pratiquer le moindre sport, en dehors de ses plongeons en piscine. Et si on a pu le voir, au lendemain de la guerre, juché sur un vélo et fonçant sur la piste en bois du Vel'd'Hiv', en compagnie notamment d'Albert Préjean et de Marcel Dieudonné, c'était juste pour un gag sportif organisé par un hebdomadaire du spectacle, les célèbres « Six jours » de l'époque ayant été remplacés, pour le plus grand plaisir des photographes, par « six minutes » de course entre professionnels de la petite reine et vedettes du show-biz. Signalons toutefois, pour la – très – petite histoire, que notre héros fut déclaré vainqueur ce jour-là, complimenté en cela par Simone Renant et Jeanine Darcey. Pour le reste, Jean Marais réserva ses meilleurs exploits athlétiques au cinéma, exploits essentiellement dictés par sa nature de casse-cou et son souci de la perfection.

« C'est le plus beau jeune homme du monde », dira de lui beaucoup plus aimablement François Chalais. Le célèbre chroniqueur ne sera pas le seul de cet avis. Et malgré ses liaisons masculines, le charme de Jeannot opéra sans difficultés sur une foule d'admiratrices qui, souvent, lui exprimaient leur passion sans retenue. Il n'était ainsi pas rare qu'il doive, à la sortie d'un théâtre ou d'un studio, imaginer des ruses de Sioux pour éviter les agressions de « groupies » cherchant à arracher de force sa signature sur une photographie quand ce n'était pas un lambeau de ses vêtements ou une touffe de ses cheveux. Rentrer chez lui, après sa journée de travail, occasionnait le même genre de problème. Mais ses rapports avec la gent féminine ne se conjuguaient heureusement pas toujours sur le mode de l'hystérie. Chaque jour, il recevait des dizaines de lettres de jeunes filles du monde entier. On lui disait qu'on l'aimait, on lui demandait des conseils. Parfois, une véritable correspondance naissait quand il était ému par l'une de ces missives. Comme celle de cette adolescente japonaise qui lui envoya un véritable « story-board », mélange de dessins et de textes racontant sa vie difficile « illuminée » à la découverte de ses films. À la réception d'une photographie gentiment dédicacée du comédien, elle écrivit même : « Cher Apollon monsieur Marais, merci, merci, merci beaucoup pour votre magnifique portrait. Cela dépasse mes rêves. Je n'ai pas de mots pour exprimer ma gratitude. J'ai l'impression que je suis dans le pays des rêves. Je suis la plus heureuse de toutes. Tout cela est plus valable qu'une vie humaine. Sachez, monsieur Marais, que j'attends avec impatience de vous voir dans vos grands films. J'espère que cette lettre vous trouvera heureux, en bonne santé. Très ardemment à vous. Mikoko. »

Dans le même temps, la presse populaire s'acharnait à lui inventer des destins matrimoniaux tout à fait orthodoxes. « Jean Marais va-t-il vraiment renoncer au célibat ? », s'interrogeait-elle régulièrement. Au milieu de ces années cinquante, alors qu'on l'avait déjà fiancé à Josette Day, Mila Parély ou Dominique Blanchar, on annonça son mariage « sans doute imminent » avec Simone Paris. « Tout Paris en parle » affirmait la même presse. Starlette ayant débuté dans *Minne, l'ingénue libertine* – tout un programme –, Simone Paris ne survécut guère, cinématographiquement parlant, aux années cinquante. Pour l'heure, c'était sans doute une aubaine pour elle que de poser pour les photographes en compagnie de l'un des acteurs les plus réputés. Certains s'y laissèrent quand même prendre. « Cette fois-ci, lut-on un jour dans *Cinémonde*, on ne peut retenir l'idée d'une publicité organisée. Jean Marais et Simone Paris ne se quittent pour ainsi dire plus et cependant aucune obligation professionnelle ne les a liés jusqu'ici et ne doit les lier dans un avenir immédiat. » L'un comme l'autre avaient beau jurer leurs grands dieux qu'ils n'envisageaient aucun mariage, on s'accrocha désespérément à cette idée. « Inséparables et tendres, tous deux n'ont fait que donner raison aux rumeurs. S'agit-il d'une évolution naturelle dans la vie de ce beau garçon tellement adulé qu'il a cherché l'amour toute sa vie et dont le rêve le plus cher est de fonder un foyer ? A-t-il trouvé en Simone Paris la compagne rêvée ? », s'interrogeait gravement le même journal.

Ces supputations, surtout destinées à mettre dans le « droit chemin » le comédien, quitte à nier sa nature, ne l'influencèrent évidemment en rien. Il n'empêche que les femmes comptèrent dans sa vie plus que les apparences ne pouvaient le laisser supposer. Marais sut provoquer de véritables passions et trouva, avec ses amitiés féminines, de solides soutiens. Le cas d'Elga Hamel fut exemplaire. Fille d'un richissime armateur, n'ayant aucun souci à se faire pour assurer matériellement son existence, cette jeune Allemande entra en dévotion dès qu'elle découvrit Marais au cinéma. Farouche pasionaria, elle consacra sa vie à son grand homme, véritable culte qui la conduisit à se couper de toute réalité de ce bas monde. Faisant, elle aussi, le siège de son lieu de résidence quand Jean vivait encore sur la Seine, elle parvint un jour à monter sur sa péniche sous le prétexte tout à fait fallacieux d'un entretien pour un magazine imaginaire de son pays. De fait, Elga trouva ultérieurement preneur de l'article et se transforma en journaliste. Une journaliste très spécialisée puisqu'elle n'écrivit que sur son idole. Assistant à tous ses spectacles, revoyant sans se lasser ses films, elle finit par devenir la spécialiste incontournable du phénomène Marais. Et c'est en grande partie grâce à elle que le comédien parvint à s'imposer en Allemagne où il collectionnera les « Bambi », autrement dit les Oscars locaux. La fidélité d'Elga Hamel s'affirma jusque dans la mort puisqu'elle ne survécut que peu de temps à Jean Marais, après avoir choisi de terminer sa propre vie dans l'intimité de l'acteur disparu en s'installant au Préau, sa dernière propriété.

Tout aussi fidèle, quoique sur un mode moins excessif, fut Carole Weisweiller. Descendante d'une lignée de potentats de l'est de la France, elle entra dans le cercle rapproché qui entourait Jean Cocteau dont, faisait évidemment partie Jean Marais. C'est au moment du tournage des *Enfants terribles* et par le biais de son interprète Nicole Stéphane, cousine de son mari, que Francine Weisweiller, la mère de Carole alors âgée de huit ans, fit la connaissance du poète. Une partie du film de Melville sera d'ailleurs tournée dans l'hôtel particulier parisien des Weisweiller. Francine et son mari Alec accueillirent dès lors régulièrement Cocteau dans leur luxueuse propriété de Saint-Jean-Cap-Ferrat. À la mort du poète, une solide amitié se noua entre Carole et le comédien. Et elle aussi eut à cœur de mettre au service de Jean Marais son talent et ses souvenirs, notamment en publiant, après avoir écrit sur Cocteau, une riche biographie du comédien.

Que dire encore du dévouement sans failles de Nini Pasquali, épouse d'un potier de Vallauris, qui sauva Marais de la banqueroute et, femme d'affaire avisée comme nous le verrons plus tard, protégea l'acteur vieillissant en l'aidant à exploiter au mieux son travail de sculpteur et de peintre ?

En évoquant son physique, on avait souvent coutume de vanter sa démarche, son allure, alors que Jean Marais s'acharnait, au contraire, à rester naturel. La réussite par la seule apparence – donc par le « bluff » – lui faisait mal au cœur. Dans son ouvrage *Vedettes sans maquillage*, Georges Beaume, qui collabora au magazine *Cinémonde* avant de devenir l'imprésario d'Alain Delon, dresse le portrait suivant de Jeannot : « D'abord, ce masque de fauve où la passion le dispute à l'intelligence ; ce profil d'Antinoüs marqué du signe ; ce corps jailli du marbre auquel Michel-Ange arrachait ses esclaves ; cet œil bleu phénoménal, ce sourcil en arc-de-triomphe – qui l'apparentent à toute une lignée de fameux héros, et le haussent jusqu'à la légende. » Et d'ajouter : « D'un ordre si noble soit-elle (et l'on ne voit que Greta Garbo dont le visage trahisse l'âme à ce point), cette beauté violente ne serait rien si elle ne s'illustrait des dons les plus rares de l'esprit et du cœur. »

Et, en effet, Marais avait réussi, par effort libre et volontaire, à gommer en lui l'intolérance, l'égoïsme, voire le côté arriviste de ses jeunes années, « arriviste » étant d'ailleurs un mot qu'il employait volontiers. C'était une sorte d'exploit si l'on songe au passé du gosse de Cherbourg, élevé sans père par une mère mythomane et kleptomane, le plus souvent absente du foyer, donc sans référence morale solide, sans véritable repère pour se structurer. Rencontrer Jean Cocteau – affection paternelle mais aussi paradis culturel à partager – fut la chance de sa vie. Dès lors Jean Marais, adoubé par le poète, put gravir les marches du métier de comédien qui mènent vers la gloire. Mais, comme le poète, il avait voulu rester bon, généreux, être capable de partager et de donner. Peut-être aussi y parvint-il parce qu'il songea en permanence à tous ceux qui n'avaient pas vu briller leur étoile ? Qui s'est jamais plaint d'avoir essuyé un refus de Jean Marais quand il pouvait rendre le service qu'on lui demandait ? Personne ! « Je n'ai jamais rencontré d'homme plus généreux que lui », s'écria un jour Georges Auric.

Cette générosité a toujours su aller de pair avec le goût et le sens de la qualité, qu'il recherchait autant chez les êtres que dans les textes. Il en alla de même avec sa peinture, une peinture qu'il pratiqua toute sa vie. Celle-ci ne devint jamais chez lui un divertissement, mais une façon de s'exprimer et de se mettre à l'épreuve. À tel point que, lorsqu'il avait l'occasion de vendre l'une de ses œuvres, il hésitait toujours avant de s'en séparer : « Je ne peux jamais décider qu'une toile est terminée. Je la reprends sans cesse », avouera-t-il. Jean Marais répétait aussi : « Nous ne sommes pas responsables de notre apparence, mais de nos actes, si. J'essaie pour ma part de corriger les défauts qui mettent un obstacle entre ce que je voudrais être et ce que je suis. Ma chance est d'avoir aimé le théâtre, de peindre des tableaux qui exigent, pendant des mois entiers, une attention, ce qui m'évite de rester inactif. » Il précisait encore : « Se jeter dans un personnage est un voyage qui doit transformer nos traits et jusqu'à notre visage intérieur. » Enfin, il résumait d'un trait ses premières années de comédien : « Je travaillais trois fois plus que les autres pour rattraper un succès immérité. » De fait, Charles Dullin avait parfaitement remarqué la ténacité de son élève qu'il désignait souvent du doigt en assénant : « Regardez Marais. Lui, il travaille tout le temps. Ce n'est pas un glandouilleur comme la plupart d'entre vous ! » Marais le perfectionniste analysera plus tard son comportement en expliquant : « Se trouver imparfait est une chance : si je croyais avoir atteint la perfection, mon métier perdrait son intérêt. »

Si 1953 fut, pour le comédien, l'année du cinéma, 1954 se plaça plutôt sous le signe du théâtre. En acceptant, à la demande d'Albert Willemetz, la direction artistique des Bouffes Parisiens, Marais avait stipulé qu'il s'engageait également à ouvrir chaque saison par une pièce de son ami Cocteau. Pour cette première, ce fut donc *La Machine infernale*. En fait, il n'y en eut pas d'autres parce que Willemetz dut vendre son théâtre quelques mois plus tard et que Marais se trouva rapidement déchargé de ses récentes fonctions. Mais, pour l'heure, il s'installa dans son bureau directorial décoré des photos de Cocteau, Yvonne de Bray, Marlène Dietrich et Moulouk.

La Machine infernale était une pièce qu'il connaissait bien puisque c'est elle qui l'avait décidé à faire la connaissance de l'auteur. D'abord l'objet d'une nouvelle tournée en France puis en Allemagne, la mise en scène fut rodée en arrivant à Paris. En revanche, la distribution fut modifiée. Jeanne Moreau, comme promis, se vit engagée, elle qui avait déjà fait du chemin depuis *Dortoir des grandes*, notamment en triomphant sur scène dans *L'Heure éblouissante*, alors qu'elle avait remplacé au pied levé Suzanne Flon, malade. À ses côtés, pour *La Machine infernale*, la diva Elvire Popesco interprétait une inattendue Jocaste à l'accent slave fortement marqué. Marais s'était réservé le rôle d'Œdipe. Prévue pour une cinquantaine de représentations, l'œuvre de Cocteau fut prolongée d'autant, ce qui satisfit tout le monde, sauf l'auteur qui reprocha à Willemetz de négliger, par avarice, la publicité.

Pour Jean, cette année fut ternie par l'annonce brutale, en février, de la mort de sa grande amie Yvonne de Bray alors que lui-même se trouvait en tournée. Celle-ci, âgée de soixante-cinq ans, jouait au Théâtre Marigny le rôle de Barbette dans *Pour Lucrèce* de Jean Giraudoux. En revenant du théâtre, un soir de ce terrible hiver 1954, et ayant négligé de revêtir son manteau, elle attrapa froid et mourut la nuit même de congestion. On la retrouva un livre à la main. Ce fut une perte immense pour le théâtre comme pour le cinéma. Toute la presse lui rendit hommage. Le quotidien *Le Monde* écrivit même : « Pour les jeunes générations, Yvonne de Bray restera surtout la mère des *Parents terribles* et la grand-mère de *Gigi*. Aucun des spectateurs qui l'auront vue sur l'écran n'oubliera sa silhouette dévorante, les façons qu'elle avait de se ramasser sur elle-même avant de bondir dans un accès de tendresse et de férocité, cette voix douce-amère qui enveloppait tout le sordide et le plaisant dans les inflexions où la parole ne s'est pas tout à fait détachée du cri. » Cocteau, lui, salua « son regard enfantin, sa grosse voix merveilleuse, râpeuse, douce, dure, de velours et de métal ». Au-delà de l'émotion générale que cette disparition suscita, Jean ressentit une profonde blessure bien difficile à cicatriser. Dans ses mémoires, Edwige Feuillère en témoigne : « Jean Marais était son Jeannot, son bébé-idôle. Quand elle l'approchait, un tremblement heureux semblait la soulever, la hisser jusqu'à lui. Elle se promenait dans les coulisses, gaie comme une écolière en récréation. »

Le travail joua chez lui le rôle d'une thérapie. Alors qu'il interprétait tous les soirs *La Machine infernale*, Marais préparait dans la journée le spectacle à venir des Bouffes-Parisiens, *Pygmalion*, de Bernard Shaw, pour lequel il devait tout régler : mise en scène, décors et costume et son rôle de professeur Higgins, à la demande expresse de Jeanne Moreau, de nouveau sa partenaire. Comme interpréter Higgins, puriste de la langue, constituait pour lui une gageure, tant sa voix mal placée lui posait problème, il se mit à travailler d'arrache-pied sa diction, s'exerçant à parler durant des heures avec un crayon entre les dents afin d'être en accord avec le personnage. Ce travail intense, cette fébrilité créatrice débordante, obligèrent le comédien à rogner sur ses nuits. Il décida alors de louer une chambre d'hôtel en face du théâtre et ne dormit plus que deux à trois heures, lui qui avait pourtant besoin de neuf heures de sommeil pour se sentir en forme. Tout ceci ne découragea pas pour autant Marc Allégret qui le rejoignait chaque soir dans sa loge afin de le convaincre de signer, après *Julietta*, un contrat pour *Futures vedettes*. Insensible aux arguments du comédien qui ne savait plus où donner de la tête, Marc Allégret finit par obtenir gain de cause.

Voilà donc l'acteur avec une nouvelle casquette : donner ses leçons de diction sur scène à Jeanne Moreau et d'autres de chant, sur le plateau de Marc Allégret, à Isabelle Pia et Brigitte Bardot. Car *Futures vedettes*, au scénario assez lâche – on y voit de jeunes postulantes briguer une carrière artistique –, est en quelque sorte le film-fondateur d'émissions télévisées à succès, du *Petit Conservatoire* de Mireille à *Star Academy*. Si l'on ajoute à cette intrigue la présence du beau Jean Marais en professeur de charme, on peut dire que le film d'Allégret se donnait toutes les chances de faire rêver les adolescentes de l'époque. Ce qui advint à la sortie au début de l'année suivante. À ce moment-là, Bardot attendait encore la consécration qui viendra avec *Et Dieu créa la femme*. Justifiant le titre choisi par Marc Allégret, l'insolite prestation de la future « star » du cinéma français – on disait alors « vedette » – en chanteuse wagnérienne sauva cette comédie plutôt anodine de l'oubli total dont Marais lui-même, paraît-il, n'était guère content. D'ailleurs, il n'était content de rien en cette fin d'année. En fait, à cause de la fatigue, même son habituelle courtoisie avait fait place à une mauvaise humeur si chronique que Cocteau lui-même ne reconnaissait plus son Jeannot.

Il trouva néanmoins l'énergie de donner un coup de pouce à George Reich, un peu lassé d'être noyé dans la troupe du Lido et rêvant d'avoir une compagnie à lui. Depuis leur rencontre, le jeune danseur américain avait appris le français et adopté son nouveau pays, à sa manière. « Savez-vous à quoi j'ai compris que j'étais devenu un vrai Parisien ?, déclara-t-il à l'époque. C'est lorsque je me suis mis à aimer les escargots et les grenouilles ! En vrai Français qui se respecte, j'adore les plats à l'ail arrosés de bons vins blancs. J'adore aussi le camembert avec du "gros rouge". Je suis terriblement gourmand ! »

Encore fallait-il se faire adopter par le pays en question. Or, en dehors du petit cercle Marais-Cocteau, George ne connaissait personne. Qu'à cela ne tienne ! Jean allait s'occuper de la promotion des « Ballets Ho » que George venait de créer. La référence de cet étrange « Ho » n'avait rien d'asiatique. C'était une contraction de « hello », manière de saluer bien américaine, mais aussi le cri poussé par le petit George quand sa mère l'obligeait à se rendre à ses cours de claquettes.

Afin de réussir la naissance des Ballets Ho, Marais réquisitionna son théâtre, prépara décors et costumes, installa pour un soir dans la fosse des Bouffes l'orchestre entier du Lido et convoqua le Tout-Paris des producteurs de spectacle avant de l'accueillir et de l'installer en personne. Quarante-cinq minutes plus tard, l'affaire était dans le sac. George n'avait plus qu'à signer les différents contrats qui le menèrent, lui et sa troupe, de l'Olympia à Bobino et de Bobino à Medrano. En somme, toutes les bonnes scènes de music-hall de la capitale.

Jean Marais changea lui-même de théâtre pour aller au Sarah-Bernhardt, sans toutefois abandonner Bernard Shaw dont il devait interpréter, après Higgins, le César de son *César et Cléopâtre*. Une pièce de l'auteur irlandais aujourd'hui bien connue grâce à l'adaptation cinématographique hollywoodienne de Joseph Mankiewicz, superbe méditation sur les rapports du tout-puissant empereur romain et de la reine d'Égypte tentant de sauver son royaume. Marais avait d'autant plus envie de revêtir les habits impériaux qu'il cherchait à casser son image de séducteur. C'est donc pour se grimer qu'il s'installa chaque soir dans la loge qui fut celle de la grande Sarah Bernhardt, et aussi de Charles Dullin, son maître, avec qui il avait autrefois joué *L'Avare* dans le même lieu. Il en ressortait à moitié chauve, le nez busqué, la voix changée. Dès lors, comme personne ne pouvait plus le reconnaître, Marais était fou de joie de la mascarade réussie. Au grand dam du directeur André Julien qui se lamentait en disant : « Je n'ai pas engagé Jean Marais pour qu'il devienne vieux et laid ! » Audacieux, le pari fut gagné. Les compliments abondèrent. Chaque soir, la loge du comédien fut envahie. Gérard Philipe vint lui-même le congratuler : « Merci, Jean. Tu nous as montré comment un jeune premier peut accepter des rôles de caractère. Tu m'as, à ce sujet, délivré d'un tourment. »

Chapitre XVII

Sa mère adorait le drame

Et les tournages de films reprirent. Pour le meilleur et le moins bon, Marais signant un peu aveuglément contrat sur contrat. En fait, la vedette avait besoin d'argent : Jeannot menait grand train.

Le moins bon de ces films ? Peut-être *Toute la ville accuse*, premier long métrage de Claude Boissol passé à la réalisation après de nombreuses années d'assistanat, notamment avec Yves Allégret et Jacques Becker. Boissol, pour « son » film, s'était également adjugé l'écriture du scénario et des dialogues. Une histoire qui se traîne et qu'eurent du mal à réveiller d'excellents seconds rôles comme Duvaleix ou Noël Roquevert. Car on nage dans l'improbable et les bons sentiments, dans cette histoire d'un groupe d'enfants qui, après avoir découvert un trésor enfoui par des escrocs disparus dans un accident de la route, tentent vainement de le redistribuer en faisant des dons à la population locale, les commerçants du coin, suspicieux, refusant de prendre leur argent. Désappointés, ils confieront alors anonymement leur trouvaille à un jeune écrivain désargenté mais généreux – Jean Marais alias François Neyrac – qui voit chaque matin, devant sa porte, un sac bourré de billets de banque. L'écrivain ainsi enrichi pourra alors jouer au Père Noël et s'attirer la sympathie de la commune reconnaissante ainsi que celle de la fille du notaire.

Le meilleur ? Certainement *Elena et les hommes* que le comédien tourna sous la direction du « patron » Jean Renoir, aux côtés d'Ingrid Bergman. Celle-ci interprétait le rôle-titre : une princesse polonaise qui attire et fait virevolter autour d'elle différents représentants de la société masculine de la fin du XIXe siècle, à commencer par le général Rollan. Ce personnage, attribué à Jean Marais, est le démarquage, le charme en plus, du fameux et populaire général Boulanger qui, dans les années 1880, après avoir été ministre de la Guerre, avait failli mettre en péril la Troisième République. Réalisé parallèlement au film de René Clair, *Les Grandes Manœuvres*, qui évoquait la même période avec le concurrent de Jean, Gérard Philipe, *Elena et les hommes* est une fantaisie qui, tout en s'en inspirant, tourne le dos à toute vérité historique : « La seule raison d'être de *Elena,* c'est la femme, expliqua Jean Renoir, et c'est la femme représentée par Ingrid Bergman. Autour de cela, j'ai construit une satire, je me suis amusé avec des histoires politiques, des histoires de généraux. J'ai essayé de montrer la futilité des entreprises humaines, y compris l'entreprise qu'on appelle le patriotisme, puis de m'amuser avec des idées qui sont devenues des idées sérieuses de nos jours. »

Jean Marais entra avec élégance et humour dans ce pastiche, composant un général de fantaisie qui ne savait plus trop s'il devait s'engager sur la voie de la politique ou sur celle de l'amour, ratant l'une et l'autre. Bien que décrié par une partie de la critique qui n'y vit « qu'un embrouillamini qui peut faire passer une soirée agréable à condition d'aller au cinéma pour ça », le film de Renoir sut séduire plus de deux millions de spectateurs.

Si Jean Genet signa les dialogues de *Goubbiah*, sorti en 1955, ce ne fut pas la seule originalité de ce film de Robert Darène, fruit d'une co-production entre l'Italie et la France et entièrement tourné en Yougoslavie. Multipliant les étrangetés, *Goubbiah* n'hésita pas à transformer Marais, d'abord en pêcheur d'éponges, puis en prospecteur de diamants avant de le plonger dans l'aventure compliquée d'une idylle le mettant aux prises avec un groupe de gitans peu soucieux d'accueillir un étranger en son sein. À en croire de rares photographies d'époque, le tournage dans les Balkans fut assez rude. On y voit Jean Marais, frileusement engoncé dans une pelisse à col de fourrure, en compagnie de l'actrice italienne Delia Scala, elle aussi protégée par une peau de bête, tous deux attendant sagement la prochaine prise de vue. Une prise importante puisqu'il s'agit du mariage de Goubbiah/Marais avec Trinida la Gitane que la transalpine Delia Scala est censée incarner. Pour cette séquence, et malgré le froid, le fiancé devait être en maillot de corps et la future épouse en robe légère. Le réalisateur avait sorti tout son savoir des gens du voyage et, notamment, de leurs cérémonies nuptiales traditionnelles. Accompagnés par des chants et des danses, les deux impétrants devaient mêler leurs sangs. L'usage du poinçon ayant été refusé par la comédienne, un technicien malin remplaça la pointe de l'outil par l'extrémité d'un stylo à bille rouge. « Je vous marie dans la vie et dans la mort » put alors annoncer le maître de cérémonie. Formule millénaire du peuple tzigane ou belle envolée due à la plume de Jean Genet ? Au moins voilà Marais enfin marié... au cinéma.

Toutes ces aventures cinématographiques plus ou moins curieuses n'empêchèrent pas le comédien d'aller rejoindre George Reich au-delà des mers, le danseur ayant délaissé les scènes parisiennes pour la Californie, plus précisément Hollywood et ses studios de cinéma. Car on y tournait une jolie comédie musicale inspirée de Cendrillon, *La Pantoufle de verre*, du bon spécialiste Charles Walters, pour laquelle avaient été engagés Leslie Caron, dans le rôle-titre, et les Ballets Roland Petit. Tandis que George dansait sur le plateau géant de la MGM, Jean, qui n'osait pas s'aventurer en voiture sur le réseau autoroutier labyrinthique de Los

Angeles, faisait les courses – à pied –, le ménage et la cuisine.

Jusqu'au jour où lui parvint un télégramme d'Édouard Dermit annonçant que Cocteau était très malade. Victime d'un infarctus le 10 mai 1954, le poète avait été transporté par son amie Francine Weisweiller dans son hôtel particulier transformé en clinique. On lui avait fait des piqûres de morphine et il devait rester au calme.

Pour Marais, il n'était dès lors pas question de rester une minute de plus aux États-Unis. Toutefois, de retour à Paris, il n'osa pas rendre immédiatement visite à son ami malade : comme celui-ci le croyait toujours à Hollywood, il craignait de le traumatiser. Dès le lendemain, il demanda donc conseil au professeur qui soignait le poète. Celui-ci le rassura et lui donna le feu vert sans hésiter, tout en lui précisant : « Je diminue les doses de morphine chaque jour, mais il ne faut pas lui dire. Bientôt, ce sera simplement de l'eau, sans qu'il s'en doute. Surtout, empêchez-le de trop parler, car cela le fatigue. » Malgré la douleur, Cocteau ne cessa de plaisanter. Marais, appliquant les consignes du professeur, décida alors de parler à sa place, et lui raconta toutes sortes de souvenirs communs, dont l'un relatif à l'île de Samois :

— As-tu oublié, Jean ? Tu t'étais endormi en prenant un bain de soleil, tu n'avais même pas gardé ton maillot. Quand tu t'es réveillé, ton corps était couvert de papillons et de lézards. Un promeneur anglais, un ado, était planté là, tout baba, devant toi. Par pudeur, il a vite placé un bouquin sur ton sexe. Ce livre était ta propre pièce, *Orphée*, que tu as bien été obligé de lui dédicacer ensuite...

— Ah, celui-là ! Il m'aura bien rendu la monnaie de ma pièce ! ricana le malade.

Quelques jours plus tard, Cocteau partit pour les Alpes baigner ses poumons à l'air glacé et purificateur des sommets. Et Marais reprit le cours de son existence constituée essentiellement, pour l'heure, de multiples tournages. Toutefois, un nouveau projet l'agitait. Celui qui, dans le questionnaire de Proust, affirmait que son « occupation préférée » était le théâtre, alors qu'il en était privé depuis sa prestation dans *César et Cléopâtre*, voulut se lancer dans l'écriture d'un spectacle pour George, revenu dans sa patrie d'adoption. Ce sera *L'Apprenti-Fakir* présenté au Théâtre de la Porte Saint-Martin fin 1955. Si George Reich régla les ballets, Marais s'occupa de tout le reste : texte, mise en scène, décors et costumes. Il en fut aussi, bien entendu, le producteur et il en écrivit même des chansons, interprétées par Nicole Croisille, une danseuse qui découvrit ainsi qu'elle possédait un autre talent. Le spectacle plut tellement que la salle était comble chaque soir. Mais la démesure torpilla financièrement, dès la première séance, l'entreprise : « L'orchestre comptait cinquante musiciens, explique Marais dans son livre de souvenirs, les ballets, de nombreux danseurs. On en avait même fait venir spécialement d'Amérique. En outre, les décors et les costumes étaient en nombre exorbitant. J'avais acheté, dans des endroits appropriés, des numéros d'illusionnistes. Bref, avec des salles pleines, nous étions en déficit. Heureusement que le spectacle ne se prolongea que deux mois. » En plus du coût du spectacle, une autre mauvaise nouvelle assombrit le comédien. George, un peu après, lui apparut en effet triste, crispé. Et Marais comprit vite qu'il y avait anguille sous roche. Oui, George était tombé amoureux de quelqu'un d'autre, un danseur yougoslave. Marais accepta cette nouvelle situation, proposa d'aider son ami, insista même pour que George ne quitte pas Marnes-la-Coquette où il pourrait recevoir, lui assura-t-il, qui il voudrait. Mais George Reich, l'ami de dix ans, préféra les situations claires et disparut un beau matin.

À la fin du printemps 1956, c'est encore dans un avion long-courrier que s'installa Jean Marais. Direction le Japon. Où le docteur et cinéaste Yves Ciampi installait sa caméra pour la réalisation de *Typhon sur Nagasaki*, une grosse coproduction franco-japonaise qui fut le premier pont culturel entre l'Europe et le pays du Soleil Levant vaincu. C'est avec le concours de Jean-Charles Tacchella que Ciampi avait mis au point cette histoire où Pierre Marsac (Jean Marais), un ingénieur français, hésitait entre son ancienne amie Françoise (Danielle Darrieux), journaliste venue de France faire un reportage, et Noriko, une jeune Japonaise vendeuse de tissus. Il les perdra toutes les deux, Noriko mourant dans les décombres de Nagasaki détruite par une tornade. Nagasaki, comme Hiroshima, une ville martyre dévastée par le largage, en 1945, d'une bombe atomique américaine faisant des dizaines de milliers de victimes. Le typhon du film d'Yves Ciampi, dans lequel disparaît Noriko constituait, bien entendu, une allusion directe à ce cataclysme nucléaire. La brillante distribution, ainsi que la curiosité pour un monde si lointain, attirèrent, rien qu'en France, plus de trois millions de spectateurs en 1957.

Les succès se succédaient et les contrats se multipliaient. Marais était l'acteur français numéro un, mais il traînait avec lui une sorte de spleen. Un mal-être exprimé sans ambages pendant le tournage de *Typhon sur Nagasaki* dans un courrier à l'ami Cocteau : « Nous avons une terrible chaleur et le studio est une rude épreuve. La projection est bonne mais le film n'est pas d'un grand niveau. Au fond, le cinéma ne m'intéresse que lorsqu'il est entre tes mains. Je suis fier et heureux d'avoir été dans tes œuvres. Ce sont les seules qui comptent pour moi. Ce qui me déprime, c'est que j'ai toujours l'impression dans les autres films de ne servir à rien. C'est curieux que le talent soit si rare. Naturellement je ne demande pas aux autres d'être toi mais d'avoir quelque chose dans leur tête. Sans toi, je suis seul et je n'aime pas être seul. Le Japon me semblerait beaucoup plus beau si tu étais là... »

Le coup de blues se dissipa quand, de retour en France, il fut appelé par une grande figure du 7e art. Luchino Visconti lui demanda en effet, et timidement, s'il voulait bien le rejoindre en Italie pour interpréter un personnage de l'adaptation cinématographique du texte de Dostoïevski, *Les Quatre Nuits d'un rêveur*, qu'il était en train d'écrire. Timidement, car le maître transalpin avait réservé le rôle principal à Marcello Mastroianni, aux côtés de la vedette autrichienne Maria Schell. Mais Luchino était aussi un ami. Ce descendant d'une vieille famille aristocratique et néanmoins marxiste convaincu (il prendra toutefois ses distances avec l'Union Soviétique à la suite de l'intervention de l'Armée Rouge en Hongrie et en Tchécoslovaquie) n'était pas seulement l'un des cinéastes majeurs de la seconde moitié du XXe siècle : c'était aussi un homme d'opéra et de théâtre. S'il connaissait bien la France pour avoir été l'assistant de Jean Renoir, il se trouvait à l'époque à Paris pour présenter sa propre version de *La Locandiera*, la pièce de Carlo Goldoni, au Théâtre Sarah-Bernardt. Une œuvre jouée par Mastroianni lui-même. Une autre raison allait permettre aux deux hommes de sympathiser : le fait que Luchino Visconti ait le premier mis en scène dans son pays, en 1945, le chef-d'œuvre de Cocteau, *Les Parents terribles*. Bref, rôle secondaire ou principal, peu importe, Marais accepta sur le champ parce que le « talent est si rare » et que, à l'évidence, le cinéaste italien n'en manque pas.

Avant de s'envoler vers Rome et Cinecittà, il aura eu le temps d'honorer un autre contrat, le liant cette fois à la maison de production alors encore étatisée, la « major » française UGC. Et de travailler pour un personnage atypique dans le cinéma français, Georges Rouquier. Cet ancien typographe passé à la réalisation de films plaidait depuis longtemps en faveur du travail manuel, notamment en milieu rural. Avec *Farrebique*, son premier long métrage sorti juste après la guerre, il avait élevé son propos en trouvant des images très inspirées et en élaborant une véritable ode à la vie aux champs. Mais, cette fois, le bon documentariste aux accents lyriques tentait l'aventure du film de fiction. *S.O.S. Noronha*, écrit par le fameux tandem Boileau et Narcejac, lorgnait vers le film d'aviation dont le cinéma américain, Howard Hawks en particulier, avait fait un genre en soi, en soulignant l'héroïsme quotidien des pilotes ordinaires. Dans *S.O.S. Noronha*, les héros « ordinaires » étaient de simples radios ou météorologues chargés de guider le grand Mermoz dans l'une de ses tentatives de traversée de l'Atlantique, de Natal - au Brésil - à Dakar, sur la côte africaine. Afin de corser l'affaire, mais aussi rendre hommage au professionnalisme de ces techniciens de base, les scénaristes avaient imaginé que sur la petite île brésilienne (Noronha) où était installée la station de l'Aéropostale, une révolte de forçats venait d'éclater. Une terrible révolte qui compliqua fortement le sauvetage de Jean Mermoz dont l'avion s'était abîmé en mer. À l'instar de certaines grandes stars du cinéma américain ayant mis leur talent au service du « film d'aviation », Jean Marais, en chef de poste bataillant pour remplir sa mission, semblait d'assez loin faire écho à John Garfield (*Air Force*) ou Cary Grant (*Seuls les anges ont des ailes*).

C'est un homme débordé que le comédien retrouva pour le tournage des *Notti bianche* – le titre donné à l'adaptation de Dostoïevski. Visconti, en 1957, outre ces *Nuits blanches*, devait mettre en scène à la Scala de Milan un opéra de Donizetti et un autre de Gluck. À Venise, ce fut une pièce de Goldoni. Avec Marcello Mastroianni, Franco Cristaldi et le scénariste Suso Cecchi d'Amico, Visconti avait créé une coopérative cinématographique qui prit en charge la production de son dernier film. Il n'avait pas tourné depuis *Senso*, réalisé trois ans plus tôt. Cette vie plutôt agitée ne l'empêcha pas de créer, avec *Nuits blanches*, une œuvre d'une grande sérénité et d'une maîtrise parfaite. « Visconti peint les élans et les infortunes du cœur en un poème qui s'inscrit dans la tradition du Kammerspiel et qui lui fait gagner des hauteurs où l'on ne rencontre guère que le

Murnau de *L'Aurore* pour faire se joindre à ce point la simplicité de la représentation et l'effusion passionnelle », peut-on d'ailleurs lire sous la plume de Freddy Buache, émerveillé. C'est en effet une histoire à la fois simple et complexe que celle imaginée par l'écrivain russe que Robert Bresson reprendra plus tard pour son propre compte. Une histoire complexe puisqu'elle mêle songe et réalité. Mais simple aussi, comme paraît simple cette rencontre d'un homme et d'une femme se livrant sans arrière-pensée grâce à la complicité de la nuit. Instant magique jusqu'au moment où le charme est rompu par l'intrusion d'un bel étranger : Jean Marais, bien entendu. *Nuits blanches* obtiendra un Lion d'argent au Festival de Venise de 1957.

C'est par le biais de France Roche, une amie, que le comédien arriva ensuite sur le plateau de Pierre Kast qui, après moult années de journalisme puis d'assistanat, entreprenait la réalisation de son premier long métrage. La jeune reporter, qui deviendra une célèbre chroniqueuse de cinéma, était l'auteur d'une amusante fantaisie qui avait su séduire le futur auteur du *Bel âge* et de *La Morte-saison des amours*. Parallèlement au film que Jack Arnold tournait aux États-Unis à peu près au même moment – le célèbre *Homme qui rétrécit* –, *Un amour de poche* développait, lui aussi, une histoire de nanisme obtenu grâce à un chimiste surdoué, en l'occurrence Jean Marais, alias le professeur Dorman. Mais il s'agissait-là moins d'effets spéciaux, argument premier du film d'Arnold, que d'un conte souriant cultivant le clin d'œil. En effet, le professeur exerçait surtout sa fabuleuse découverte pour cacher à sa fiancée une jeune assistante devenue sa maîtresse. Cette dernière, « pétrifiée » par son amant chimiste et réduite ainsi à la taille d'une Lilliputienne, pouvait facilement se réfugier dans l'une de ses poches et échapper aux investigations de celle qui prétendait toujours devenir la seule épouse du professeur.

Le départ de George Reich avait laissé Jean Marais meurtri et désorienté. Aussi, un soir de cafard, il téléphona à Madeleine, une amie qui vivait à Cannes et chez laquelle s'était installé le danseur américain. Ayant vu, par hasard, sur un calendrier que c'était la sainte Madeleine, il lui souhaita une bonne fête tout en espérant pouvoir parler à George. L'amie cannoise, qui avait deviné la raison de son appel, le lui passa. La conversation entre les deux hommes s'avéra laborieuse. Finalement, Madeleine reprit l'appareil et conseilla au comédien de boire un verre : « Nous ferons la même chose de notre côté, ce sera une manière d'être ensemble » ajouta-t-elle, finaude. Marais s'exécuta puis sombra dans un demi-sommeil et se mit à rêver. Il rêva qu'il rejouait la scène du téléphone mais, cette fois, sa douleur s'exprimait sans détour : il annonçait à son interlocutrice qu'il venait de s'ouvrir les veines et qu'il remplissait des vases entiers avec son sang. Affolée, Madeleine appelait George, le suppliait d'avertir Police-secours... Or ce fut le danseur lui-même qui le tira de ce cauchemar en le rappelant pour lui dire que Madeleine et lui venaient de boire, comme convenu, un whisky en pensant à Jean. Cet étrange échange n'eut pas de lendemains, même quand George Reich vint s'installer plus tard, avec un nouvel ami, dans une maison de Marnes-la-Coquette.

Marais soigna son spleen en travaillant plus encore. Outre ses tournages, il répondit favorablement à Robert Lamoureux lorsque celui-ci lui demanda de faire la mise en scène et les décors de son futur spectacle, *Un rossignol chantait*. Il peignait aussi, inlassablement, notamment des portraits de George, seul ou avec son chien Curane. Il écrivit aussi à Cocteau, qui achevait un long et difficile manuscrit dans le Midi. Ayant l'impression qu'il s'était conduit en égoïste alors que le poète s'était toujours montré généreux, le remords d'avoir trahi Cocteau le tenaillait. Mais celui-ci lui rappela qu'il ne lui avait jamais fait la moindre peine et qu'il fallait aller de l'avant. Un poème était même glissé dans sa réponse, s'achevant ainsi : « Nous n'avons qu'une seule chair / Ah ! les merveilleuses vacances ! / Logiques sont les conséquences / J'ai tout : je le paye très cher. »

Autre source de spleen, sa mère qu'il aidait du mieux qu'il pouvait. Henriette, qui n'avait pas changé, avait toujours le don de le faire tourner en bourrique. Ainsi, il l'avait installée dans un deux-pièces rue des Petits-Hôtels, vite devenu misérable, Henriette n'étant pas une femme d'intérieur. Vêtue de nippes hors d'âge quand elle restait à la maison, elle se maquillait en revanche avec soin et s'habillait avec élégance dès qu'il s'agissait de sortir. Personne, pas même son fils, n'avait le droit de débarquer rue des Petits-Hôtels à l'improviste. Sa kleptomanie était intacte et elle continuait, bien que Jean lui donne de quoi vivre, à dévaliser les boutiques de son quartier. Elle ne profitait même pas de ces larcins à répétition, ses vols se transformant toujours en cadeaux. « C'est un Père Noël perpétuel » disait d'elle Jean qui ne savait pas trop comment régler ce problème, la psychiatrie étant une science largement ignorée alors.

Rosalie-Henriette avait une nature gaie, contredite par une forte propension à adorer le drame. Pour son fils chéri elle se montrait, en outre, d'une jalousie maladive. Possessive, elle détestait ses amis. Le dimanche, le plus souvent, elle allait chez lui, à Marnes-la-Coquette, et se régalait à surprendre les gens en train de mentir pour en faire ensuite toute une histoire et mettre ses interlocuteurs mal à l'aise. Un grand nombre des relations de Jean Marais, surtout parmi ceux qu'elle n'aimait pas, ne venaient plus ces jours-là à cause d'elle. Peut-être rêvait-elle au fond d'elle d'avoir un fils malheureux, marginal, qu'elle aurait pu soigner, s'occupant de lui tout en blâmant ses incartades ? Car tous les succès du comédien accentuaient sa mauvaise humeur. Et si elle ne recevait pas de lui, en dehors de leurs week-ends en commun, une lettre par jour, elle en était mortifiée. Marais, de son côté, pensait qu'elle était très malheureuse, séparée depuis toujours de son époux, et que donc il lui revenait de la sortir de cette morosité. Mais comment faire, avec un tel caractère ? Cocteau avait une solution, plutôt insolite : « J'épouse ta mère. Ensuite, je t'adopte, et tu deviens ainsi mon véritable fils. » Solution qui rendait évidemment le comédien plus que perplexe : « Si tu l'épouses, elle aura vite fait de t'écraser ! »

Un jour, sa mère étant restée seule dans sa loge, le comédien l'entendit hurler. Il se précipita. Henriette, rouge d'indignation, désignait la photo d'Yvonne de Bray, morte deux ans auparavant : « Enlève-moi cette photo immédiatement ! Sinon, j'irai dans la salle et je crierai au public que "ta" de Bray n'était qu'une ivrogne et une ordure. » Marais, en colère, la poussa alors vers la porte : « Ça suffit pour ce soir. Va-t'en ! » « Tu me chasses ? C'est bien. Tu ne me reverras plus jamais. » Rosalie – il l'appelait toujours ainsi – s'en alla, l'air buté. Jean, un peu groggy, interpréta son rôle. Mais, à la fin du spectacle, on l'avertit qu'il était appelé à l'hôpital Lariboisière : Henriette s'était évanouie sur le quai du métro. Après examen, elle n'avait rien au cœur mais il devait venir la chercher...

Une autre fois, alors que George Reich était encore à la maison et que Jean tournait en Corse *S.O.S Noronha*, il reçut un appel du danseur exaspéré : « Je t'appelle de la maison du concierge. Ta mère refuse de me laisser entrer. » Cette fois, Marais se fâcha et ordonna à sa mère de cesser sa comédie, ordre assorti d'une sanction : « Je te demande aussi de ne pas venir me rejoindre comme nous l'avions convenu. » Mais Henriette/Rosalie, feignant de ne pas avoir compris, prit tout de même l'avion. Pimpante et radieuse, elle réussit même à séduire toute l'équipe.

Quand Henri, le frère aîné de Jean, condamné par la médecine, débarqua à Marnes-la-Coquette avec ses filles, les tensions ne cessèrent pas pour autant, Rosalie prenant plaisir à susciter des incidents entre ses deux fils. Mais il faudra du temps pour que le comédien, à la fois chéri et maltraité par cette mère pour le moins abusive, finisse par se rebeller.

Cette présence maternelle lui permit, en tout cas, de ne pas oublier ses rêves d'enfant. Ce qu'il prouva en s'engageant avec *La Tour, prends garde !* dans un genre cinématographique qui allait lui assurer encore plus de popularité.

L'actrice américaine casse-cou Pearl White, on s'en souvient, avait fasciné le petit Jean. Pearl, c'était la jeune fille coiffée d'une célèbre perruque blonde et d'un large béret, capable de toutes les intrépidités : sauter d'un train, conduire un avion, se balancer dans l'espace. En 1947, l'actrice Betty Hutton avait fait revivre la vie et la carrière de la « Perle blanche » dans une biographie filmée, *Les Exploits de Pearl White*. On se rappelle que, peu après 1920, sa fortune étant assurée, la vraie Pearl White avait acheté, non loin de Paris, un château à Rambouillet. Jean Marais l'avait rencontrée, avant sa mort en 1938, au cours d'un gala de cinéma, avenue Henri-Martin. Ils avaient beaucoup ri ensemble, mais elle avait prononcé une phrase qui blessa le cœur de Jean Marais : « Dans mes acrobaties, bien sûr, j'étais constamment doublée. Je ne faisais que les gros plans. » Patatras ! Lui qui avait avant tout admiré en elle la sportive courageuse, la femme héroïque, voyait la magie se briser. Il en avait été triste quelques jours, mais Cocteau avait un peu apaisé son malaise en déclarant : « Tout art, comme la poésie ou la peinture, est une imposture. Mais si elle atteint certains sommets, l'imposture se fait miracle. »

Pour ma part, j'ai eu la chance de retrouver la tombe de Pearl White, au cimetière de Passy. Étrange hasard, cette tombe se dresse tout à côté de la tombe de Louise de Coligny, la fameuse Lou, le grand amour d'Apollinaire. Je suis revenu un jour à Passy, entraînant avec moi Jean Marais, dont j'avais fait enfin la connaissance. Il s'inclina devant les sépultures de ces deux héroïnes ayant suscité tant d'amour. Devant celle de Louise de Coligny, je l'entendis murmurer quelques vers de *Agent de liaison* écrit pour elle début avril 1915 par le sous-officier Apollinaire, depuis sa tranchée et sous un déluge d'obus. Mais revenons en 1957.

« Voici notre Jean Marais en La Tour partant seul, une nuit, chez les Impériaux et n'ayant pour arme que son courage, mais prêt à affronter tous les dangers. Il rampe le long des murailles, saute à dix mètres de haut, enfourche un cheval au galop, apparaît, disparaît, nargue les sentinelles, s'empare de l'étendard et va le remettre au roi en échange du titre de chevalier... » Ce petit passage prélevé dans le reportage d'un chroniqueur de l'époque donne le ton. Pardonnant finalement à l'actrice américaine tout en se promettant de rester fidèle à ses propres émotions enfantines, Jean Marais avait en effet signé avec le producteur Jean Kerchner pour le premier rôle d'une grosse entreprise internationale tournée en partie dans la région de Zagreb, capitale d'une Croatie alors encore englobée dans la Fédération yougoslave. *La Tour, prends garde !*, premier long métrage de cape et d'épée du comédien, fut mis en scène par Georges Lampin, cinéaste d'origine russe plus ou moins spécialisé dans le film d'aventures depuis qu'il avait signé une adaptation remarquée de *L'Idiot*, sublimement interprété par Gérard Philipe. Coproduction franco-italo-yougoslave, *La Tour, prends garde !* n'avait pas lésiné sur les moyens pour se donner des airs de grand spectacle, choisissant notamment le « dyaliscope », technique franco-française de l'écran large, cousine du « cinémascope » que venait de lancer la Fox aux États-Unis.

Film de cape et d'épée, et donc film en costumes, *La Tour, prends garde !* évoque le règne de Louis XV, un roi que Marais connaissait bien pour l'avoir incarné dans le film de Sacha Guitry sur Versailles. Mais cette fois, le roi n'est plus qu'un bateleur dirigeant une troupe de comédiens qui devra son anoblissement à sa conduite héroïque durant la guerre contre l'Autriche. Bien entendu, Jean Marais avait refusé tout doublage, même pour les scènes à haut risque. Éminemment sportif dans ce film, il y fut aussi troubadour et chanta plusieurs airs en s'accompagnant à la guitare.

Le film de Georges Lampin est plutôt mouvementé. On assiste d'abord à une traversée de l'Europe qui donne lieu à de multiples péripéties. À l'arrivée, le drapeau du régiment des chevau-légers a été volé par l'ennemi. Le duc de Saint-Sever, soi-disant provoqué par La Tour, fait alors bâtonner le comédien prolétaire, lequel se jure de récupérer l'emblème. Ayant réussi, il est fait chevalier et pourra donc se battre à la loyale avec le comte. Mais ce dernier est vilainement assassiné par un traître et, avant de mourir, révèle à La Tour l'existence de sa fille naturelle, Toinon, qui vit en servante à Paris, ignorant son rang et sa lignée. Nouveaux combats, d'autant que les gardes royaux croient que c'est La Tour qui a assassiné le comte. Au final, il prouvera son innocence, délivrera Toinon et les deux jeunes gens connaîtront l'amour. Ah, la silhouette de Jean Marais, chemise ouverte, culotte déchirée, recevant sur son épaule le front pur et juvénile de la jeune fille qu'il a délivrée !

C'est à Denys de La Patellière, qui fut l'assistant de Georges Lampin et qui n'avait pas encore réalisé ses succès commerciaux, que l'on doit ce scénario plutôt échevelé. Plus curieusement, *La Tour, prends garde !* était, bien avant *Les 400 coups*, le premier film dans lequel apparut le héros et protégé de François Truffaut, Jean-Pierre Léaud, que Jean Marais sauva d'ailleurs des foudres d'un maître d'armes pour avoir cassé une épée. Sorti au début de l'année 1958, mal accueilli par une critique maussade, ce film assez médiocre marqua cependant un tournant radical dans la carrière de l'émule de Cocteau en lui ouvrant la voie d'un cinéma d'action où son engagement physique fit merveille.

Comme beaucoup de comédiens, c'est encore sur scène que Jean Marais se régénérait le mieux. C'est donc sans trop d'hésitations qu'il accepta, le tournage de *La Tour, prends garde !* à peine terminé, la proposition de la direction du Théâtre des Ambassadeurs de monter *Deux sur la balançoire.* L'adaptation française de cette comédie douce-amère de l'Américain William Gibson fut assurée par Louise de Vilmorin. L'idée était de constituer un duo Jean Marais/ Annie Girardot. Cette dernière, encore fort peu connue du grand public malgré quelques films sans grand intérêt tournés à la va-vite, était déjà une brillante comédienne : elle exerçait son talent dans des emplois de personnages fantaisistes à la Comédie-Française, après être sortie première de sa promotion au Conservatoire National d'Art Dramatique. L'idée était aussi de demander à Marais d'assurer la mise en scène. Est-ce le souvenir encore cuisant de la surcharge de travail que lui valut la création du ruineux *L'apprenti Fakir* ? Toujours est-il que le comédien déclina cette dernière offre et proposa, en guise de remplaçant mais sans trop y croire lui-même, le nom de Luchino Visconti. Surprise : celui-ci accepta, renvoyant fort courtoisement l'ascenseur à celui qui avait, malgré son renom, bien voulu faire de la figuration, ou presque, dans son dernier film.

Sur scène, comme dans les coulisses, l'entente fut parfaite entre la vedette et la « débutante ». « Je n'ai jamais rencontré une actrice plus régulière, aussi peu cabotine qu'elle. Annie est merveilleuse comme actrice et comme camarade », dira Jean Marais de celle qui lui donnait la réplique chaque soir. Quant au maître italien, il trouva avec Annie Girardot la Nadia de *Rocco et ses frères*, film qu'il tourna deux ans plus tard et qui donna enfin à l'actrice française la place qu'elle méritait.

Chapitre XVIII

Quarante ans après

En 1958, le petit détour sur la scène du Théâtre des Ambassadeurs ne fut qu'une parenthèse. Si l'art de Molière restait, pour Jean Marais, l'art noble par excellence, c'est tout de même au cinéma qu'il devait sa confortable vie et son incroyable popularité. Chaque jour, cette renommée s'amplifiait, en France comme à l'étranger. Pour la quatrième fois, il alla ainsi chercher en Allemagne un « Bambi ». Si les Césars n'avaient pas encore été inventés par Georges Cravenne, il y avait déjà dans l'Hexagone les « Victoires du Cinéma Français » attribuées aux meilleurs acteurs. Jean les avait remportées deux fois, en 1946 et 1950. Sans doute l'une des dernières grandes stars de l'écran à n'avoir pas l'esprit comptable, le comédien, comme on le verra plus tard, gérait sa carrière seulement en fonction de ses besoins du moment. Or ces besoins étaient grands : son train de vie, ses libéralités d'homme de cœur toujours prêt à aider proches, famille et amis, l'obligeaient à multiplier les tournages sans pour autant trouver un quelconque équilibre financier. Jusqu'à 1970, année qui annonça un début de retrait du monde du cinéma, Jean Marais tourna une trentaine de films qui lui apportèrent, pour certains, la gloire et qui lui permirent de vivre sans trop de soucis matériels. C'est pourquoi le voilà, en ce début 1958, sa récréation théâtrale finie, en train de reprendre courageusement le chemin des studios.

D'abord il retrouva Claude Boissol, le réalisateur de l'assez fade *Toute la ville accuse*, long métrage qui eut au moins le mérite d'être au plus près de son interprète principal en s'inspirant de sa légendaire générosité. Plus ambitieux, *Chaque jour a son secret* était une sorte de film à tiroirs où chaque « secret » dévoilé en cachait un autre à élucider. C'est Danièle Delorme qui menait l'enquête : elle incarnait Olga Lezcano, épouse d'un célèbre ethnologue, que l'on croit disparue dans la jungle amazonienne, mais qui resurgit soudainement après deux ans de silence pour apprendre que son mari s'est remarié et a disparu à son tour. Comme on le dit mort, elle le croit victime d'une plante tropicale, « l'ibadou », qui plonge celui qui l'ingère dans un état de catalepsie ressemblant à la mort. Face à elle, la très élégante débutante Françoise Fabian (qui, dans la vie, était depuis peu mariée à Jacques Becker dont Boissol fut l'assistant) incarnait la traîtresse Hélène, celle qui avait épousé l'ethnologue plus ou moins décédé. Au centre de cette sombre affaire, Jean Marais prêtait son charme à Xavier, le frère du disparu, dont Olga saurait faire la conquête tout en parvenant à résoudre les nombreuses énigmes du film.

Si *Chaque jour a son secret* ne fut pas non plus vraiment une réussite, une anecdote liée au tournage, qui me fut rapportée par Jacques Héripret, un ami de vingt ans, illustre bien le côté « cœur sur la main » de Marais. En 1958, Héripret, simple stagiaire à la mise en scène, reçut, le film à peine commencé, son ordre d'incorporation dans l'armée alors que la guerre d'Algérie était à son comble. La veille de son départ, en fin de journée, il aperçut Marais écrivant sur un tableau noir (que les comédiens, entre eux, appelaient un « nègre ») les mots suivants : « Jean Marais, ce soir, offre le verre de l'amitié, pour dire notre affection à Jacques Héripret qui est appelé en Algérie. On lui souhaite de nous revenir le plus vite possible. » Le soir, tous les acteurs et les techniciens du film étaient présents à ce « pot de l'amitié ». Dans l'après-midi, Héripret avait noté que Jean se baladait un peu partout en présentant à chacun le couvercle d'une boîte de pellicule. Quand le couvercle fut rempli de billets, il atterrit dans les mains de Jacques, qui ne partit donc pas fauché comme les blés. Une fois en Algérie, l'appelé reçut encore de Jean Marais un colis de friandises. Entre les plaques de chocolat étaient glissés des billets de banque – dont un de dix mille francs. Bien dissimulés au fond du colis, il y avait aussi quatre ou cinq numéros du *Canard enchaîné*, journal strictement interdit par l'armée.

Hériprat me raconta la suite : « Lorsque j'ai achevé cette triste, sinistre guerre, j'étais prêt à sombrer dans la délinquance. Je n'avais pas un sou. Rien. Je dormais à Paris, depuis une semaine, dans des voitures, au hasard des parkings. Je n'avais pas mangé depuis trois ou quatre jours. J'étais en train de devenir un animal traqué, revenu de tout, prêt au pire, traumatisé à vie par cette guerre... Je suis allé à pied à Marnes-la-Coquette où habitait Jean Marais dans une superbe villa. George Reich, l'ami de Jean Marais, le fameux danseur, le créateur des "Ballets Ho" vint m'ouvrir. Il eut une sorte de recul, vite réprimé, en me voyant. J'avais une allure d'homme au bout du rouleau. De plus, à l'armée on m'avait rasé le crâne. Je bredouillais que je voulais voir Jean Marais, que je m'appelais Héripret et que je rentrais d'Algérie. Je venais le remercier de m'avoir fait parvenir un colis. Marais est alors sorti. Quand il a vu dans quel état je me trouvais, il a fait : "Oh, putain ! Oh, putain, c'est pas vrai ! Entre !" Dans le salon, Jean Cocteau était installé dans un fauteuil, devant la télé allumée. Il me demanda : "Alors, comment ça s'est passé, tout ça ?" Je lui ai répondu que l'important était que je sois là. Le reste, tout le reste, je ne voulais pas en parler. "Tu veux de l'argent ?" me demanda gentiment Jeannot. "Non, lui dis-je, je ne suis pas venu chercher de l'argent. Je vais te demander deux choses. Primo, j'ai faim. Est-ce que tu peux me donner à manger comme cela, tout de suite, cela fait des jours et des nuits que je vis dans la rue, j'ai faim et il m'arrive d'avoir des envies de voler ou de tuer. Secundo, j'ai envie de travailler, de faire n'importe quoi, si tu peux m'y aider..." »

« Sans perdre une minute, poursuivit encore Jacques Héripret, Jean Marais a appelé son ami, le producteur Gilbert Bokanowski, le priant de me recevoir, dès le lendemain. Je suis allé dans la cuisine où Jeanne, son habilleuse, qui habitait dans la maison du gardien, la bonne Jeanne, Jeanne la brave, me fit manger copieusement. Jean a encore voulu me refiler de l'argent. J'ai refusé. J'ai simplement demandé un ticket de train pour revenir à Paris. Jeannot m'a expliqué qu'il n'en avait pas, car il ne prenait jamais le train. C'est Jeanne qui est venue à mon secours en m'offrant un ticket. Le lendemain, le producteur Bokanowski m'a reçu : "Écoute, mon p'tit gars, je suis obligé de m'absenter pendant huit jours. Je t'ai préparé une enveloppe avec tout ce qu'il faut dedans pour tenir jusqu'à mon retour." C'était plutôt sympathique, n'est-ce pas ? J'étais dans le bureau depuis moins de cinq minutes et j'avais déjà un bulletin de salaire représentant huit jours de travail ! Boka me fit faire de la figuration, un film avec Serrault, un autre avec Pauline Carton... J'étais sauvé ! Je ne suis pas prêt d'oublier la générosité de Jean Marais. »

Depuis, Jacques Héripret est devenu un photographe de premier ordre et un collectionneur avisé de peintres contemporains, connu dans le monde entier.

Sacha Guitry mourut le 24 juillet 1957. L'année suivante, c'est-à-dire à l'époque où Jean Marais était sur la scène du Théâtre des Ambassadeurs, Clément Duhour, un comédien qui avait aidé le brillant écrivain et cinéaste pour son dernier film *Les Trois font la paire*, entreprit de porter à l'écran des textes inédits du maître. Cette sorte de comédie posthume devait être intitulée *La Vie à deux*. Une comédie plutôt grinçante et un vrai film-testament puisqu'il s'agissait des péripéties de deux généalogistes chargés par un écrivain soucieux de bien léguer sa fortune de retrouver des couples « exemplaires » qui, au fil du temps, l'inspirèrent et nourrirent son œuvre. Or, les couples en question ne ressemblaient guère, enquête faite, aux personnages idylliques des romans du commanditaire. Jean Marais incarnait Teddy Brooks, entouré d'une distribution particulièrement relevée où se côtoyaient nombre de « pointures » : Danielle Darrieux, Sophie Desmarets, Pierre Brasseur, Fernandel, Robert Lamoureux... et Lili Palmer que notre héros, dans le rôle d'un vil illusionniste, séduisait. *La Vie à deux*, sans bénéficier de la « patte » de son célèbre inspirateur, obtint un franc succès lors de sa sortie en septembre 1958.

C'est quelques semaines seulement après cette présentation réussie que la réalité va s'engouffrer dans la vie du comédien avec plus de force que n'importe quelle fiction. Jean Marais reçut en effet une étrange missive, presque anonyme, du moins signée d'un nom inconnu, mais dont la teneur le bouleversa et l'amena à reconsidérer les nombreuses décennies écoulées depuis son départ en catastrophe de Cherbourg. Cette lettre, que l'acteur a publiée dans *Histoires de ma vie*, dit ceci : « Madame Pierre Mouton, avec son souvenir, tient à prévenir M. Jean Marais de l'état de santé de son père qui ne laisse pas d'espoir. Opéré pour la troisième fois d'une tumeur à la prostate, la tumeur a essaimé vers la vessie. Le malade a dû quitter son domicile, 28, rue de la Duché, à Cherbourg, et aller en clinique à Equeurdreville pour transfusions sanguines. Il n'est pas au courant de cette démarche. »

Jean Marais raconte dans l'ouvrage qu'il fut tellement troublé qu'il commença par lire « frère » au lieu de « père », ce qui en dit long sur le travail d'oubli que son inconscient avait produit. Malgré tout, une autre lecture le ramena à la réalité et, cette fois sans trop réfléchir, il s'empressa d'appeler la clinique en question. On lui répondit, après quelques hésitations, que M. Alfred Marais avait quitté l'établissement après son opération. La voix, au téléphone, semblait perplexe. Elle le fut plus encore quand le comédien s'enquit de l'adresse de l'opéré tout en se prétendant son fils. Devenu à l'instant même suspect aux yeux de l'interlocutrice, pour laquelle un fils digne de ce nom devait connaître l'adresse de son père, il n'obtint pas le renseignement demandé. Il se rabattit donc sur les coordonnées indiquées par la mystérieuse Madame Mouton, tout en se demandant quelle pouvait bien être cette non moins mystérieuse rue de la Duché, le cabinet de vétérinaire de son père n'ayant jamais été situé à cet endroit. Faute de mieux, il se résolut à envoyer un petit mot. Par retour du courrier, il reçut une réponse que Marais lui-même qualifia de « belle, simple, émouvante, précise » :

« Mon cher Jean, viens, car je t'attends, moi aussi, depuis des années. Tu trouveras un père bien diminué, tout au moins physiquement. Qu'importe puisqu'en venant le voir dans un mouvement si spontané, tu fais le miracle sur lequel je ne comptais plus. Télégraphie-moi quel lundi tu comptes venir, soit dans l'immédiat, soit plus tard, selon tes obligations professionnelles, sans oublier de préciser l'heure de ton arrivée rue de la Duché. Malgré mon état de santé grandement déficient, c'est la joie au cœur que je t'embrasse et te dis à bientôt. »

Jean Marais envoya sur-le-champ un télégramme et attrapa le premier train de nuit pour Cherbourg. Au petit matin, il fut accueilli au 28, rue de la Duché par une certaine Madame Leroy, soixante-douze ans, cousine germaine du malade. « Votre père, M. Marais, a vendu son cabinet de vétérinaire et sa maison avec, lui déclara-t-elle. J'ai pu le loger à mon troisième étage, où il vit seul, non sans difficultés. Vous devriez lui conseiller d'entrer dans une maison de retraite. »

En l'honneur de la visite du comédien et parce que l'hiver était rude en ce début 1959, la logeuse avait exceptionnellement allumé le feu au salon. Elle ajouta, sans dissimuler un ton plein de reproche : « Votre père vous a écrit il y a quelques années, mais il n'a jamais reçu de réponse. » Évidemment, se dit le comédien, puisque lui-même n'avait jamais reçu cette lettre ! Jean comprit alors qu'Henriette, qui s'occupait de son courrier et lui avait à maintes reprises fait des scènes de jalousie en criant qu'elle considérerait comme « une trahison » que ses deux fils renouent avec un père « aussi moche », avait dû intercepter la missive.

Mais il n'eut pas le temps de s'appesantir plus longtemps sur la malveillance maternelle puisque venait d'apparaître, plus grand que lui, un homme de soixante-dix-huit ans, la bouche un peu fripée, le cheveu blond et blanc, les yeux bleus, élégant dans son costume marron. Ils tombèrent dans les bras l'un de l'autre. Envahi par l'émotion, Alfred Marais pleurait. Le père et le fils s'installèrent devant le feu. Jean évoqua la terrible maladie de son frère rongé par un cancer. « C'est donc héréditaire ! » observa alors tristement Alfred. Qui lui parla ensuite de ses rapports avec Henriette : « On a vécu quelques années ensemble, elle s'est éloignée de moi insensiblement. Elle n'aimait pas mon métier, le contact permanent avec les animaux... Un matin, je l'ai vue mettre son manteau, ses gants, elle avait déjà préparé sa valise. Elle m'a déclaré : "Je tiens à te dire que je n'ai rien à te reprocher." J'ai répondu : "Je tiens à te dire que dans vingt, trente ans, je serai toujours là. Je t'attendrai." » Jean Marais écoutait, comprenant à peine cette façon généreuse de ne pas dénigrer une femme volage et au mauvais caractère. Il demanda alors : « Tu n'as jamais eu honte de moi, parce que je suis devenu comédien ? » Alfred Marais sourit puis conduisit son fils devant une armoire : « Tu peux l'ouvrir et vérifier. Il y a là tout ce qui a été écrit sur toi, les articles, les livres. J'ai tout gardé depuis le début. Je sais tout de ta vie d'acteur et de ta vie privée. Tu es différent de tous les autres parce que tu es fait, toi, pour susciter l'amour. Mais je ne t'ai jamais vu jouer. Je n'aurais pas pu supporter de te voir vivre et parler sur une scène ou à l'écran. Si j'étais allé dans un théâtre, je me serais précipité vers toi, sur la scène ou dans ta loge, avec peut-être une tête décomposée, si effrayante que je me serais fait jeter dehors. Pardonne-moi. Maintenant, je vais pouvoir aller à la rencontre de toutes tes créations, au moins à la télé, sans appréhension. Quelle joie ! »

Longuement ils parlèrent encore. Jean Marais se reconnut totalement dans l'ancien vétérinaire : lui aussi n'avait aucun sens de l'argent, lui aussi aimait écrire, lui aussi avait des amis partout. Le vieil homme avait même passé, en vrai casse-cou, son brevet de pilote à l'âge de soixante ans. « La vie est quand même bête, résuma Jean. Tu vis seul, et maman, de son côté, est seule, elle aussi. Et elle n'est pas heureuse. » Alfred parut surpris : « Pas heureuse ? Mais elle a Paris. Ta mère était belle, gaie, coquette, indépendante, intelligente. Elle ne pouvait pas vivre ici, à Cherbourg. C'est Paris qui lui fallait. C'est pour cette raison qu'elle m'a quitté... De toute façon, désormais, mes jours à moi sont comptés. »

Peu après cette rencontre, le mal s'aggravant brutalement, Alfred Marais fut transporté à l'hôpital de Cherbourg. Jean, très inquiet, réussit alors à convaincre Henriette de l'accompagner à son chevet. En cours de route, elle ne cessa de maugréer, d'être négative, brossant inlassablement un portrait calamiteux de son mari, comme pour gommer la bonne impression qu'il avait donnée à son fils. Dans la chambre où gisait le mourant, Henriette, raide comme une automate, l'œil fixe, resta plantée dans l'encadrement de la porte. Lui eut une sorte de rictus de joie en la voyant. Alors elle avança lentement. « Elle mettra au moins vingt bonnes minutes pour atteindre le lit », précisera plus tard le comédien. Alfred Marais regarda les mains de sa femme. Oui, elle portait toujours leur alliance ! Il sourit. Henriette approcha son visage de celui d'Alfred, mais ne l'embrassa pas. Il y avait quarante ans qu'ils ne s'étaient pas vus. Henriette, à brûle-pourpoint, demanda : « Alfred, me trouves-tu vraiment changée ? » À demi dans le coma, le vétérinaire bredouilla quelques mots inaudibles. Mais il sourit de tout son visage. Il avait l'air pleinement heureux. Et mourut le lendemain.

Henri Marais, le frère aîné, agonisa à son tour peu après, à Marnes-la-Coquette cette fois. Henriette vint, soi-disant pour le soigner. Mais elle le fatigua surtout avec ses conseils, trouvant le moyen de lui faire des reproches. Henri finit alors par lui demander de le laisser se reposer. « Il ne veut pas de moi, alors je m'en vais ! » dit-elle, furieuse, à un Jean essayant en vain de la retenir, sachant l'issue fatale proche.

Il ne se trompait pas. Henri s'éteignit dans la nuit qui suivit cette scène. Sa mère, prévenue, arriva sans comprendre ce qui se passait. À l'entrée de la propriété, elle discuta même avec Jeanne qui essayait de la mettre au courant. Quand elle réalisa enfin que son fils était mort, Henriette se mit à hurler, insultant Dieu et tous ses Saints, puis s'effondra en pleurs. Jean Marais, en observant cette scène plus affligé qu'ému, soupira : « Quelle famille ! »

Chapitre XIX

Le goût du risque

Oui, quelle famille !

C'est à peu près à la même époque qu'une autre péripétie familiale survint. Un journaliste parisien, se prétendant son cousin, rapporta en effet à Jean Marais une histoire extravagante. Eugène Houdaille, le faux oncle de Jean Marais, aurait en réalité été son vrai père. Houdaille, lui dit-il, adorait Henriette, et c'était réciproque. Il avait même décidé de divorcer pour l'épouser quand avait éclaté la Grande Guerre. Pour le retrouver à Salonique où il avait été envoyé mais où aucun civil n'était admis, elle avait eu l'audace de se mêler à un convoi de prostituées. Comme Houdaille travaillait alors pour le ministère de l'Intérieur, qui exigeait de ses membres une vie privée irréprochable, ses chefs menacèrent de faire arrêter Henriette comme espionne et de le destituer s'il divorçait pour l'épouser. Henriette, n'acceptant pas que la carrière de son amant puisse être brisée, avait préféré renoncer à refaire sa vie avec lui... alors qu'elle était déjà enceinte.

Agacé par ces révélations dignes d'un roman-feuilleton, Jean Marais voulut en avoir le cœur net. Et eut, une fois de plus, une longue explication avec sa mère.

— Eugène Houdaille est-il, oui ou non, mon père ? finit-il par lui demander.

Henriette le toisa du regard puis, avec un air de triomphe, assena :

— Mais oui, bien sûr. Tu t'imagines si j'ai pu rire, au fond de moi, quand tu m'as conduite devant Alfred ! De toute façon, selon les médecins, Alfred ne pouvait pas avoir d'enfant.

— Et Henri, mon frère, c'est le fils de qui ? insista Jean.

— Comme toi. Il n'est pas le fils d'Alfred.

Ces propos, Henriette les proférait avec une grande volupté intérieure, comme si elle prenait plaisir à détruire le souvenir positif que Marais gardait de son père. Une femme étrange, sans doute méchante... Les rares amis d'Henriette que Jean interrogea ensuite ne purent rien lui dire de plus précis. Au cours de son enquête, il eut toutefois la preuve matérielle que sa mère avait tout fait pour l'empêcher de reprendre contact avec ce mari honni. Une preuve qui se trouvait entre les mains d'un médecin, le docteur Hervé, ami de son père. Le docteur Hervé avait fait la connaissance de Jean Marais au moment du tournage du *Guérisseur* puis, informé de sa situation familiale, lui avait écrit pour tenter un rapprochement entre le père et le fils. En guise de réponse à sa démarche épistolaire empreinte de dignité, le bon docteur avait eu droit à une missive au ton comminatoire qui se terminait, juste avant la signature du comédien, par ces mots : « J'espère, Monsieur, que je n'aurai plus l'honneur de vous lire et je vous demande même, si vous me rencontrez à nouveau, de ne pas m'aborder. C'est tout le service que j'attends de votre souvenir attristé. » En lisant les lettres que le docteur Hervé avait gardées, il ne fut pas difficile à Marais de deviner que sa propre mère avait, une fois de plus, détourné ce courrier et pas hésité à imiter son écriture, ainsi que sa signature, pour mettre un terme à ce qu'elle envisageait comme une situation dangereuse.

Jean continua malgré tout à mener son enquête. Mais rien ne put l'éclairer sur sa véritable filiation. Il apprit seulement du Père Albéric, un religieux de la Trappe de Bricquebec, qu'Henriette n'avait pas quitté Alfred sur une gifle donnée par lui, comme elle le prétendait, mais à cause d'une incompatibilité totale de leurs caractères. Marais ne sut donc jamais de manière irréfutable lequel des deux hommes, Alfred Marais ou Eugène Houdaille, était son vrai père.

L'amitié indéfectible de Cocteau aide Jean Marais à traverser ces épreuves, tout comme le travail et les obligations de vedette de l'écran et de la scène. Peu de temps après la mort de son père, puis de son frère, il répondit à une invitation à un dîner de bienfaisance. On s'étonna de le trouver un peu moins souriant que d'habitude. Il allait se rattraper en donnant le meilleur de lui-même dans *Le Bossu* dont le tournage débutait à la mi-mai.

En 1953, pour le gala de l'Union des Artistes, Marais avait mis au point un numéro très remarqué. Déguisé en ivrogne, très digne dans son habit mais titubant sur la piste, il demandait du feu à un Monsieur Loyal qui n'en avait pas mais qui lui désignait un bec de gaz allumé. Or la lanterne était fixée au sommet d'un mât de près de vingt mètres de haut, quasiment inatteignable. Pourtant, l'ivrogne y grimpait aisément afin d'allumer sa cigarette... sans harnais de sécurité ! C'est après avoir vu ce tour de force qu'André Hunebelle avait demandé à Jean d'interpréter le rôle de Lagardère dans *Le Bossu*. Un film qui allait faire rebondir, si l'on peut dire, sa carrière, tant les sauts et les acrobaties y furent nombreux. Ce nouvel emploi de comédien cascadeur, jamais doublé, séduisit à un tel point la foule et les professionnels que Marais enchaîna ensuite, sans discontinuer, en cavalier flamberge au vent, *Le Capitaine Fracasse*, *Le Capitan*, *Le Miracle des loups* (où on le sent peut-être moins convaincu, même si on le voit se balancer au bout d'une corde à cinquante mètres au-dessus du vide), *Les Mystères de Paris*, *Le Masque de fer*, *Stanislas*... Sans oublier trois autres longs métrages, un peu différents, consacrés à *Fantômas* où l'on put découvrir – parfois non sans agacement, vu son côté « répétitif » – le nouveau comique Louis de Funès.

En attendant, en ce printemps 1959, c'est avec Bourvil, en excellent Passepoil, que le comédien de charme constitua un tandem efficace, que l'on retrouvera, de nouveau sous la houlette d'Hunebelle, dans *Le Capitan*. *Le Bossu*, lui, vu par plus de six millions de spectateurs en France, est presque désormais un « standard » du cinéma hexagonal. Dès 1909, il existe en effet une première adaptation de ce roman éponyme de Paul Féval, suivie par une seconde version en 1925 alors que le cinéma ne parle toujours pas. En 1934, c'est un réalisateur nommé René Sti qui s'y attelle, le Lagardère de ce *Bossu* d'avant-guerre étant interprété par Robert Vidalin. Puis Pierre Blanchar reprit le personnage en 1944, dirigé lui par Jean Delannoy. Enfin, près de quarante ans après la version Marais/Bourvil/Hunebelle, viendra en 1997 celle de Daniel Auteuil dans un nouveau *Bossu* signé cette fois du regretté Philippe de Broca.

Cavalcades étourdissantes et transformations réjouissantes de Jean Marais, pitreries faussement naïves de Bourvil, même le très sérieux journal *Le Monde* prit plaisir à suivre les péripéties de Lagardère, faux bossu mais vrai gentilhomme, protégeant vertu et intérêts de la belle Aurore (Sabina Selman) des plans machiavéliques ourdis par l'abominable Prince de Gonzague (François Chaumette). « André Hunebelle, put-on lire dans le grand quotidien du 19 janvier 1960, a animé avec esprit et bonne humeur ce monde de convention, puéril, poétique et brouillon. Il n'a pas cherché midi à quatorze heures, courant au plus pressé, évitant les temps morts, prenant grand soin de ne laisser dans l'ombre aucun effet dramatique ou comique. On sait quand on va rire, on sait quand on va pleurer, c'est divinement reposant. »

Faux front, nez de travers, crâne dénudé à l'exception de quelques cheveux épars : pour transformer l'élégant chevalier Lagardère en vilain gnome, il fallait chaque matin plus de trois heures de maquillage. Sous son masque serré, le double héros du *Bossu* n'avait plus qu'à parler d'une voix nasillarde. Il cachait ses dents avec ses lèvres, afin de paraître les gencives nues. Il marchait à petits pas vifs, comme un enfant ou un demeuré, sa bosse – un coussin renforcé – tressautant sous la veste d'époque. Un jour, oubliant totalement dans quel accoutrement il était, Marais s'installa au volant de sa voiture et démarra. À un feu rouge, des gens le regardèrent d'un air hébété. C'est seulement là qu'il comprit le quiproquo. Amusé, il entra dans le jeu et se mit à parler en vieux français, comme dans le film, à travers la vitre baissée. Deux jolies filles le regardant, bouche bée, il leur adressa un baiser empreint de noblesse. L'une d'elles s'écria : « Quel affreux vieillard ! Il nous prend pour qui, celui-là ? » Ah, si elles avaient vu son vrai visage !

Tandis que l'équipe d'André Hunebelle transportait armes et bagages d'Italie en France pour terminer la mise en boîte du *Bossu*, Marais s'arrêta aux Baux-de-Provence afin de participer à ce qui fut la dernière réalisation de l'ami Cocteau, *Le Testament d'Orphée*, ultime volet d'une sorte de trilogie qui comprenait *Le Sang d'un poète* et *Orphée*. Cocteau était alors âgé de soixante-dix ans et sa santé était vacillante. « Ce film est beau parce que c'est le film d'un homme qui sait qu'il va mourir et qui ne parvient pas, quelque désir qu'il en ait, à ne pas prendre la mort au sérieux » pourra-t-on lire fort judicieusement dans *Les Cahiers du Cinéma*, peu après sa sortie. François Truffaut, qui était alors l'un des chefs de file de l'équipe rédactionnelle des *Cahiers*, était de ceux grâce auxquels Jean Cocteau avait pu monter *Le Testament d'Orphée*. Beaucoup des plus fidèles amis du poète, à l'instar de Jean Marais, avaient en effet répondu à son appel. Entourant Cocteau, qui s'était résolu à interpréter le rôle principal, beaucoup apportèrent leur « contribution amicale » au film : Maria Casarès, Yul

Brynner, Daniel Gélin, François Périer, Charles Aznavour, Picasso, le torero Dominguín, Lucia Bosé, Serge Lifar... et Marais, bien entendu, pour une apparition assez furtive d'Œdipe lui-même. Le comédien n'en dira pas moins que *Le Testament d'Orphée* était le film de Jean Cocteau qu'il préférait, ajoutant, non sans humour : « En plus, je ne me gêne pas quand je le vois parce que je n'y suis qu'une minute. »

Plus étoffé tout de même, quoique assez modeste, fut son personnage dans *Austerlitz*, dernière grande machine d'Abel Gance consacrée à Napoléon Ier, auquel l'ambitieux réalisateur vouait un culte qui n'était pas seulement cinématographique. Tourné lui aussi en 1959, *Austerlitz*, comme son titre l'indique, évoquait la célèbre bataille que le nouvel empereur, sacré en 1804, avait remportée sur la coalition austro-russe en 1805. Ayant quitté la bosse fictive du non moins fictif Lagardère, Jean revêtait cette fois l'uniforme plus historique du général Carnot. Ce fidèle de Napoléon avait donné un sérieux coup de pouce à celui qui n'était encore que Bonaparte quand, membre du Directoire, il avait nommé le futur empereur premier commandant de l'armée d'Italie.

Adieu Paul Féval et la Grande Histoire, bonjour Michel Zévaco. Dans *Le Capitan*, Jean devait sauver une jolie femme enfermée par un triste sire en haut d'une citadelle imprenable, tout en restant fidèle à sa parole de gentilhomme. En ce début de l'an 1960, le trio gagnant Hunebelle/Marais/Bourvil repartait pour de nouvelles aventures qui, si elles s'inspiraient plus de Zévaco que de Féval, n'en demeuraient pas moins fort cousines. À ceci près que le cadre historique du *Capitan* se montrait nettement plus précis, le projet consistant cette fois à concilier grande Histoire (de France) et petite, cette dernière étant exclusivement développée par la fantaisie des scénaristes.

La « grande » s'affiche dès le générique en nous rappelant que nous sommes exactement en 1616 quand, après l'assassinat d'Henri IV, Marie de Médicis, mère du futur Louis XIII, s'appuie aveuglément sur son conseiller Concini, comme elle d'origine italienne, pour mener une nouvelle politique désavouée par la noblesse du pays. Quant à la « petite » histoire qui s'y incruste, celle de l'emprisonnement de la fière et pulpeuse Gisèle d'Angoulême (Elsa Martinelli) puis de sa délivrance, c'est évidemment l'affaire de Jean Marais. Transformé en François de Capestang, il est un noble d'origine modeste mais intraitable quand il s'agit de défendre l'orthodoxie royale, que ses ennemis appellent ironiquement le « Capitan », pour reprendre un surnom puisé dans la Commedia dell'arte signifiant « homme bravache et fanfaron ».

« Film de cape et d'épée très brillamment réalisé par un orfèvre en la matière. Un régal pour les amateurs du genre » nota la revue spécialisée *Cinéma 60*. Il est vrai que ce *Capitan* – un autre avait été réalisé en 1946 par Robert Vernay avec Jean Paqui – allait son train sans s'essouffler jamais, ne souffrant d'aucun temps mort, frisant, d'une certaine manière, la perfection du genre. Marais, bien évidemment, y était pour beaucoup. Pourpoints et capes virevoltantes bleus et rouges, le visage mûri par la cinquantaine approchant, le comédien engagea magnifiquement son talent d'acteur et son corps d'athlète dans cette entreprise qui avouait sans honte sa nature de divertissement. Dans l'une des scènes, il devait escalader la muraille d'un château en s'aidant de poignards à glisser, successivement, dans les interstices des pierres. Comme toujours, Marais obéit à deux règles. D'abord, il refusa d'être doublé et ensuite de répéter à l'avance. On dut donc tourner « en direct ». Sous l'œil inquiet d'André Hunebelle et de ses assistants, Marais grimpa donc un, deux, quatre, cinq, six mètres. Il enfonçait sans problème ses poignards l'un après l'autre quand, soudain, l'un d'eux se brisa net. Le comédien se trouvait à six mètres du sol. Souple comme un reptile, il transforma sa chute en saut calculé et se releva, indemne et souriant, avant de recommencer l'escalade. Proche du sommet, à quinze mètres à peu près de hauteur, la pierre s'effrita mais le poignard tint bon. Un rétablissement et Jean s'installa sur un rebord de la corniche. Alors, il lança une corde pour l'accrocher à une fenêtre située sur une autre paroi du château. La corde une fois arrimée, il s'élança dans le vide. Pari réussi ! Le soir, pendant que le comédien se divertissait avec le reste de la troupe, c'est le metteur en scène qui se coucha tôt, avec de la fièvre...

Que n'a-t-on écrit sur son engagement physique ? Sautant du premier étage d'un château sur un cheval à l'arrêt ou grimpant à mains nues un donjon, Marais ne se bornait pas à démontrer qu'il était capable de réussir des exercices périlleux. Cet engagement personnel conférait aussi au récit une authenticité palpable qui l'enrichissait considérablement. Une leçon que retiendra plus tard Jean-Paul Belmondo.

À ce propos, il est amusant d'esquisser un parallèle entre les carrières de ces deux grands jeunes premiers du cinéma français qu'une génération sépare – Belmondo a vingt ans de moins que Marais – mais que quelques points communs rapprochent. Au début des années soixante, alors que Jean Marais découvre chevauchées et cascades après avoir fréquenté les cinémas de Cocteau, Visconti ou Renoir, la Nouvelle Vague explose. Un train que ne prendra pas le disciple de Cocteau, ce dernier étant pourtant choyé par les jeunes loups des *Cahiers du Cinéma*, notamment, comme on l'a vu, par François Truffaut. Mais ce train emporte avec lui, de Chabrol (*Le Beau Serge*, *Les Cousins*) à Godard (*À bout de souffle*, *Une femme est une femme*, *Pierrot le fou*), le jeune débutant Belmondo qui délaissera à son tour, quelques années plus tard ce « cinéma d'auteur » dont il fut pourtant l'un des pionniers. Et il passera, exactement comme le fit Jean Marais, dans le camp du cinéma d'action, populaire.

Un genre qu'il saura, lui aussi, faire triompher grâce à ses exploits sportifs et son mépris du danger.

« Que cache ce goût du risque ? » s'interrogeaient les gazettes de l'époque en évoquant le phénomène Marais. Jusqu'au *Miroir des sports* qui n'avait pourtant pas l'habitude de s'intéresser au 7e art, tous se demandaient comment le fils spirituel de Jean Cocteau, serviteur d'un théâtre ou d'un cinéma qui n'hésitaient pas à bousculer les règles, était arrivé à devenir le héros d'un art populaire très codifié. C'est Marais lui-même qui répondit le mieux à cette question : « J'aime les prouesses. Pour le plaisir, la sensation physique. J'estime qu'un homme est fait pour se surpasser. Comment dire ? Je hais la monotonie. J'aurais eu horreur, après des rôles aussi merveilleux que ceux que j'ai eus dans les films de Jean Cocteau, de m'enferrer dans la fausse jeunesse d'un jeune premier prolongé. Brouiller ses propres pistes, s'éveiller à l'imprévu, à l'insolite de soi-même, c'est le secret de la jeunesse. Cocteau m'a enseigné cela. »

Certes. Encore fallait-il pouvoir nourrir avec de réelles compétences cette sage philosophie. Or les prestations de Jean Marais dans *Le Bossu* ou *Le Capitan*, qu'il soit épéiste, nageur, plongeur, cavalier ou grimpeur, étaient parfaites. Il s'en expliqua, là aussi longuement, tout en relativisant, avec sa modestie habituelle, ces exploits cinématographiques : « Je serais incapable de réaliser une véritable performance. Je me bats avec les gestes d'un parfait bretteur, mais un duel au cinéma n'a rien à voir avec un assaut en salle. Je peux nager le crawl dans un style qui fait illusion pendant quelques secondes, le temps d'une séquence, mais pas davantage. Ensuite, j'aurais l'air d'une cloche. Je fais tout cela parce que mon métier de comédien l'exige et non par amour du sport. Au lycée Jeanson-de-Sailly, je n'en ai jamais fait. Pourtant, j'étais régulièrement premier en gymnastique, et premier aussi en récitation. C'étaient les deux seules matières dans lesquelles je m'appliquais. J'avais décidé de n'apprendre que ce qui pourrait me servir plus tard dans mon métier d'acteur. Je dois préciser qu'il ne fut jamais question pour moi, aussi loin que je remonte dans mes souvenirs, de faire autre chose, dans la vie, qu'acteur. Dans la cour, lors de nos jeux, je rêvais déjà que j'étais Douglas Fairbanks, mon héros à l'époque dans les films de cape et d'épée. Pour la même raison, j'ai appris l'escrime au lycée et je me suis perfectionné, plus tard, sous la direction du maître Edward Gardère. Je prenais aussi des leçons d'équitation. J'estime que l'on peut tout apprendre avec de la volonté. Lorsque mes loisirs, assez rares, me permettent d'aller aux sports d'hiver, je reprends les leçons de ski et, à la fin de mon séjour, je suis régulièrement remonté en classe "compétition". Mais je dois recommencer l'année suivante car j'ai tout oublié entre-temps. Quand je suis avec des cavaliers aguerris, je les préviens loyalement que je ne sais pas très bien monter à cheval, ce que je crois être la vérité. Je préfère, d'ailleurs, étonner plutôt que décevoir. Et s'ils sont surpris, parfois, c'est parce que je me réadapte très vite. Cela est une nécessité pour un comédien. »

Si la réussite du *Capitan* fut le fruit de beaucoup de travail de la part de Marais – ce fut l'aboutissement de ses rêves de gosse –, il faut dire qu'elle devait également beaucoup à son excellent complice Bourvil qui, en baladin baptisé Cogolin et avec l'expérience d'une bonne quinzaine d'années de tournages, jouait avec gourmandise les – faux – valets de comédie et tirait avec humour le film vers l'opérette de charme. On y voyait aussi le célèbre nain Piéral en redoutable empoisonneur de roi, Piéral qui deviendra un ami et un voisin de la Butte Montmartre pour Jean quand ce dernier choisira la rue Norvins afin d'y établir son pied-à-terre parisien. Il ne sera alors pas rare de croiser ce couple étrange, le grand blond et le petit brun, installé à la même table d'un restaurant du quartier.

Le Capitan, fort de ces nombreux atouts, joua lui aussi gagnant et totalisa, comme *Le Bossu*, plusieurs millions d'entrées.

parodie et respect du mythe, les premiers Romains qui, pour se perpétuer, avaient enlevé les femmes des Sabins, leurs voisins. Autre curiosité : Jean Marais y incarnait, si l'on peut dire, le dieu Mars descendu de l'Olympe pour attiser la vengeance des maris volés.

Pourquoi faire de Marais un dieu guerrier, lui qui détestait la guerre ? La question peut paraître passablement oiseuse. Elle introduit néanmoins une réponse inattendue qu'il est amusant de mentionner : c'était peut-être à cause du masque du comédien, plus précisément de la forme de son menton, sembla dire un certain Trident qui écrivait dans les magazines de l'époque et s'était autoproclamé « astrophysicien ». Se penchant sur le visage de l'acteur et délaissant les signes du zodiaque pour faire de la physiognonomie appliquée, « Trident » affirmait, dans sa prose inimitable : « Les impulsions égoïstes luttent contre les désirs de transcendance et c'est de cette lutte que le visage de Jean Marais est façonné : ce menton carré qui témoigne de l'emprise de Mars sur la vie instinctive, ce front creusé de profondes rides qui parlent des pensées profondes qui l'agitent... »

Le casting de *L'Enlèvement des Sabines*, somme toute, était bon.

CHAPITRE XXI

AVOIR UN FILS !

La rupture avec George Reich et la mort de son père présumé avaient, semble-t-il, profondément marqué le comédien. Consciemment ou non, Marais se laissa entraîner dans une aventure inédite qui ressemblait fort à une vraie tentative pour réorganiser sa vie sur des bases nouvelles. Somme toute très solitaire malgré l'indéfectible amitié de Cocteau – mais une amitié qui s'exprimait désormais essentiellement de manière épistolaire –, Jean Marais fréquentait plus assidûment que jamais les bars et boîtes de nuit spécialisés qui constituaient autant de lieux de rencontres. C'est ainsi qu'il fit la connaissance de Serge, un gitan de dix-neuf ans aux longs cheveux, aux lèvres gourmandes et à l'œil ombrageux, apatride, sans papier et sans profession. « Il me semble laid au premier abord » nota le comédien dans *Histoires de ma vie*. Mais le courant passa immédiatement entre eux. D'autant que le regard de Marais était aux antipodes de celui du dragueur impénitent en mal d'amant d'un soir. De toute façon, Serge, et il le prouva amplement plus tard, était surtout assoiffé de conquêtes féminines. Ce qui rapprocha d'emblée les deux hommes relevait d'un tout autre ordre. Serge, comme Jean, n'avait pas eu de père. À eux deux, ils pouvaient donc former ce couple père/fils qui comblait, pour l'un comme pour l'autre, un vide.

Et, l'un comme l'autre, ils s'engagèrent dans leur relation quasi-familiale avec une telle bonne volonté qu'elle eut l'apparence d'une vraie filiation durant quelques années. D'emblée, alors que l'idée d'adoption ne l'effleurait même pas – pas encore –, Marais adopta avec le jeune homme une attitude qu'il n'est pas excessif de qualifier de paternelle. Dès leur première rencontre, Serge fut soumis à un questionnaire sur sa vie et sur ses compétences peu étendues puis dut écouter quelques conseils de son aîné sur la meilleure façon de réussir sa vie. Conseils rapidement suivis d'actes concrets puisque le comédien chevronné s'employa à transmettre à son protégé quelques règles basiques de son art en vue d'une inscription à un cours de formation théâtrale, vœu formulé par le jeune Gitan. Puis, afin de lui montrer le monde – et de le montrer au monde –, Jean l'habilla, le coiffa et l'emmena en croisière. Le comportement du jeune homme à bord s'avéra exemplaire, d'autant que Serge s'émerveillait de tout. Il rit même pour la première fois de sa vie – ce qui émut Jean Marais lorsqu'il songea à sa propre enfance. En revanche, son appétence à apprendre le métier d'acteur se révéla plutôt molle. Jean Marais hésita alors, s'interrogeant sur le talent de Serge et sur sa propre capacité à l'aider à embrasser un métier dont il connaissait toutes les embûches. Mais la défaillance fut passagère : sa nature optimiste et volontariste l'emporta. De toute façon, le jeune homme occupait déjà une place importante dans sa vie. Il n'abandonnerait pas Serge.

1962 ne fut pas exclusivement placée sous le signe de cette rencontre. Marais avait en effet retrouvé l'un de ses metteurs en scène favoris, André Hunebelle, pour une nouvelle version des *Mystères de Paris*. Cette adaptation du très célèbre roman d'Eugène Sue – on dit que son succès poussa Victor Hugo à reprendre l'écriture des *Misérables* – arriva après quelques autres, dont celle de Jacques de Baroncelli tournée pendant l'Occupation, avec Marcel Herrand dans le rôle de Rodolphe, que Marais interprétera à son tour. Ce personnage, qui représente la meilleure société de la Restauration et qui s'enfonce, au risque de se perdre, dans le monde interlope de la misère parisienne, lui alla comme un gant et lui permit de se renouveler : « Démiurge, Rodolphe, frère de Saint-Michel, joint "la force du lion à l'élégance du cygne". C'est Hercule dandy, Tarzan romantique. La race de ces supermen n'est pas prête de s'éteindre ! », écrivait Armand Lanoux dans une préface à une édition du roman de Sue. Du prêt-à-porter, donc, pour notre comédien.

Si Jean n'avait jamais cédé aux sirènes hollywoodiennes, il tourna tout de même dans un film américain, du moins dans un film dirigé par un réalisateur américain, Irving Rapper. Car *Ponce Pilate – Ponzio Pilato –* était plutôt un film italien, tourné à Cinecittà et cosigné par le cinéaste transalpin Gian Paolo Callegari. Passant du péplum mythologique au péplum biblique, Marais avait fière allure dans sa cuirasse de gouverneur romain de Judée, immortalisé pour son non-interventionnisme lors de la condamnation du Christ par les rigoristes Pharisiens. Si cette biographie filmée n'avait pas forcément une grande valeur historique, elle était taillée sur mesure pour la vedette française, le Ponce Pilate de cette version italo-américaine étant fort sympathique, aimé de tous et bourré de remords d'avoir laissé le « Sauveur » périr sur la croix. Il se vengea d'ailleurs de tous ceux qui l'avaient poussé à ne pas prendre la défense du fils de Dieu. Ce qui fit dire à Jean Cocteau, dans une missive qu'il envoya au comédien en plein tournage : « Peut-être pourras-tu ne pas condamner le Christ ni t'en laver les mains. Essaie, puisque le passé, le présent et l'avenir n'existent pas. »

Pour que le charisme du gouverneur de Judée soit encore plus éclatant, la production lui avait adjoint une charmante épouse interprétée par Jeanne Crain, une jeune première du cinéma américain des années cinquante qui achevait ici sa carrière après avoir été enrôlée dans des films de Mankiewicz, Preminger ou Kazan. Les relations entre Jean Marais et le réalisateur Irving Rapper furent quant à elles tout à fait cordiales, même si ce dernier s'entêta à l'appeler John et à lui donner des indications dans la langue de Shakespeare qu'il ne comprenait pas toujours très bien. « Je ne connais que deux interprètes au monde de sa classe : Spencer Tracy et Fredric March » clama cependant le cinéaste. Jeanne Crain ne fut pas moins enthousiaste : « Marais est un amour, tout le monde le sait. J'ai toujours rêvé de tourner avec lui. »

Fort de ce capital de sympathie, Marais revint en France pour de nouvelles chevauchées, préparées cette fois par Cecil Saint-Laurent et Henri Decoin. Il fut d'Artagnan, seul mousquetaire d'une fantaisie historique tournant autour de la disparition du frère jumeau de Louis XIV, masqué et relégué anonymement dans une île. Si la belle Sylva Koscina – de même que Jean Rochefort ou Vittorio de Sica – appartenait à ce nouveau rendez-vous cinématographique, ce n'était pas elle qu'il devait libérer dans ce *Masque de fer*, mais Jean-François Poron qui avait accepté le rôle ingrat de l'homme sans visage. Chapeauté et ganté jusqu'aux coudes, Marais dut affronter les gardes royaux mais aussi la grosse chaleur méridionale, puisque le film se tourna, intérieurs comme extérieurs, à Nice, durant l'été 1962. N'oubliant pas son « filleul » (c'est ainsi qu'il désignait encore Serge) et sa fonction d'éducateur, il avait fait engager le jeune Gitan sur le film comme assistant de Claude Carliez qui réglait les cascades. Ce travail plut à Serge et Serge plut à son chef d'équipe. Les choses, pourtant, allaient se compliquer.

Un matin, le jeune homme déclara à Jean Marais qu'il devait retourner de toute urgence à Paris, qu'il était recherché par les gendarmes pour n'avoir pas répondu à temps à sa convocation au service militaire. Il avait un retard de deux mois et encourait deux mois de prison. Marais tomba des nues. Pour lui, Serge étant apatride, il n'était en rien soumis au service militaire tant qu'il n'avait pas opté, à sa majorité, pour la nationalité française. Or il se trompait.

Sur le conseil de Cocteau, Jean se mit en rapport avec Madame Massu qu'il avait connue à la Libération, quand il s'était engagé dans la Division Leclerc. Laquelle en référa à son général de mari. Le comédien argumenta, argua de l'innocence de son protégé et finit par lâcher : « Serge Ayala est mon fils, que je n'ai pas reconnu. Son retard est de ma faute. » Un tel « piston » provenant à la fois d'une vedette de l'écran et d'une vedette de l'armée ne pouvait qu'accomplir un miracle. Résultat, les deux mois de prison promis au jeune insoumis s'envolèrent comme par enchantement. Restait à Marais à régulariser la situation et à accorder ses actes avec ses propos. Dans les semaines qui suivirent cet intempestif « Serge Alaya est mon fils », ce fut chose faite. En réalité, ce gros mensonge aux autorités militaires ne fit que précipiter ce qu'il avait en tête depuis sa rencontre avec le jeune homme, c'est-à-dire son profond désir de devenir son père. Il le devint donc en cet automne 1962, au prix d'ailleurs d'une autre contre-vérité puisqu'il y parvint, non pas en engageant une procédure d'adoption, mais en « reconnaissant » Serge, c'est-à-dire qu'il déclara en être le père naturel et donc avoir connu – bibliquement – la mère du jeune Gitan de nombreuses années auparavant. Une version « officielle » qui resta longtemps dans le flou, le silence du comédien aidant, avant qu'il ne la démente lui-même, notamment dans son livre autobiographique, *Histoires de ma vie*, publié en 1975.

Ce nouvel état civil du plus populaire comédien français, passant du célibat revendiqué à la famille monoparentale, ne fut évidemment pas sans affoler les gazettes. Certaines n'hésitèrent pas à mettre leurs plus fins limiers sur la trace de la maman abandonnée. L'un d'eux ira jusqu'à traquer Mila Parely à laquelle on avait attribué une aventure avec Jean Marais du temps de *La Belle et la Bête*. L'actrice, qui vivait alors très bourgeoisement avec son mari au Portugal, fut très surprise d'entendre parler pour la première fois de cet enfant. En fait, il semble que toutes les parties s'étaient mises d'accord pour engager cette procédure de reconnaissance au terme d'une entrevue tenue secrète entre Maria, la mère, son fils Serge et Jean Marais.

Dès lors, le nouveau père se montra encore plus paternel. Il inonda de colis le fiston cloîtré dans une caserne lointaine, l'accueillit avec chaleur à chacune de ses permissions et le présenta à tous ses amis, prenant soin de ses petites amies quand il n'était pas là, cédant à leurs caprices. Et, pour la fin de l'année, il lui prépara la plus magnifique des fêtes de Noël dont, jusqu'à présent, Serge avait été privé. Un Noël qui ne se passa pas tout à fait comme il l'aurait souhaité.

Pour ce grand jour, Marais avait fait dresser un immense sapin qui touchait le plafond du salon, bourré de lampes, de bougies et de guirlandes. Quand Serge sonna à la porte, vite, le comédien alluma les bougies. Serge reçut le spectacle féerique en pleine figure, les yeux lourds de larmes. Marais et les amis présents trinquèrent avec lui, les cadeaux furent distribués. C'était la joie. Et puis, au moment où chacun se changeait dans sa chambre avant de passer à table, on entendit la voix de Jacques, le majordome, crier : « Au feu ! ». L'arbre de Noël, nourri de trop de flammes, avait explosé et de multiples rameaux transformaient le salon en brasier. Vite, des seaux ! À la piscine ! Les amis présents se joignirent à Marais, à Serge – en uniforme – et à Jacques pour casser la glace qui recouvrait la piscine et puiser de l'eau. On fit alors des va-et-vient. Et quand les pompiers arrivèrent, ce fut pour constater que le sinistre venait d'être circonscrit.

Du coup, Serge ne put jamais oublier son premier arbre de Noël ! Le salon était dévasté. « L'oiseleur », un tableau que Jean avait mis dix ans à terminer, ressemblait à un chiffon noirâtre. Tous les cadeaux étaient partis en fumée. Comme il n'était plus possible de réveillonner sur place, résolument optimiste, Marais emmena tout le monde dans un restaurant à la mode, le Saint-Hilaire, à deux pas de la propriété.

Mais les ennuis continuèrent ! Aux abords du restaurant, des petits voyous s'en prirent au groupe. L'indomptable ferrailleur de tant de films d'aventures fut obligé de faire une démonstration de sa forme physique pour obtenir un peu de respect. Passée cette première confrontation désagréable, une autre ne tarda pas à se présenter : la salle du restaurant était bondée. On les casa alors près de gens déjà attablés. Françoise, la dernière « chérie » de Serge, en tailleur strict, avec autour du cou le col de vison noir offert le jour même par Jean, se retrouva assise à côté d'une dame qui semblait offusquée par cette promiscuité. Alors que Jeannot et Serge, en face de Françoise, conversaient gaiement, la dame en question ne cessait de placer son coude sur le genou de la jeune fille. Marais prit alors la place de Françoise en se disant : « Elle n'osera pas faire de même avec moi. Je pourrais prendre ça pour des avances ! » Mais la dame réitéra son geste, en marmonnant des propos peu sympathiques. Le comédien, furieux, dit : « Je ne puis vous gifler, madame ! Mais si vous persistez, je giflerai le monsieur qui est assis à vos côtés. » La dame, méprisante, poursuivit son jeu de coude. Alors Marais, comme promis, se leva et boxa son compagnon. Celui-ci se dressa, ulcéré. Des cris éclatèrent, les danseurs stoppèrent leurs évolutions. Les témoins de l'altercation prirent le parti du comédien, ses voisins de table ayant irrité tout le monde dans l'établissement par leur attitude hargneuse. Ils furent donc priés, poliment, de quitter le Saint-Hilaire. Et c'est ainsi que se termina le premier Noël de Serge Marais.

Peu de temps après, Serge fut démobilisé. Jean l'aida à trouver une activité qui lui convienne. Il le fit accepter au cours Simon. Mais Serge quitta prématurément le cours après une dispute avec un partenaire. Jean lui fit alors prendre des leçons de chant et, pour lui donner l'exemple, se força à suivre lui aussi des cours durant un an. Résultat : Pathé Marconi enregistra exceptionnellement deux disques de la vedette et les mit à la vente ! Marais haussa les épaules : « À tout le moins, j'ai voulu prouver à mon fils que, par le travail et l'obstination, on arrive à un résultat ! » Serge, quant à lui, enregistra trois disques puis, peu à peu, se désintéressa de la chanson. Son excuse : il était amoureux. Éternellement amoureux même. D'abord de la jolie Annick, un peu fofolle, qui lui faisait des scènes en public et menaçait de mourir dès qu'elle le soupçonnait d'infidélité. Puis d'une autre, avec laquelle il vécut une « éternité », c'est-à-dire six ou sept ans ! Puis d'une autre encore... Il fit des enfants, tenta, avec peu de succès, de se mettre à la restauration, soutenu par Jean. Puis, avec le temps, il rendit de moins en moins visite à celui qui avait tenté de le remettre au monde. Finalement, les rapports entre les deux hommes s'effilochèrent.

Chapitre XXII

« Le poète ne fait que semblant d'être mort »

1963 : Jean Marais allait fêter ses cinquante ans. Un anniversaire qui saluait également une – bonne – cinquantaine de films déjà tournés. Avec beaucoup d'autres encore à venir. À cette occasion, alors que j'étais journaliste à l'hebdomadaire *Cinémonde*, je suis allé lui rendre visite chez lui, à Marnes-la-Coquette. Là, je fus accueilli par deux chiens, dont l'un se nommait Mario. Le célèbre Moulouk, lui, était enterré non loin de là, sous un arbuste où j'aperçus un bouquet de fleurs fanées. Marais, tout de gris vêtu à son habitude, me fit asseoir dans le salon devant le feu de bois. Sans préambule, l'interview commence :

— Étiez-vous un bon élève, au collège ?

— Non, hélas ! Et je crois que je m'en repens pour le dessin, la récitation et la rédaction. Mais je détestais les mathématiques.

— Que représente, pour vous, cet anniversaire de deux fois cinquante ?

— Je crois que j'ai un tempérament heureux. J'ai cinquante ans. C'est passionnant de vieillir. Je trouve que la vie est merveilleusement équilibrée et que c'est un bienfait, pour un acteur, de prendre de l'âge. Dans le métier, j'entends. Côté vie privée, c'est différent... Dans le métier, c'est même une chance car, si on ne vieillissait pas, on jouerait toujours les mêmes rôles, ce qui deviendrait vite insipide.

— Ce métier vous a tout apporté, de la richesse à la gloire...

— La gloire ? N'exagérons rien. Disons que je suis un petit peu connu. Mais je ne considère pas cela comme de la gloire. Celle-ci, on ne peut l'attribuer qu'à de grands soldats, des écrivains, des savants, des musiciens dont le nom restera à travers les siècles. Nous, les comédiens, nous sommes du genre éphémère. J'aime cela, d'ailleurs, et je me moque de la gloire.

— Vous êtes modeste. Vos films seront encore projetés dans les cinémathèques et ce, dans des dizaines d'années...

— Oh, vous savez, les pellicules s'abîment. On les brûle pour mieux faire des remake. Les appareils seront perfectionnés et l'on aura du mal à projeter les films d'aujourd'hui. Nous serons aussi ridicules que certains acteurs du cinéma muet quand on les voit, de nos jours, sur les écrans, évoluant à une vitesse qui n'est pas la bonne. Déjà, quand je regarde un de mes anciens films, je suis mort de honte. J'ai revu par hasard *Le Lit à colonnes* à la télévision Je me suis trouvé, surtout dans les gros plans, profondément ridicule.

— N'est-il pas étrange, tout de même, que vous ne vous soyez jamais trouvé beau ?

— À une certaine époque, je le sais, des gens me trouvaient beau. Eh bien ! Lorsque je rentrais chez moi, je me regardais dans la glace, étonné, pas du tout convaincu.

— Vous ne pouvez pas dire que vos milliers de fans se trompaient ! Toutes ces admiratrices qui venaient rôder autour de votre péniche ! Toutes ces fleurs séchées, ces photos de femmes en maillots de bain, ou même ces albums pleins de photos de vous...

— C'est ma mère qui répond à tout mon courrier. Mais, au cinéma, soulignons qu'être beau est un exercice, que c'est une composition, au même titre que la laideur. Si je dois tourner un rôle d'infirme, je m'arrange pour que mon maquillage, mon attitude, mon habillement me donnent la sensation d'être un infirme. Si je dois, au contraire, paraître beau – dans la mesure où il est possible de l'être pour l'acteur que je suis – je fais tout mon possible dans ce sens. Dans *L'Éternel retour*, je me suis arrangé pour être mieux que dans la réalité. Il y avait, de plus, le maquillage et aussi la qualité de la photographie pour m'avantager.

— On parle toujours de votre grand cœur et de votre générosité...

— C'est une légende. Je ne crois pas posséder un cœur aussi grand qu'on le dit, ni tant de bonté. On a toujours aimé étiqueter les acteurs. Il m'est arrivé d'être violent et de casser la g... à un critique – il s'agissait d'un « collaborateur ». Il m'est arrivé aussi de refuser de serrer la main à des gens célèbres... Ma gentillesse n'est pas débordante, même si cette réputation flatteuse se retourne le plus souvent en ma faveur. Un exemple. Nous tournions *Eléna et les hommes* en deux versions, la française et l'anglaise. Je me donne beaucoup de mal pour apprendre mon rôle en version anglaise, Ingrid Bergman fait de même pour la version française. Or Ingrid, un jour, se trompe sept fois de suite au cours d'un plan qui était tourné dans sa langue natale. J'étais en proie au trac, il ne fallait pas que je me trompe à mon tour. Et pourtant, à la huitième prise, j'ai eu stupidement un trou de mémoire. Savez-vous ce que le metteur en scène, Jean Renoir, m'a déclaré aussitôt : « On m'avait dit que vous étiez gentil, mais là vraiment j'en ai la preuve. Vous avez fait exprès de faire une gaffe comme la sienne, pour diminuer la gêne de votre partenaire. C'est très élégant de votre part ! » J'ai eu beau lui affirmer le contraire, préciser que j'avais trébuché par hasard, il ne m'a pas cru. Je dois ça à ma réputation.

— Avez-vous encore une chose à dire sur votre meilleur ami, Jean Cocteau ?

— Avant de le connaître, j'aimais ce qui était *original*. Il m'a appris à aimer ce qui est *singulier*. C'est le contraire du pluriel. Il manifeste, en toutes circonstances, une qualité supérieure et, par sa simplicité, sa gentillesse et son affabilité, m'a beaucoup appris et m'a aidé à me corriger.

— Quel regard d'ensemble portez-vous sur son œuvre ?

— Depuis *Le Sang d'un poète* où, à la même époque que Buñuel, il employait le film comme un véhicule de poésie tout à fait anti-commercial ; depuis sa pièce *Orphée* où il ouvrait la porte à tout le jeune théâtre contemporain, Cocteau n'a cessé de contrer les habitudes et de dérouter le public, soit en sauvant le mythe grec de l'ennui scolaire (avec *Antigone*, *Œdipe-Roi*, *La Machine infernale*), soit en modernisant d'anciennes légendes comme pour *L'Éternel retour*, soit en inaugurant avec *Ruy Blas* les films de cape et d'épée.

En rendant cet hommage, Jean Marais ne soupçonnait pas que 1963, l'année d'un glorieux bilan pour lui-même, allait aussi être une année terrible. Que Cocteau le maître, Cocteau l'ami, Cocteau le père spirituel tant vénéré allait bientôt disparaître.

C'est lors du tournage de *L'Honorable Stanislas, agent secret* avec le réalisateur Jean-Charles Dudrumet – seul film auquel il participa pendant cette période – que le comédien apprit que Cocteau avait de nouveau été victime d'un infarctus. Marais accourut une fois de plus à son chevet avec l'intention de l'installer chez lui, à Marnes-la-Coquette, mais ce fut impossible. Or on devait masser les pieds du malade avec du Synthol. Jean Marais, Madeleine la gouvernante et le jeune Édouard Dermit massèrent donc tour à tour les pieds de l'Académicien condamné au repos total. Toute la journée, celui-ci restait étendu sur son lit, rue de Montpensier. Marais lui prenait la main. Il aurait donné tout, même sa vie, pour sauver le grand poète. Cocteau ne parlait plus. Seul son regard suivait les gestes des deux masseurs qui l'entouraient et qu'il aimait. On ne s'exprimait qu'à voix basse. Le professeur Soulié avait aussi ordonné des doses de morphine. Quelques amis se pressaient dans la chambre, dont Francine et Carole Weissweiller. Après quelques jours de soins intenses, Cocteau alla mieux. Jean lui proposa de venir se reposer chez lui, à Marnes-la-Coquette, mais le poète refusa. En revanche, il invita ses amis à aller assister, à l'Opéra-Comique, à la première de *La Voix humaine*, avec la merveilleuse Denise Duval.

— Mais pourquoi ne veut-il pas venir à Marnes-la-Coquette ? demanda Marais à Madeleine.

— Parce qu'il ne veut pas que tu découvres qu'il fume à nouveau de l'opium, lui expliqua la gouvernante. Il a repris...

— Madeleine, glissez-lui ça au creux de l'oreille : pour moi ne comptent que sa vie et sa santé. Qu'il fume n'importe quoi, je m'en contrefiche. Je sais qu'en ce moment, il est trop fragile pour supporter l'épreuve d'une éventuelle désintoxication.

Ainsi furent apaisées les appréhensions du poète, qui passa sa convalescence à Marnes-la-Coquette où venaient souvent lui rendre visite ses voisins : Jean Rostand, qui habitait à cinquante mètres, Maurice Chevalier, éloigné de cinq cents mètres, d'autres encore... Une fois rétabli, Cocteau regagna sa propre maison de Milly-la-Forêt. Mais, selon le professeur qui le soignait, il ne devait pas se fatiguer. Marais, lui, pensait qu'il fallait lui occuper l'esprit. Aussi, alors qu'il venait de relire l'œuvre théâtrale de George Bernard Shaw, lui proposa-t-il d'adapter *Le Disciple du Diable* pour le Théâtre de Paris, où il jouerait le rôle de Richard.

La pièce se passe en pleine guerre d'Indépendance, en Amérique. Et le comédien se chargea de la mise en scène et de la création des décors, très coûteux. Comme il devait aussi installer sur scène une vraie foule, celle-ci fut remplacée par des marionnettes qui rampaient, étonnantes de vitalité. Hélas, le projet ne vit le jour qu'en 1967. Entre-temps, un drame survint.

Jean Cocteau succomba en effet à un œdème du poumon le 11 octobre de la même année. En apprenant la nouvelle, ce fut comme si la vie s'arrêtait pour Jean Marais. Il accourut à Milly-la-Forêt, s'agenouilla devant le corps revêtu de l'habit d'Académicien, dans le salon. L'épée de parade jetait des lueurs d'or sur la poitrine du poète. Il y avait un grand miroir sur l'un des murs. Marais rêva un moment qu'il pourrait le traverser et rejoindre l'auteur d'*Orphée* dans les étendues de la mort. Dire qu'il n'avait pas pu s'interposer ! Puis survint l'assaut des représentants des médias, les blocs-notes, les micros, les caméras. Marais fut contraint de faire quelques commentaires, tout en réfrénant ses sanglots, alors que Francine et Carole, les amies de toujours, s'occupaient de Doudou avec la brave Madeleine, un Doudou rendu somnambule par la douleur. Marais décida ensuite de passer la nuit auprès du mort. Saurait-il prier ? Dormirait-il et avec quels rêves ? Contemplant les mains croisées de Cocteau, elles qui avaient été si souples, si mystérieuses, si cordiales, si riches en révélations écrites et picturales, il se souvint brusquement d'un poème, « Les promis », qui lui avait été dédié : « Ton amour m'arrache des cris / Comme la fusée ou le sang / Je te donne mes mots écrits / Et tous les maux que je ressens... » Il le veilla la nuit entière.

Si c'est un « sorcier » qui avait disparu, c'était le sorcier de la générosité et de l'amour. Un homme qui ne fit jamais de mal à personne. Qui donnait tout ce qu'il pouvait donner de ses biens propres, et au-delà. Qui pardonnait. Qui ne chercha jamais à se venger de quiconque. Qui était vraiment l'Intelligence et la Bonté incarnées. Au cours de cette terrible nuit, Marais se souvint aussi – et une bouffée d'espoir l'envahit – de cette formule du *Testament d'Orphée* : « Faites semblant de pleurer, mes amis, puisque le Poète ne fait que semblant d'être mort. » Et la pensée lui vint qu'il aurait dû mourir, lui, à la place de Cocteau, ne serait-ce que pour lui prouver son attachement.

Fort heureusement, il allait manifester cet attachement différemment. En attendant de trouver une salle libre pour *Le Disciple du Diable*, le dernier travail de Cocteau (à l'origine Elvire Popesco avait donné son accord mais, entre-temps, elle avait vendu son théâtre), Jean Marais partit à Bruxelles interpréter, dans le rôle du père, *Les Parents terribles* avec Madeleine Sologne et Jany Holt, puis participa à un « Hommage à Jean Cocteau » représenté dans le cadre des Rencontres du Palais-Royal. En 1969, Marais reprit *Œdipe-Roi* à l'Alliance Française, dans sa propre mise en scène, avec Madeleine Sologne. En 1973, il sera dans le spectacle Béjart-Cocteau, *L'Ange Heurtebise*, que le directeur du Ballet du XXe siècle présentera au Cirque royal de Belgique. Sans oublier son propre spectacle intitulé *Cocteau-Marais* qu'il écrira, avec la complicité de Jean-Luc Tardieu, à l'occasion du vingtième anniversaire de la mort du poète. « Je me suis toujours senti, dira-t-il alors, le devoir d'aider et de défendre l'œuvre de Cocteau. »

Le cinéma ne fut pas oublié. Il était d'autant plus d'actualité que, au début de ces années soixante, Marais songeait à se faire construire une maison à Cabris, dans les environs de Cannes. Il lui fallait donc des revenus. La demeure, dont il traça les plans lui-même, serait évidemment somptueuse, et la dépense équivalente. Incapable d'établir un budget et de s'y soumettre, ni même de réduire un train de vie dont beaucoup profitaient, l'acteur fut donc condamné à multiplier les tournages.

En plus de son fils adoptif, il devait en effet s'occuper aussi de sa mère qui vivait en plein chaos dans son petit appartement parisien. Les murs n'avaient pas été repeints depuis trente ans, la poussière jouait la maîtresse de maison, les tissus des rideaux étaient fanés, dans les placards s'entassaient boîtes de conserves, épingles, verres cassés, journaux... Après des mois de discussions, de coups de colère,

Jean réussit à la convaincre de venir s'installer chez lui, à Marnes-la-Coquette. Pour elle, il fit même préparer une nouvelle et luxueuse chambre – tout en bleu, avec mobilier Charles X – vite transformée en « foutoir ».

Marais avait toujours profondément aimé sa mère, en s'interdisant de la juger. Ou plutôt, selon son aveu, « il ne voulait pas la comprendre ». Vivant désormais près d'elle, il put lucidement, et à fond, « examiner son cas ». À cette époque, Henriette/Rosalie avait encore beaucoup d'allure et continuait de s'habiller avec coquetterie pour sortir même si, à la maison, le laisser-aller était plutôt de mise. Un souci d'élégance qui allait de pair avec une grande avarice pour les petites choses du quotidien. Cette promiscuité devint rapidement pénible, pour l'un comme pour l'autre, et leurs relations finirent par se détériorer. Henriette se mit à lui faire des scènes au moindre prétexte, à lui mentir avec effronterie, à agir comme la maîtresse des lieux. À la réflexion, le comédien se rendit compte qu'elle ne l'avait jamais aidé en quoi que ce soit, que son amour pour lui était ostentatoire et tyrannique. En vérité, constata-t-il, l'idée même de bonheur ou d'équilibre, pour elle comme pour les autres, l'exaspérait. C'était ni plus ni moins une désaxée... Lentement, Jean découvrit le véritable fond de sa personnalité. Et jour après jour, tout en s'occupant d'elle et de son confort, son cœur s'éloigna d'elle.

L'Honorable Stanislas, agent secret, sorti en salles en septembre 1963 avec un succès relatif, marqua pour Marais la fin d'un cinéma de cape et d'épée qu'il avait bien servi mais qui n'était plus à la mode. Ainsi que le début d'une carrière plus diversifiée : films d'espionnage ou d'aventures, voire policiers. Les mésaventures de Stanislas, le directeur d'une officine de publicité devenu malgré lui agent du contre-espionnage, n'étaient pas, scénaristiquement du moins, sans rappeler les déboires de Cary Grant – publiciste lui aussi ! – dans *La Mort aux trousses*, chef-d'œuvre d'Alfred Hitchcock. Au point que son réalisateur, Jean-Charles Dudrumet, également « auteur » du scénario, fut accusé de plagiat. Ce qui ne l'empêcha pas de continuer à mettre en scène ce personnage contesté, toujours avec la complicité de Jean Marais, dans une nouvelle mouture intitulée *Plein feux sur Stanislas* qui, en 1965, fut encore plus froidement accueillie.

Entre-temps, et avec beaucoup plus de flair, notre vedette permit de remettre au goût du jour – et avec succès – une valeur sûre de notre patrimoine littéraire et cinématographique : *Fantômas*.

Ce n'est pas, loin s'en faut, la première apparition à l'écran du terrifiant personnage inventé par Pierre Souvestre et Marcel Allain. Dès 1913, Louis Feuillade, avec un film en cinq épisodes, avait pris le relais de cet énorme succès de librairie que sont les aventures de Fantômas. *Génie du mal*, *Empereur du crime*, Fantômas, tout au long des trente-deux volumes écrits à partir de 1911, aura multiplié les attentats les plus crapuleux sous diverses identités et semé la terreur tout en restant insaisissable malgré les efforts du commissaire Juve, épaulé par le journaliste Fandor. Un succès de librairie qui fut salué comme un événement littéraire par les Surréalistes comme par Jean Cocteau. Cette « saga du mal » inspira d'autres réalisateurs, notamment Paul Fejos en 1932, Jean Sacha en 1946 ou Robert Vernay en 1948.

Cette fois, ce fut André Hunebelle qui prit les commandes de ce *Fantômas* nouvelle formule, premier volet d'une trilogie complétée en 1965 par *Fantômas se déchaîne* et, en 1967, *Fantômas contre Scotland Yard*. Si le réalisateur ne changea pas d'un film à l'autre, l'interprétation, du moins pour les premiers rôles, en fit de même : Jean Marais jouait à la fois Fantômas et Fandor, le journaliste enquêteur follement amoureux d'Hélène, la propre fille du criminel, toujours incarnée par Mylène Demongeot. Une situation quasi cornélienne !

Si le personnage de Fantômas n'était pas nouveau, André Hunebelle, en revanche, n'hésita pas à rompre avec la tradition pour réaliser sa trilogie. D'abord, en repeignant le vieux mythe aux couleurs du temps, alors influencé par le succès des *James Bond* anglo-saxons. Ensuite, en intégrant dans son casting une énorme vedette du rire, Louis de Funès, lequel transforma le commissaire Juve en bombe explosive, avec les grimaces et les contorsions que l'on sait. « Le commissaire Juve semble sorti tout droit des *Pieds Nickelés* » nota d'ailleurs l'hebdomadaire *Télérama*. Ce qui fait dire aussi à Jean-Michel Frodon, dans son ouvrage encyclopédique *L'Âge moderne du cinéma français*, que « Fantômas glisse du fantastique au comique » et même que Jean Marais devient, malgré son interprétation du rôle-titre, un « faire-valoir » du phénomène de Funès. Il est vrai que le couple de Funès/Marais n'avait plus l'harmonie qui faisait le charme du tandem Bourvil/Marais.

Les trois longs métrages d'André Hunebelle n'en enregistrèrent pas moins de nombreuses entrées en salles et moult programmations à la télévision, sans que l'on puisse imputer cet accueil triomphal à l'un ou à l'autre des deux comédiens. Car si l'œil du spectateur est irrésistiblement attiré par les pitreries très efficaces d'un de Funès éblouissant, l'exercice de Jean Marais en Fantômas à identités multiples n'en est pas moins remarquable. Là s'exprimèrent une fois encore son goût du masque et du travestissement, son sens inné de la comédie. Équipé d'un collant en caoutchouc qui lui recouvrait tout le visage, l'acteur passait de nombreuses heures devant sa glace pour devenir méconnaissable, comme au temps de *La Belle et la Bête*, tout en rendant plausibles, grâce à un grand art du grimage, les vrais-faux personnages de l'histoire. Une performance qui vaut bien toutes les gesticulations de son partenaire avec lequel, d'ailleurs, les rapports furent particulièrement orageux.

CHAPITRE XXIII

S'EN FOUT LA MORT

À cette époque, Marais fut également le héros d'un pur film d'aventures mais, cette fois, en seul maître à bord. *Le Gentleman de Cocody* était un cocktail assez savoureux d'action et d'humour mâtiné d'exotisme puisque ce long métrage, réalisé par le bondissant Christian-Jaque, fut entièrement tourné en Afrique, du côté d'Abidjan. On y voit notre héros en diplomate – lequel se nomme Jean-Luc Hervé de la Tommeraye, pas moins – embringué dans de sombres affaires de pilleurs d'avion et de gangsters en tous genres. Il donne la réplique à Liselotte Pulver, solide comédienne qui avait fait ses preuves de ce côté-ci de l'Atlantique, mais aussi aux États-Unis, notamment en travaillant avec Douglas Sirk ou Billy Wilder.

Film d'aventures, *Le Gentleman de Cocody* cumula aussi les mésaventures. Durant le tournage, les accidents se multiplièrent. À six reprises, Jean en fut la victime. Un record ! Ainsi, après avoir raté un saut sur une voiture en mouvement, il se retrouva les reins en compote et les deux poignets brisés. Et dut dissimuler son plâtre sous des gants en caoutchouc pour terminer le film. Une autre fois, après une journée de travail, il devait marcher sur une poutre, à seize mètres du sol. Fatigué, il glissa, chuta, se blessa à la hanche et aux genoux. Résultat : quelques jours d'hôpital.

Impréparation de l'équipe s'occupant des cascades ? Agilité compromise par l'âge ? Surexploitation abusive des capacités physiques d'athlètes de l'écran, comme lui ou Belmondo, par un cinéma qui en demandait toujours plus ? Le scénario du film de Christian-Jaque était, sur ce point, sans ambiguïté : le « diplomate » devait braver tous les dangers pour les beaux yeux de Liselotte Pulver, alias Baby. On vit donc Marais suspendu à un câble ou accroché à un hélicoptère, survoler les buildings d'Abidjan, bondir sur les toits, traverser des marigots infestés de requins, être renversé avec sa moto en pleine course, pris au lasso en train de nager dans la baie... Le goût du risque ne l'ayant jamais quitté, il le prouva une fois encore. La preuve, en Côte-d'Ivoire, les chauffeurs d'une des camionnettes de la logistique avaient écrit en gros caractères : « S'EN FOUT LÀ MORT ! ».

Toujours plus, toujours pire : *Train d'enfer*, énième film d'aventures à rebondissements réalisé par Gilles Grangier, s'avéra encore plus éprouvant pour lui. Clone de James Bond, l'agent des Services Secrets que le comédien incarnait cette fois devait faire mieux que son collègue d'outre-Atlantique. Résultat : ce fut un véritable enfer et Marais faillit, cette fois, y laisser la vie. Allongé sur une voie ferrée en principe désaffectée, il échappa de justesse à un rapide qui fonçait sur lui, écrabouillant au passage la caméra. Un autre jour, rejouant la célèbre « course des dégonflés » de James Dean dans *La Fureur de vivre*, ce fut la voiture qu'il pilotait qui refusa de s'arrêter au bord d'une falaise, menaçant de plonger dans le vide...

Mais quelles raisons poussaient donc Jean Marais à faire ainsi « le jeune homme » ? Était-ce un moyen de faire reculer la réalité de l'âge mûr ? L'expression d'un fatalisme radical ? L'envie de conserver l'admiration de ses plus fidèles spectateurs ou la volonté de conquérir l'estime des plus jeunes ? Tous ces motifs ont, sans aucun doute, conduit le comédien jusqu'au bout de son audace. Il précisait lui-même : « Je n'ai jamais compris ce que c'est que le danger. Je n'ai jamais eu peur. Devant l'obstacle, je n'éprouve qu'un désir, le vaincre. Non par orgueil – Dieu merci – mais par une sorte de réflexe inné, le sentiment d'une mission mystérieuse à laquelle je n'ai pas le droit de me dérober. » Le cascadeur Gil Delamare lui rendra d'ailleurs ce très professionnel hommage : « Jeannot, s'il n'était pas devenu Jean Marais, j'aurais aimé l'engager dans mon équipe. »

Heureusement, entre ces éprouvantes prestations, il lui fut aussi possible de souffler un peu. Grâce à Georges Franju, d'abord, qui lui demanda en 1964 d'être le narrateur de son film *Thomas l'imposteur*, que Jean Cocteau avait eu le temps de dialoguer d'après son propre roman. Mais encore en participant à du théâtre filmé, l'adaptation à l'écran, tout à fait tranquille, par Robert Thomas, d'un énorme succès du boulevard signé Marcel Achard, *Patate*. Une occasion pour lui d'incarner le séducteur un peu dépassé d'une nouvelle star de la chanson, la toute jeune Sylvie Vartan, et de faire semblant d'apprendre les derniers pas de danse à la mode.

Hélas, d'autres soucis, d'un autre ordre, mirent un terme à cette relative tranquillité. Alors que ses projets immobiliers sur la Côte d'Azur commençaient à prendre forme, que le chantier de sa maison de Cabris avançait, l'acteur apprit qu'il devait aux impôts la somme rondelette de soixante-dix millions de francs (plus de cent mille euros). Or les cachets des nombreux films qu'il tournait n'y suffiraient pas. Pourtant, rien que pour l'année 1965, pas moins de quatre productions sortirent dans les salles avec lui en vedette : outre *Cocody*, il y eut le second *Stanislas*, un autre *Fantômas* et *Train d'enfer*. Face aux exigences du fisc, le comédien se rendit compte qu'il ne pouvait continuer à multiplier ses largesses, à subvenir aux besoins d'une mère et d'un fils tout en entretenant deux luxueuses propriétés, voire trois puisqu'il possédait également un petit hôtel particulier, rue Berlioz, qu'il n'habita d'ailleurs jamais. Résultat, Marnes-la-Coquette, la maison de tant de souvenirs, dut être vendue en 1970, à la comédienne Christiane Minazolli. Sa construction terminée, la maison de Cabris devint quant à elle la résidence principale, celle où il installa Henriette. Lui-même se contentera longtemps d'aller à l'hôtel lors de ses séjours parisiens. Ce n'est que beaucoup plus tard qu'il se résignera à louer le modeste appartement de la Butte Montmartre.

C'est justement au milieu des « sixties » qu'une sorte de divorce s'ébaucha entre ce roi de l'écran et le cinéma. Il est vrai que les « jeunes Turcs » de la Nouvelle Vague avaient frappé fort, remodelant un art de filmer qui tournait le dos à la tradition, que le phénomène Belmondo était à son apogée et que le gros du public de Jean Marais – de bien d'autres stars de sa génération aussi – était en train de s'installer devant la lucarne de la télévision avec peu d'envie d'en bouger. Christian-Jaque eut beau tenter une nouvelle recette en adaptant pour le public français l'une des aventures du très britannique Simon Templar, dit « Le Saint », avec Henri Jeanson aux dialogues acérés, *Le Saint prend l'affût* ne résista pas, malgré ses innombrables poursuites et le charisme de Jean, à une nette érosion de la fréquentation. Même si, dans ce film, le comédien n'hésitait pas, lui non plus, à se renouveler et à adopter le profil très flegmatiquement british du personnage créé par Leslie Charteris, rompant net avec son image d'infatigable bagarreur, le fossé ne se combla pas. Christian-Jaque avait pris soin d'entourer sa vedette de nouveaux talents capables de tirer cette histoire de barbouzes vers la comédie, tels Dario Moreno ou Jean Yanne, mais la mayonnaise ne prit pas. *Le Saint prend l'affût* fut en outre attristé par la mort de l'ami et mentor de Marais en cascades, Gil Delamare, qui se tua lors d'une scène particulièrement dangereuse.

Quelques mois après, malgré le piment d'un aimable érotisme censé relever la sauce d'un étrange long métrage franco-italo-roumain en costumes signé Bernard Borderie, *Sept hommes et une garce*, l'éloignement de son public s'accéléra. Reconverti en capitaine de l'armée d'Italie conduite par Bonaparte, Jean Marais incarnait la victime, ainsi qu'un Sydney Chaplin tout aussi égaré dans cette entreprise, des manigances libertines d'une affriolante comtesse transalpine. Intervint alors Claude Carliez, autre casse-cou professionnel qui, on s'en souvient, fut le patron de Serge pour *Le Masque de fer* six ans auparavant. Cet ami persuada Jean de retrouver un emploi plus conforme à son profil de baroudeur. Pour lui, il écrivit puis mit en scène *Le Paria*, son seul film, illustration du genre dans lequel excellait déjà Lino Ventura. Un gangster au grand cœur combat seul, ou presque, les fantômes d'un passé criminel qui le poursuit. L'idée, en soi, n'était pas mauvaise et pouvait permettre au comédien de composer un personnage nouveau sans trahir son passé de héros irréductible. Mais le film de Claude Carliez, mal sorti au tout début de l'année 1969, ne rencontra guère de succès.

Deux autres longs métrages marquèrent ensuite la frontière au-delà de laquelle s'installa un grand vide d'une quinzaine d'années dans la filmographie de Jean Marais. Le premier, tourné en 1969, se situait en Israël. Troisième – et dernier – long métrage d'André Charpack, un metteur en scène de théâtre attiré par le cinéma qui avait déjà réalisé une œuvre modeste mais attachante, *La Vie normale*, sur l'intégration difficile d'une déportée miraculeusement sortie vivante d'un camp d'extermination nazi. *La Provocation* voit Marais en professeur d'archéologie parisien visitant l'État hébreu aux prises avec une étudiante particulièrement entreprenante. L'ennui, c'est que cette relation orageuse entre maître et élève, qui se termine d'ailleurs par un fiasco, sert en fait de mince fil conducteur et de prétexte à faire goûter assez lourdement aux charmes d'un pays encore neuf.

Même si la cause peut paraître juste, on ne fait guère de bon cinéma avec une démarche qui relève surtout de la promotion touristique.

Bien plus intéressante, évidemment, fut la somptueuse composition de Marais dans *Peau d'Âne*. Un ultime film mais aussi un point d'orgue d'une carrière peu ordinaire. Il était en effet temps d'introniser ce comédien hors du commun, de lui rendre l'hommage royal qu'il méritait. C'est justement ce qu'avait compris Jacques Demy puisque, dans *Peau d'Âne*, Jean devient roi d'une fable revisitée par l'un de nos meilleurs conteurs de l'écran. Un roi réellement féerique, opulent, magnifique mais aussi roi amateur de chair fraîche, jusqu'à la tentation de l'inceste, comme l'avait voulu Charles Perrault. Un penchant qui n'était pas sans rappeler la « Bête » succombant aux charmes juvéniles de la « Belle ». D'une certaine manière, la boucle était bouclée.

Si la pellicule n'invita plus, ensuite, Jean Marais à exprimer son étonnante vitalité, il lui resta la possibilité d'explorer plus profondément d'autres champs. À commencer par le théâtre qui, s'il n'en fit pas un roi, fut tout de même le médium culturel qui transforma le jeune homme natif de Cherbourg en inconditionnel de tout ce qui ressemble, de près ou de loin, à de l'art. Durant les longues années qui lui restaient à vivre, libéré en quelque sorte de ce mangeur de temps et d'énergie qu'était le cinéma, Marais allait désormais amplement prouver qu'il savait tout faire, ou presque : écrire, peindre, sculpter, apprendre la poterie... et faire du théâtre !

Certes, au début des années soixante-dix, son parcours théâtral est loin d'être négligeable puisque Jean a déjà prouvé qu'il pouvait jouer mais aussi, à l'occasion, se transformer en metteur en scène, en décorateur, voire en directeur de troupe. Cependant, depuis quelque temps, le comédien limitait ses interventions à garder en vie les pièces de Jean Cocteau en les interprétant. Toutefois, dès la fin du tournage de *Peau d'Âne*, il se montra plus aventureux, en cédant notamment à l'attrait de cette pièce monstre du répertoire théâtral, *Cyrano de Bergerac*, qu'il joua à Lyon en 1970 puis avec les tournées Karsenty l'année suivante. « Avec Shakespeare, jouer Cyrano aura été l'épreuve la plus épuisante de ma carrière », reconnaîtra-t-il plus tard. Il faut avouer qu'il lui arrivait d'enchaîner matinées et soirées, ce qui correspondait à deux fois cinq heures de scène et deux fois mille huit cents vers. Rostand, mais aussi Molière (*Tartuffe*, en 1972), Hugo (*Les Misérables*, en 1975, *Hernani*, en 1989), Shakespeare (*Le Roi Lear*, en 1977), Calderón (*L'Alcade de Zalamea*, en 1979), Shaw (*Cher menteur*, en 1980, dans l'adaptation de Cocteau), Corneille (*Le Cid*, en 1985) le firent monter sur les planches. Sans oublier Alphonse Daudet et son *Arlésienne* où il composait un « berger un peu clochard », dans ce spectacle « musiqué » par Georges Bizet et que Marais sut défendre avec l'enthousiasme de ses quatre-vingt-quatre printemps en 1997, comme un ultime pied-de-nez à la maladie qui allait bientôt l'emporter.

Parallèlement, un écrivain allait naître. En mars 1975, les éditions Albin Michel publièrent en effet un livre de Jean : *Histoires de ma vie*. Ses amis l'avaient harcelé pendant des années pour qu'il mette enfin par écrit sa rencontre avec Cocteau et son combat lent, volontaire, inlassable pour se créer une autre image de lui-même. Et il avait enfin franchi le pas.

J'étais à cette période présent lors d'une grande signature en l'honneur de Jean Marais, organisée par Jean et Michel Breton, dans leur librairie « Saint-Germain-des-Prés » alors située au 70 de la rue du Cherche-Midi. Des toiles et des dessins du comédien ornaient les vitrines et les murs. La foule parisienne était là, empressée, autour de l'auteur qui dédicaçait sans trêve. Je discutais avec l'ami Jean Breton, le poète de *L'Été des corps*. Le romancier Maurice Toesca, représentant l'éditeur Albin Michel, se trouvait avec nous. Il avait aidé Jean Breton, adolescent, à corriger ses premiers textes, d'où la complicité des propos que nous échangions. Maurice Toesca avait été le premier, chez Albin Michel, à lire le manuscrit d'*Histoires de ma vie* apporté par le comédien : « Je n'en reviens toujours pas, nous expliqua-t-il. Quand j'ai lu le manuscrit de Jean Marais, il n'y avait aucune correction à faire. Du bon travail ! Un écrivain était là. » Le même éditeur demanda ensuite d'autres textes à Jean Marais, qui proposa des contes. Ceux-ci furent publiés en 1978. On y croise la princesse Mila qui « ne peut s'exprimer qu'en chantant », le chevalier Noël, le chien Oua-Whoua qui rappelle Moulouk, le « roi des chats » ainsi que d'étranges personnages ayant pour noms Saint-Tropez ou Sainte-Maxime, hommages du comédien-écrivain à son pays d'adoption.

C'est en 1983 que Marais présenta au Théâtre de l'Atelier, à Montmartre, le spectacle « Cocteau-Marais » mis en scène par Jean-Luc Tardieu. « Depuis dix ans, je rêvais de consacrer à Jean Cocteau un spectacle, écrit-il dans *L'Inconcevable Jean Cocteau*[1]. Non point un récital de poésie, mais un spectacle, un vrai, par exemple une pièce de théâtre qui eut été écrite par Cocteau lui-même après qu'il eut traversé le miroir, pour reprendre encore une fois cette expression qui lui était si chère. Cela lui ressemblerait assez, me disais-je alors. »

Une rencontre avec Jean-Claude Houdinière et Loïc Vollard, les producteurs du *Roi Lear* qu'il avait joué à L'Athénée, lui fournit l'occasion de réaliser ce rêve. Vingt ans plus tôt, le 11 octobre 1963, disparaissait le poète et les deux hommes souhaitaient marquer dignement cet anniversaire. D'emblée, ils proposèrent au comédien d'évoquer sur

1. Éditions du Rocher.

scène son ami. Ils avaient même déjà choisi le titre du spectacle : *Cocteau-Marais*. Si le projet séduisit Marais, ce titre l'embarrassa. Comment accoler un nom de simple baladin à celui d'un géant du verbe ? Il n'en plongea pas moins dans ses souvenirs, relut les textes de Cocteau, exhuma les lettres que ce dernier lui avait adressées. Peu à peu, l'idée du spectacle chemina, se précisa en lui. *Cocteau-Marais* permit à Jean Cocteau de se réincarner en Jean Marais « afin de parler par sa voix en empruntant son corps et son physique durant deux heures ». Écriture et montage des textes terminés, il resta à leur auteur à soumettre son travail à celui qui n'était plus là. Une exposition itinérante sur Jean Cocteau organisée par la revue *Cinéma 83*, qu'accompagnait la projection de films réalisés par le poète, lui fournit l'occasion de demander à son ami disparu cette approbation. Invité à assister à l'une de ces projections aux Baux de Provence, il fit le pari de s'y rendre en voiture sans se soucier de la moindre prudence routière. S'il faisait le chemin sans accident, c'est que Cocteau était d'accord. Le comédien arriva indemne au terme de sa course folle. « Même la police ne m'a pas inquiété » se félicita-t-il. Et Jean Marais put promener *Cocteau-Marais* dans le monde entier durant sept ans.

Ces péripéties littéraires et la reprise d'une forte activité théâtrale ne suffisant pas à épuiser son énergie, Marais chercha également à tester cette nouvelle machine à fabriquer des images qu'est la télévision. Mais ce qui aurait pu constituer le relais naturel d'un cinéma momentanément en panne s'avéra vite n'être qu'une impasse dans sa carrière. À peine acceptable fut un premier feuilleton réalisé en 1972, une adaptation du *Joseph Balsamo* d'Alexandre Dumas dont il interprétait le rôle-titre, feuilleton sans gloire réalisé par le pourtant bon spécialiste qu'était André Hunebelle. En fait, le metteur en scène du *Capitan* et du *Bossu* ne sembla pas être parvenu, comme tant d'autres, à s'adapter aux normes de production de la petite lucarne. Ce fut encore pire avec le suivant, *Karatekas and Co*, bouillie télévisuelle « inspirée » par les arts martiaux. Surnage peut-être de cette mésalliance une nouvelle version des *Parents terribles* filmée par Yves-André Hubert, Jean Marais cautionnant cette entreprise en reprenant le personnage de Georges. Somme toute, un bien maigre bilan.

La réussite ne fut pas non plus au rendez-vous lorsque le comédien s'attaqua, en toute innocence, au marché naissant du prêt-à-porter masculin en lançant une collection au début des années soixante-dix. Peu apte aux (bonnes) affaires, il abandonna très vite cette ambition pour se tourner, plus sérieusement, vers un autre métier, celui de potier. Une activité qui réveilla en lui des dons de plasticien qu'il exerça, peignant et sculptant, jusqu'à la fin de sa vie dans sa maison de Vallauris.

CHAPITRE XXIV

VALLAURIS, CHEF-LIEU DU TRAVAIL ET DU RÊVE

« C'est Jean Cocteau qui m'a fait découvrir le Midi. J'aime son climat, sa nature. Je me sens très proche des gens d'ici » écrivit un jour Jean Marais à un ami. Après avoir vendu sa propriété de Marnes-la-Coquette, en 1970, et mené à bien la construction de sa maison de Cabris sur la Côte d'Azur, l'acteur séjourna de plus en plus souvent dans le sud de la France.

Il y installa sa mère. Les rapports fusionnels qui avaient jusque-là lié ces deux êtres s'étaient évanouis. Depuis quand exactement ? Le premier à être surpris de cette nouvelle situation fut Jean lui-même : « Je n'aime plus ma mère » confia-t-il, étonné et triste, à Josette Fouques qui avait la charge de l'intendance de Cabris et devait aussi s'occuper de Rosalie quand il n'était pas là. De fait, la vieille dame n'était plus que l'ombre d'elle-même. Victime d'une grave attaque, son esprit s'égarait. Elle écrivait à son fils en l'appelant Alfred, du nom du mari abandonné, et en signant « ta petite femme chérie ». Seul demeurait son sale caractère, dont Josette fit les frais.

En 1973, pour une fois sans tournée ni projet théâtral, Jean Marais ne quitta pas sa nouvelle demeure durant plusieurs mois, veillant sur Rosalie malgré cette nouvelle indifférence. Quand celle-ci mourut, le 15 août de cette même année, il ne versa pas une larme.

Peu de temps avant cette disparition qui laissait le comédien un peu plus seul – son fils espaçait ses visites, ses nièces avaient leurs vies – Marais avait fait la connaissance de celle qui allait très vite devenir sa Providence.

Nini Pasquali, née et vivant toujours à Vallauris, capitale méridionale de la céramique rendue célèbre par Picasso, était – et reste – une figure de la Côte où elle connaissait tout le monde. Très habile femme d'affaires, elle avait dirigé à Juan-les-Pins une boîte de nuit qui avait vu défiler nombre de futures vedettes du show-biz. Pour l'heure, elle se contentait d'être l'épouse d'un potier professionnel du cru. Ce dernier, Jo Pasquali, se trouva par hasard sur le chemin du célèbre acteur alors que celui-ci venait de faire installer tour et four dans sa maison de Cabris et s'apprêtait, sans rien connaître de cet art, à travailler l'argile. Mais si Jo devint son mentor en poterie, Nini fut bien plus.

Comme elle le raconte fort bien dans son propre livre de souvenirs publié en 2003, *Jean Marais sans masque*[1], la perspicace Vallaurienne eut tôt fait, en fréquentant la maison du comédien, de soupçonner une faillite imminente. « Comme j'accompagnais souvent Jo à Cabris, j'avais remarqué que Jean recevait de nombreuses visites d'huissiers » explique-t-elle dans cet ouvrage. C'est que Marais, piètre gestionnaire, n'avait guère fait de progrès depuis ses précédents ennuis avec le fisc. Il devait à nouveau une somme considérable au Trésor public et sa résidence azuréenne, proche du palais pour nabab en pleine gloire (trois cuisines, une piscine chauffée de six cent mille litres) nécessitant un bon coup de neuf, se révélait surtout être un gouffre financier. Or le cinéma, cette poule aux œufs d'or, n'était plus là pour faire patienter les nombreux créanciers. À tel point qu'il était même question de saisir la propriété.

1. Éditions de L'Archipel.

Or, s'il n'était pas un gestionnaire hors-pair, Jean Marais possédait suffisamment de lucidité pour comprendre qu'il avait besoin d'être aidé. Comme ses premiers contacts avec Nini Pasquali étaient bons, il en déduisit vite qu'il n'était pas inutile d'écouter ses conseils, voire de lui confier ses intérêts. En véritable experte, sa nouvelle amie dressa un audit rigoureux de la situation et proposa des remèdes drastiques. D'abord, négocier avec les impôts. Ensuite, retaper Cabris afin de vendre la maison le mieux possible, puis en trouver une autre, plus modeste. Enfin, se mettre au travail pour faire rentrer l'argent. Le plan fut suivi point par point et la star à la dérive retrouva enfin, et pour longtemps, un réel équilibre financier. Donc, enfin, une certaine paix de l'âme.

En 1981, Marais s'installa, définitivement, au « Préau », terme générique qui désignait l'ensemble de sa nouvelle propriété située dans le haut de Vallauris mais évoquait surtout le préau que le comédien avait fait dresser au bord de la piscine, à gauche du bâtiment principal pour, disait-il, ses « récréations ». Car la maison elle-même, au centre d'un vaste terrain d'une dizaine d'hectares, avait en partie été transformée en lieu de travail.

Passé un portail forgé à partir d'un dessin de Jean Cocteau, on y accédait par un petit chemin sinueux. Toute l'aile droite de la bâtisse était attribuée aux studieuses activités du nouveau maître des lieux : atelier de poterie au rez-de-chaussée, pièces pour le peintre et le graphiste au premier étage. L'aile gauche était réservée, elle, au salon et à la bibliothèque, dominée par un portrait de Cocteau. Chambre, salle de bains et cuisine – cette dernière tapissée de céramiques réalisées par Picasso et faisant parfois office de salle à manger – se situaient au bout d'un couloir central.

Entre la vente de Cabris et sa prise de possession du « Préau », l'acteur avait dû se contenter d'un provisoire et transitoire chalet mis à sa disposition par les Pasquali.

À ce moment de sa vie, l'apprenti potier était devenu un respectable artisan vallaurien. Car, dès 1975, celle qu'il appelait affectueusement son « ministre des Finances » avait eu l'idée de mettre à profit le talent naissant de ce néophyte à la signature prestigieuse. Et, le 28 février, Nini Pasquali ouvrit une galerie, à Vallauris même, destinée à vendre les œuvres en terre cuite du « Capitan ». Ce fut un succès. On se jeta sur les cendriers et les vases du célèbre acteur. De cette réussite naquit une seconde galerie, cette fois à Paris, rue du Faubourg Saint-Honoré. Une occasion pour Jean Marais de se montrer une nouvelle fois généreux en demandant à l'inoubliée Mila Parely, qui se débattait elle aussi avec d'inextricables problèmes d'intendance après un terrible accident de son mari pilote de course, de diriger cette nouvelle boutique. Il y eut même, par la suite, une galerie Jean Marais à Megève et une autre à Biarritz.

La vedette internationale devint alors une gloire locale, ce qui n'allait pas forcément de soi. Adopté par l'ensemble de la communauté de la petite ville, il dessina régulièrement l'affiche de la Fête de la Poterie de Vallauris qui avait lieu chaque année au mois d'août et à laquelle il adorait participer. Sa vie, entre son travail et les Pasquali, devint – presque – sans nuages : « Je suis chez moi à Vallauris, déclara-t-il à un journaliste local. C'est ma résidence. Je n'habite pas Paris. J'habite Vallauris. Comme toujours dans la vie, la chance m'accompagne. La poterie m'a fait connaître deux personnes merveilleuses, Nini et Jo Pasquali, qui sont devenus de vrais amis. Plus que des amis. J'allais dire la famille. Mais, finalement, les amis vous aident davantage que la famille. Ils ont transformé ma vie. Ils m'ont enlevé tout souci. Tout problème. C'est fantastique ! »

Plus tard, à Golfe-Juan, furent créés le Théâtre de la Mer et un festival auquel se vit associé le nom de Jean Marais. « Il était l'ami de tous », confirmera M. Gumiel, l'adjoint au maire, quand le comédien partira vers des aventures moins terrestres.

Paris, plus ou moins renié, ne l'oubliait pas pour autant. Le petit monde du cinéma, peut-être un peu honteux de ne plus faire appel à son talent après en avoir largement profité, tenta de se faire pardonner en le nommant président de la Nuit des Césars en 1980. Afin de faire bonne mesure, on lui décernera, en 1993, un « César d'honneur » pour l'ensemble de ses films et il aura droit à la *standing ovation* de rigueur.

Cette première distinction le laissa plutôt froid. À soixante-sept ans, cet hyperactif ne songeait pas plus aux honneurs qu'à la retraite et, si hommage il y avait, c'était à lui de le rendre, encore et toujours, à celui auquel il resterait immuablement fidèle : Jean Cocteau.

À Paris, il était devenu un nomade n'ayant plus de domicile fixe. Ce n'est qu'en 1982 qu'il retrouva un « chez-lui » en louant un petit appartement de quarante-cinq mètres carrés, au 22 de la rue Norvins, tout en haut de la Butte Montmartre, une rue qui canalise tout le flot des touristes vers la Place du Tertre, ses peintres et ses restaurants en plein air. Mais la foule, déjà fatiguée par la rude montée, ne remarque généralement pas le superbe hôtel particulier du XVIIIe siècle, éclatant de blancheur, qui borde la rue Norvins. C'est la « Folie Sandrin », devenu le siècle suivant un établissement psychiatrique dirigé par un thérapeute aux méthodes « modernes », le docteur Blanche. Une maison de repos, en fait, où séjourna notamment le dépressif Gérard de Nerval – ce qui ne l'empêcha malheureusement pas d'y mettre fin à ses jours. Or c'est dans un petit bâtiment annexe de la « Folie Sandrin » que Jean Marais trouva son nouveau port d'attache parisien. Se souvenant qu'il avait vécu autrefois sur une péniche et qu'il en avait confié le mobilier à sa secrétaire, il en récupéra une partie et reconstitua ici son décor fluvial.

Non loin de là, toujours rue Norvins, mais en tournant le dos à la Place du Tertre, c'est-à-dire du côté de l'avenue

Junot, vécut également Marcel Aymé. L'écrivain habitait dans un immeuble bourgeois surplombant une petite place. C'est à l'occasion de l'inauguration en 1986 par la Ville de Paris de cet endroit un peu étriqué et austère, sur lequel affleuraient des bouches d'aération, mais qui fut néanmoins baptisé un peu pompeusement « Place Marcel Aymé », que l'on commanda une sculpture commémorative au voisin Jean Marais. Le « potier » de Vallauris trouva ingénieusement la solution en faisant surgir d'un muret le buste de l'écrivain ainsi que l'un de ses bras, une main, une jambe, amusante évocation de l'auteur du *Passe-muraille*.

C'est que, comme son maître Jean Cocteau, Marais était un touche-à-tout qui finissait par savoir tout faire, y compris de la sculpture. Pour s'en convaincre, il suffit d'aller à Vallauris où lui est consacré un « Espace », en fait un lieu de mémoire où sont aujourd'hui exposées quelques-unes de ses nombreuses œuvres de plasticien regroupées par le couple Pasquali, espace qui se veut préfiguration d'un éventuel musée. Si l'on n'est pas obligé d'y voir la production d'un artiste de génie, rival de Picasso ou de Chagall, on ne peut qu'être séduit par le professionnalisme qui sous-tend et relie l'ensemble multidisciplinaire de cette création.

Jean Marais disait lui-même exécrer l'amateurisme et mobilisait toute sa volonté pour atteindre, dans chaque discipline – dessin, peinture, poterie, sculpture, voire lithographie, fabrication de bijoux, tapisserie, arts de la décoration... – une maîtrise frisant la perfection. C'est d'ailleurs ce mot-clé que reprend Paul Morihien, qui fut le secrétaire du poète disparu, afin de qualifier le travail de Marais : « Jean Cocteau lui a appris à découvrir les codes. Toujours perfectionniste, il prend le temps pour tout ce qu'il entreprend, voulant sans doute atteindre la perfection de son maître et dépasser ses limites. Ce qui m'étonne, c'est que tout au long de sa vie, il ne cesse de progresser... Artiste plasticien, il acquiert de nouvelles techniques et nous révèle avec talent ses nouvelles expressions. »

Mais c'est encore Marais qui expliquait le mieux son cheminement dans le domaine de l'art : « Je suis un artisan, pas un artiste. L'art m'attire, me fascine. J'aime m'en approcher, je respecte l'artiste, je l'aime, j'aimerais lui ressembler. Mais je place trop haut l'art pour me croire un artiste. » Lucidité extrême ou credo trompeur d'un homme à la modestie légendaire ? Comme pour bousculer cette profession de foi, le géant Picasso, un jour, vint lui acheter l'une de ses toiles. Le premier à s'en étonner fut Jean Marais lui-même.

Mais, sous le nouvel habit de l'artisan du « Préau » le cœur du vieux routier des studios de cinéma n'avait pas cessé de battre. C'est Jacques Demy qui, au milieu des années quatre-vingt, vint réveiller le comédien qui sommeillait toujours en Marais. Il est vrai que le projet de l'auteur de l'excellente version cinématographique de *Peau d'Âne* consistait, cette fois, en une version musicale de la légende d'Orphée. Demander au fils spirituel de Jean Cocteau de participer à cette nouvelle aventure, c'était adresser un évident clin d'œil au poète disparu. Ce fut *Parking*, emmené par Francis Huster, un Orphée réactualisé et promu chanteur à la guitare électrique – instrument qui lui sera d'ailleurs fatal. Le septuagénaire de charme qu'était devenu Jean Marais incarnait Hadès le dieu grec, maître plutôt débonnaire du monde souterrain veillant sur les morts et qui accueille comme il se doit le jeune musicien. On connaît la suite.

Ce retour de la vedette sur le grand écran guérit soudain de leur amnésie quelques entrepreneurs de films et enclencha un regain de carrière du comédien. Il fut modeste - certains penseront superfétatoire -, les deux longs métrages tournés à la suite de *Parking* ne marquant guère les esprits. On peut contester ces choix – comme un certain nombre d'autres d'ailleurs – dans la mesure où ils n'apportèrent rien de plus au brillant passé du comédien. Mais Marais agissait avant tout en professionnel, pratiquant un métier à chaque fois que l'occasion, bonne ou mauvaise, se présentait. D'ailleurs – question cruelle mais qu'il n'est peut-être pas inutile de se poser – croyait-il tellement au cinéma ? « Très honnêtement, devait-il déclarer à l'heure des bilans, je ne pense pas avoir marqué les années que j'ai traversées. Au cinéma, certainement pas. Au théâtre, peut-être. » Et il s'empressait d'ajouter : « Je me fous de la postérité au-delà de ce qu'il est possible d'imaginer. »

Seule réalisation de Willy Rameau, *Lien de parenté* semble vouloir rééditer l'exploit de Claude Berri engageant Michel Simon pour une savoureuse confrontation avec l'enfant juif du *Vieil homme et l'enfant*. Voici donc, à son tour, Jean Marais en grand-père un peu dépassé par un petit-fils à la peau sombre et plutôt turbulent qui lui tombe d'une planète inconnue, l'Angleterre. Puis ce fut *Les Enfants du naufrageur*, unique film, lui aussi, de Jérôme Foulon. Ce conte maritime photographié dans le superbe décor naturel de l'Île de Bréhat reprend, cette fois, la recette des *Disparus de Saint-Agil* en confiant une enquête policière à des enfants. Pour son personnage du naufrageur, l'acteur avait laissé pousser sa barbe et retrouvé avec plaisir Brigitte Fossey, une vieille camarade de théâtre. Ces deux films aux qualités discutables eurent tout de même le privilège d'être présentés au Festival de Cannes dans la section « Perspectives du Cinéma Français », réservée aux jeunes espoirs. Ce qui, somme toute, était un compliment fort hardi si l'on se met à la place d'un comédien dont la propre filmographie totalisait alors près de quatre-vingts œuvres.

On retiendra plus aisément de cette période la composition de Marais en Monseigneur Myriel dans la version « modernisée » des *Misérables* imaginée par Claude Lelouch en 1994. Un rôle certes épisodique, mais qui permit au réalisateur de réunir deux comédiens de même nature dont les carrières s'étaient suivies et étrangement ressemblées puisque le « forçat » Jean Valjean, qui roule dans la farine, selon Victor Hugo, son hôte d'une nuit en lui volant ses petites cuillers, était ici interprété par Jean-Paul Belmondo.

Stealing Beauty, autrement dit *Beauté volée*, film franco-américain du cinéaste transalpin Bernardo Bertolucci, marqua, enfin, l'aboutissement d'une longévité cinématographique tout à fait exceptionnelle. Marais y incarnait un vieux critique d'art excentrique qui dit son fait, sans aucun fard, à la compagnie des humains. Le film fut tourné en Toscane durant l'été 1995, avec Stefania Sandrelli et Jeremy Irons. Cette œuvre de l'auteur du *Dernier tango à Paris* ne connut guère de succès lors de sa sortie en France, et ce malgré sa sélection à Cannes l'année suivante. Pour Marais, *Beauté volée* marqua le bout du chemin. Il est néanmoins intrigant de constater que, dans la trame du film de Bertolucci, s'immisça une recherche en paternité effectuée par sa jeune héroïne, Lucy Hamon, recherche problématique qui, on le sait, poursuivit le comédien tout au long de sa vie.

La même année, Jo et Nini Pasquali accompagnèrent le « Capitan » à l'Élysée où Jacques Chirac lui remit la médaille de Commandeur de la Légion d'Honneur. Il eut droit à d'autres honneurs, mais ceux-ci seront essentiellement dictés par l'amitié et l'admiration.

Juste avant de retrouver Claude Lelouch pour *Les Misérables*, Jean Marais monta sur scène pour donner la réplique à Michèle Morgan. Le « couple idéal » du film de Jean Delannoy, *Aux yeux du souvenir*, était devenu celui des *Monstres sacrés*, une pièce triomphant aux Bouffes-Parisiens. Pour les 80 ans du comédien, Jean-Claude Brialy organisa en ce même lieu une « petite » fête dont il avait le secret. Au soir du 11 décembre 1993, devant deux mille personnes entourant Marais, nombre de ses camarades montèrent à sa place sur la scène du théâtre, chacun lui présentant, en guise de compliment, un numéro de son cru. Revenu dans son modeste pied-à-terre montmartrois, Marais trouva quatre-vingts roses rouges : le cadeau collectif de ses amis artisans potiers de Vallauris.

Chapitre XXV

Je n'ai jamais eu peur de mourir

C'est en 1985, alors qu'il se trouvait à Bordeaux, que Jean Marais, pour la première fois, fut paralysé dans la salle de bains de son hôtel, en proie à d'intenses douleurs osseuses. Secrètement soigné à Paris, à l'hôpital Bichat, on lui diagnostiqua une sciatique et une hernie discale, vite devenues une sorte de cancer des os. Ses souffrances ne l'empêchèrent pas de travailler jusqu'à ce 10 octobre 1997 où il s'écroula, en pleine répétition, sur la scène du théâtre de l'Eldorado. Il devait interpréter *La Tempête* de Shakespeare. Dès lors il ne remonta plus jamais sur les planches, notamment parce que les assurances lui refusèrent tout concours. Vers la fin de sa vie, il prenait chaque jour, pour calmer les douleurs, jusqu'à cinq bains brûlants.

Dès lors, le comédien ne quitta plus guère le Préau, aidé par sa voisine et amie, la généreuse Madame Pasquali. « Nous vivions, à Vallauris, au jour le jour, sans savoir de quoi serait fait le lendemain. À l'automne 1998, Jean était très fatigué, au point de ne pas vouloir sortir de sa chambre. Depuis quelque temps, il n'avait plus qu'une idée en tête : ranger ses papiers, jeter les choses inutiles, comme s'il sentait sa fin prochaine. Le 7 novembre, c'était un samedi, il n'a pas voulu venir dîner avec nous. Il a refusé que je lui apporte une soupe au lit. Vers vingt et une heures, il a éprouvé soudain du mal à respirer. Aussitôt, j'ai appelé le

SAMU en demandant qu'il soit transporté à l'hôpital de l'Archet, à Nice, où on l'avait déjà soigné. Mais le SAMU l'a placé aussitôt sous assistance respiratoire et on l'a transporté d'urgence à l'hôpital des Broussailles, à Cannes. Jean y a passé toute la nuit dans un demi-coma causé par un œdème pulmonaire. Il nous a quittés le dimanche matin, le 8 novembre. Mon mari et moi étions auprès de lui. Son état ne lui a pas permis de parler. Sinon, je suis sûre qu'il nous aurait rassurés, comme à son habitude, lorsque la maladie prenait le dessus. Et il nous aurait même fait rire. Il s'est battu contre la maladie avec un panache qui force l'admiration. On peut dire qu'il l'a méprisée jusqu'au bout ! »

Sur son lit, revêtu d'un costume noir, son visage était détendu comme celui d'un enfant. La mort ne lui avait pas fait peur. Jean Marais n'avait-il pas déclaré : « Je n'ai jamais eu peur de mourir, comme je n'ai jamais eu peur de vieillir. C'est plutôt confortable, voyez-vous ? » Il avait dit aussi : « J'accepte la mort depuis très longtemps. L'âge est un privilège. Il faut remercier le Bon Dieu d'être vieux. »

Quinze jours auparavant, comme chaque année depuis la disparition de Jean Cocteau, Jean Marais avait fait porter par le fleuriste à l'église trois gerbes de dix-sept roses pour la messe anniversaire du poète. Bien que très affaibli, il avait tenu à aller payer lui-même la note. Et il avait accroché à l'un des bouquets ce petit mot : « Merci Jean, tu es toujours avec nous, avec moi surtout, bien entendu. Tu m'aides à vivre. À bientôt. Jean Marais. »

Un jour, Marais s'était fait voler trois tableaux de Cocteau. Peiné, il ne s'en offusqua pourtant pas : « Ce n'est pas grave. C'est parti, c'est parti... De toute façon, dans la vie, tout est prêté. Le rendre un peu plus tôt, un peu plus tard... qu'est-ce que cela peut faire ? »

Comme tout un chacun, le comédien n'aura rien emporté avec lui ce 8 novembre 1998. Mais il n'aura rien eu à rendre non plus. Encore l'eut-il voulu, qu'il n'aurait pas pu. Il avait tout donné. Il ne lui restait rien, même pas l'héritage de son maître et ami qui, à la mort d'Édouard Dermit, en 1995, revint à Pierre Bergé, contrairement aux vœux du poète. Sa maison de Vallauris n'était plus la sienne, mais était devenue celle de ses anges gardiens, les Pasquali. Idem pour le studio de Montmartre. Seule la large trace qu'il aura laissée de lui-même sur l'écran ou sur les tréteaux du monde entier, seuls sa passion pour l'art comme son talent d'écrivain peuvent aujourd'hui nous parler de lui. Ce n'est pas rien.

Annexes

QUESTIONNAIRE à RETOURNER à

C I N E M O N D E

2, Avenue Matignon PARIS 8ème

~~NOM & PRENOMS :~~ Jean Marais

NOM & PRENOM VERITABLES : Jean Marais
(s'il y a lieu)

DATE & LIEU DE NAISSANCE : Normandie — 11 Décembre 1913

TAILLE : 1m 81 POIDS : Je ne sais pas. COULEUR DES YEUX : bleus

~~SITUATION DE FAMILLE : (Etes-vous marié (e),~~ célibataire, avez-vous des enfants et combien, leur âge ?) : célibataire

COMMENT AVEZ-VOUS DEBUTE ? : (figuration, théatre, etc.) par le théatre

AVEZ-VOUS FAIT DU THEATRE OU DU MUSIC-HALL ? : oui — pas de music-hall

~~FILMS DEJA TOURNES ? :~~ Carmen, Eternel Retour, Les Chouans, Pavillon brûle, La Belle et la Bête, Voyage sans espoir, Lit à colonnes, Ruy Blas, Aigle à 2 têtes.

T.S.V.P.

Menant une enquête générale, nous vous serions particulièrement obligés de répondre tout spécialement aux questions suivantes :

1°) QUEL EST VOTRE SECOND PRENOM ?. Patrice

2°) POUVEZ-VOUS NOUS DIRE QUI EST VOTRE MEILLEUR (E) AMI (E) - QUELLE EST SA PROFESSION ? Yvonne de Bray que j'adore et qui est la grande artiste que tout le monde connaît.

3°) DE QUELLE PROVINCE ETES-VOUS ORIGINAIRE, PAR VOS ATTACHES FAMILIALES ? : Ma famille est originaire d'Alsace

4°) QUEL EST VOTRE PLAISIR FAVORI ? : peindre

5°) QUEL EST VOTRE MEILLEUR SOUVENIR ? : L'émotion ressentie lorsque j'ai joué les Parents terribles la première fois

6°) QUEL EST VOTRE PLUS MAUVAIS SOUVENIR ? : Je n'ai pas de mauvais souvenirs

7°) ETIEZ-VOUS BON ELEVE AU COLLEGE ? : (Pour quelles matières étiez-vous particulièrement doué (e) et auxquelles étiez-vous, au contraire, rebelle) non, hélas ! et je crois que je m'en repens ! pour le dessin, la récitation et la rédaction. Je détestais les mathématiques

8°) QUELS MONUMENTS DE PARIS, QUEL SITE PARTICULIER, VOYEZ-VOUS DES FENETRES DE VOTRE APPARTEMENT ? : Je vois presque les grandes eaux de Versailles puisque mes fenêtres donnent sur le jardin du Palais-Royal où elles jaillissent sans arrêt.

9°) AVEZ-VOUS UNE MAISON DE CAMPAGNE, ET OU ? : C'est un secret que je garde jalousement

M. Jean Marais

QUESTIONNAIRE A RETOURNER A CINEMONDE, EN UTILISANT L'ENVELOPPE JOINTE

-:-

Indiquez quels sont, à votre avis (en donnant les raisons de votre choix) :

1) L'évènement le plus important du siècle :

La Libération - Mes raisons sont, sans doute, celles de tous les Français, et surtout Hiroshima parce qu'une guerre qui risquait de durer 3 ans a fini en 2 jours.

2) Le nom de l'homme du demi-siècle :

Le duc de Broglie.
pour ses recherches sur la relativité.

3) L'invention la plus importante du demi-siècle :

La puissance par l'atome, parce que comme les religions, elle contient le bien et le mal.

4) Le meilleur film de l'année 1949 :

Le voleur de bicyclette - pour sa grandeur dans la simplicité.

5) La mode du demi-siècle que vous préférez : 1949

parce que je n'aime pas me faire remarquer et que le seul moyen est d'être à la mode de son époque.

Remerciements

À Anne et Claude Sartirano
À Jacques et Patricia Héripret des « Archives Sembat »
À Daniel Klein
À Jacques Balazard
À Nine Apperry
À Nanane Clisson
À Jeanine et Michel Brodi
À Jean Breton
À Martine Clisson

Table

Achevé d'imprimer en octobre 2005
N° d'impression : 54541
N° d'éditeur : FF843201
Dépôt légal : novembre 2005

Imprimé en Italie par N.I.I.A.G. - Bergame